高校入試 特訓 シリーズ

古文完全攻略63選

改訂版

JN024378

東京学参
gakusan.co.jp

この本の使い方

見出しの見方

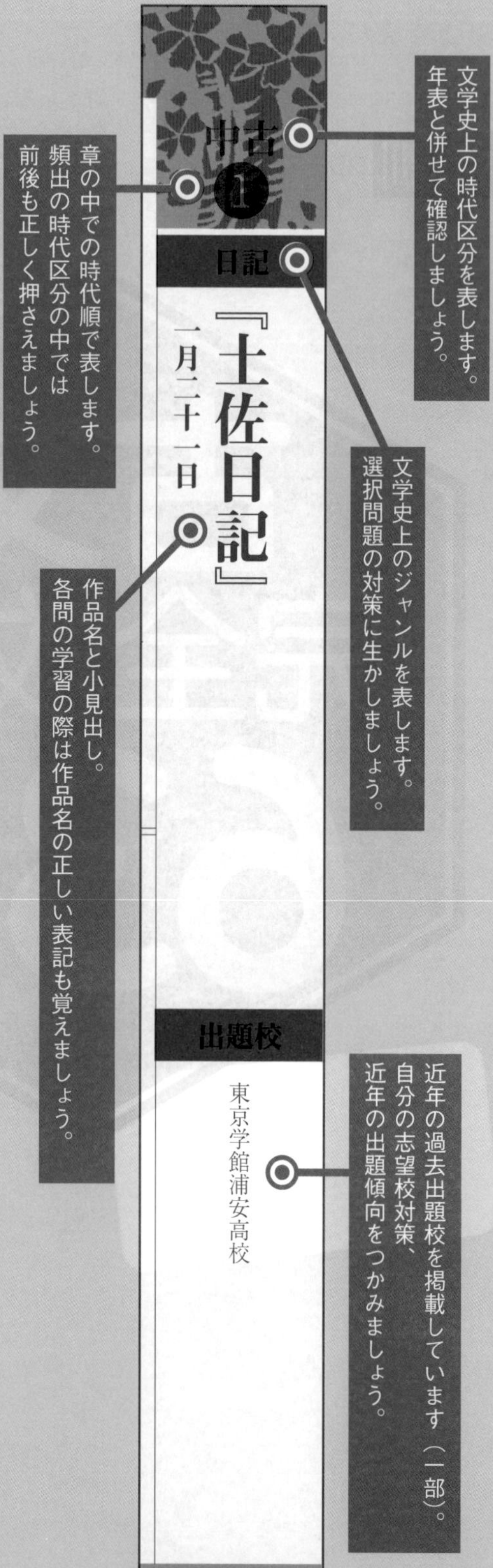

中古 1
日記
『土佐日記』
一月二十一日
出題校
東京学館浦安高校
14
文学史上の時代区分を表します。年表と併せて確認しましょう。
文学史上のジャンルを表します。選択問題の対策に生かしましょう。
近年の過去出題校を掲載しています（一部）。自分の志望校対策、近年の出題傾向をつかみましょう。
章の中での時代順で表します。頻出の時代区分の中では前後も正しく押さえましょう。
作品名と小見出し。各問の学習の際は作品名の正しい表記も覚えましょう。

章の組み立て

第一章 よくでる古文20

高校入試において、近年非常によく出る文章を新たに厳選しました。内容も比較的読みやすい作品や教科書掲載レベルの文章が多いことが特徴です。まず、自分の習熟度を測るバロメーターとして取り組んでみましょう。

また、どの文章も「超頻出」ですから、入試直前期には内容に目を通しておくとよいでしょう。

第二章 実戦問題22

近年の入試問題のなかから、文章の内容、出題の内容ともに充実した文章を、幅広いジャンルから選びました。また、難関校対策として記述問題を充実させています。ボリュームのある文章が多いので、じっくり時間をかけて取り組んで欲しいと思います。問題を解くことと同じくらい、答え合わせは重要です。解けた問題もそうでない問題も必ず解説の熟読を心がけましょう。

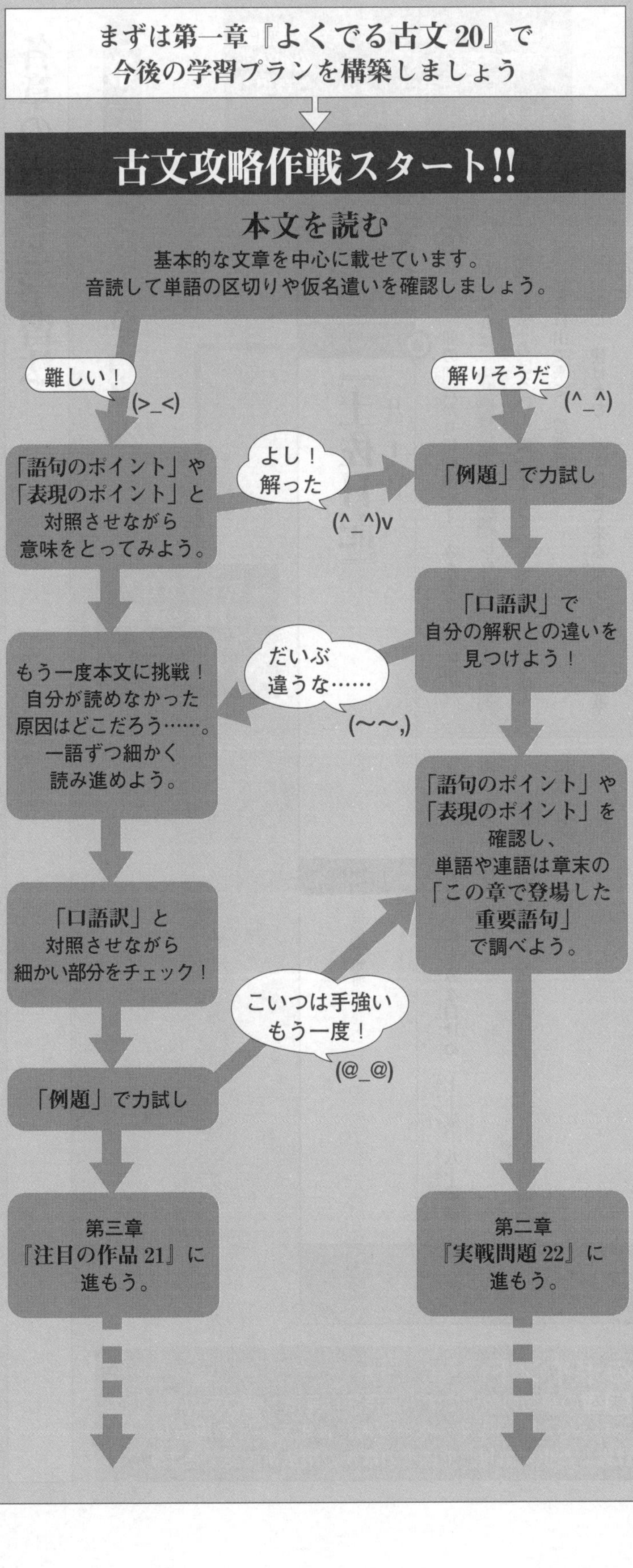
まずは第一章『よくでる古文20』で
今後の学習プランを構築しましょう
古文攻略作戦スタート!!
本文を読む
基本的な文章を中心に載せています。
音読して単語の区切りや仮名遣いを確認しましょう。
難しい！
(>_<)
解りそうだ
(^_^)
「語句のポイント」や「表現のポイント」と対照させながら意味をとってみよう。
よし！解った
(^_^)v
「例題」で力試し
「口語訳」で自分の解釈との違いを見つけよう！
だいぶ違うな……
(~~,)
もう一度本文に挑戦！自分が読めなかった原因はどこだろう……。一語ずつ細かく読み進めよう。
「語句のポイント」や「表現のポイント」を確認し、単語や連語は章末の「この章で登場した重要語句」で調べよう。
「口語訳」と対照させながら細かい部分をチェック！
こいつは手強いもう一度！
(@_@)
「例題」で力試し
第三章『注目の作品21』に進もう。
第二章『実戦問題22』に進もう。

第三章 注目の作品21

過去にはあまり出題されることの少なかった、しかし、今後出題される可能性が非常に高いと思われる作品を選びました。高校受験用の問題集ではなかなか目に触れることのない近世の文章を多く所収しています。近世の作品は言葉遣いや内容が現代に近く、とらえやすい文章であることが特徴です。中古や中世の文章をスムーズに読むことがどうも苦手……という人は『実戦問題22』の前に、この章で古文の感覚を磨きましょう。

第四章 知識編

現在の高校入試古文では、学校の教科書ではほとんど学習することのない「古典文法」「文学史」「古典常識」などが出題されています。そこで、過去の入試問題を分析し、高校入試で求められる知識として必要なものを選び、最も難易度の高いと思われるレベルまで踏み込んでまとめました。知識問題の出題傾向は学校によって大きく異なりますので傾向をつかんで活用してください。また、知識問題の出題頻度の少ない学校を志望する人は、高校範囲の先取りとして役立ててください。

各章の内容と学習法

第一章 よくでる古文20

係り結びや、和歌の説明、対句的表現など重要な表現を[ ]でマークしています。

読解のポイントとなる語句を**紫色**の文字で表記しています。「**語句のポイント**」と章末の「この章で登場した**重要語句**」で確認しましょう。

注意すべき読み、また難読の漢字にはルビがふられています。

中古 1 日記

『土佐日記』

一月二十一日

出題校

東京学館浦安高校

廿一日。卯《う》の刻《とき》ばかりに船出だす。みな人びとの船出づ。

これを見れば、春の海に秋の木の葉しも散れるやうにぞありける。おぼろけの願《ぐわん》によりてにやあらむ、風も吹かず、好《よ》き日出で来て、漕《こ》ぎ行く。

この間に、使はれむ、とて付きて来る童《わらは》あり。それが歌ふ船唄《ふなうた》、

なほこそ国の方《かた》は見やらるれわが父母ありしと思へば

帰らや

と歌ふぞあはれなる。

かく歌ふを聞きつゝ、漕ぎ来るに、黒鳥《くろとり》といふ鳥、岩の上に集まり居《を》り。その岩のもとに、波白く打ち寄す。※楫取《かぢとり》の言ふやう、「黒鳥《くろとり》のもとに白き波を寄す」とぞ言ふ。この言葉、何《なに》とにはなけれども、物言ふやうにぞ聞こえたる。人の程に合はねば、咎《とが》むるなり。

かく言ひつゝ行くに、※船君《ふなぎみ》なる人、波を見て、「国より始めて、海賊《かいぞく》報《むく》いせむ、といふなることを思ふ上に、海のまた恐ろしければ、頭《かしら》もみな白けぬ。七十歳《なそぢ》、八十歳《やそぢ》は、海にあるものなりけり。

わが髪の雪と磯辺《いそべ》の ※白波といづれまされり ※沖《おき》つ島守《しまもり》

楫取、言へ」。

〈注〉

※楫取……船頭。 ※船君なる人……船の責任者。 ※白波……海賊の別称。

※沖つ島守……沖にある島の守護神。歌語。

語句のポイント

*廿一日（二十一日）……「はつかあまりひとひ」と読む。

*卯の刻……午前五時から七時の間（または午前六時）。

*しも……強調を表す副助詞。

*おぼろけ……「おぼろけならぬ」の略で、並大抵ではない、格別の。

*あはれなる［あはれなり］……しみじみとした風情がある。ここでは「しみじみとした」感情を強調して読み取る。

*程（ほど）……時間、ころあい、身分、大きさ、具合、限り、など。ここでは、身分の意。

*咎むる［咎む］……責める、批難する、怪しむ、気にとめる、など。本文では、気にとめる、という意味。

14

語句のポイント

本文の**紫色**の語句の説明です。活用語は見出し語の下の［　］内に終止形が示されています。ページ内では本文中での用法が、「この章で登場した**重要語句**」ではそのほかの用法が確認できます。

口語訳

まずは、**口語訳**を隠して読解してみましょう。次に、自分の訳が正しかったかどうか細かい部分までチェックしながら読み、内容を理解しましょう。

本文中、または**口語訳**での和歌は二文字下げで書かれています。

例題

例題が入っている場合は、本文を用いた**例題**です。読みやすかった文章は**口語訳**や**ポイント**を見る前に、難しかった文章は最後の確認に取り組みましょう。

第一章　よくでる古文20

◉口語訳

二十一日の、午前六時ごろに船を出発させる。（従者などの）周りの人々の船もみな出発する。この（船出の）様子を見ると、（まるで）春の海に秋の木の葉が散って（浮かんで）いるように見えるものだ。並々ならぬ祈願のかいがあったのだろうか、風も吹かず、よい日差しが出てきて、（順調に）漕ぎ進んで行く。

この間に、（貫之のもとで）使用人にしてほしいとついてきた童がいる。その童が歌う舟歌、

　　今となっても生まれ故郷の方を見てしまうものだ。（むこうには）私の両親がいると思うと、ああ帰りたい

と歌っている様子はしみじみとさせられるものだ。

このように歌ってるのを聞きながら漕ぎ進むと、黒鳥という鳥が岩の上に集まっている。その岩のもとに、波が白く打ち寄せている。舵取りが「黒鳥のもとに白い波が寄せている」と言った。この言葉、どうということはないけれど、感心なものに聞こえたものだ。（舵取りという）身分に合わない（風流めいた）ことを言ったので、心に残ったのだ。

このようなことを言いながら進むと、船の主が波を見て「土佐の国を出発してから、海賊が（日ごろの）仕返しをしようとしているといううわさを聞いて心配である上に、海がまた恐ろしいので、私の髪の毛もみな白くなってしまった。七十歳や八十歳のようになるのは海のせいなのだなあ。

　　私の髪の雪のような白さと、磯辺の白波の白さ、どちらがまさっているのか教えておくれ、はるか沖の島の守り神よ

舵取りよ（島守の代わりに）答えよ」。

表現のポイント

春の海に秋の木の葉→黒鳥のもとに白き波
「春・秋」「黒・白」という対比をすることで、風雅さはもちろん海の風景をも鮮明に描き出している。

散れるやうにぞありける
係助詞「ぞ」を受けて、結びの語である過去の助動詞「けり」が連体形に変化した。意味は「強意」。

歌ふぞあはれなる
係助詞「ぞ」を受けて、結びの語である形容動詞「あはれなり」が連体形に変化した。意味は「強意」。

……寄す」とぞ言ふ
係助詞「ぞ」を受けて、結びの語である動詞「言ふ」が連体形に変化した。意味は「強意」。

物言ふやうにぞ聞こえたる
係助詞「ぞ」を受けて、結びの語である完了の助動詞「たり」が連体形に変化した。意味は「強意」。

わが髪の雪と磯辺の白波といづれまされり沖つ島守
「雪」と「白波」が縁語になっている。また、「わが髪の雪」と「磯辺の白波」とが対句的表現になっている。

作品の背景

一行の出発は十二月二十一日、本文はそれからちょうど一ヶ月経った一月二十一日の話である。『土佐日記』を読み解く上でのポイントは、任国でさまざまな知己の訃報を聞いたことによる悲しみ、そして何より愛娘の死である。

15

作品の背景

本文で取り上げられた作品や話題、ジャンルなどを簡略に説明しました。より深い理解を目指します。

表現のポイント

本文での　　部分の表現の説明です。係り結びは「係助詞」「結びの語」「意味」が、和歌は、解釈と併せて注意すべき技法が説明されています。

第二章　実戦問題22

重要な単語や連語は **紫色** で表記してあります。章末の「この章で登場した**重要語句**」で確認し、語彙力を高めましょう。

中古 4

歌物語

『大和物語』

馬槽《うまぶね》

◆次の文章を読んで、後の問いに答えなさい。

※下野《しもつけ》の国に男女《をとこをんな》すみわたりけり。年ごろすみけるほどに、男、妻《め》まうけて心変はりはてて、この家にありける物どもを、※今の妻のがりかきはらひもて運び行く。心憂《こころう》しと思へど、なほまかせて見けり。1ちりばかりの物も残さず、みなaもて往《い》ぬ。ただ残りたる物は※馬《うま》ぶねのみなむありける。それを、この男の従者《ずさ》、まかぢといひける童《わらは》を使《つか》ひけるして、このふねをさへ取りにおこせたり。この童に女のいひける、「※2きむぢも今はここに見えじかし」などいひければ、「などてか、さぶらはざらむ。3主《ぬし》、おはせずともさぶらひなむ」などいひ、立てり。女、「主に※消息《せうそこ》聞えば申してむや。文《ふみ》はよに見たまはじ。ただことばにて申せよ」と言ひければ、「いとよく申してむ」と言ひければ、かくb言ひける。

「（　　）もいぬまかぢも見えじ今日《けふ》よりはうき世の中をいかで渡らむ

問一　〰〰線部a〜cの主語を、それぞれ次から選び、記号で答えなさい。

ア　男　イ　女　ウ　今の妻　エ　童　オ　作者

a		b		c	

問二　女の忍耐強い性格を最もよく表している一文を本文中より抜き出し、その初めの三字を記しなさい（句読点等も字数に含める）。

問三　傍線部1「ちりばかり」の「ばかり」と文法的な働きが同じものを含む文を、次から一つ選び、記号で答えなさい。

ア　今度ばかりは頭にきた。
イ　あとは仕上げをするばかりだ。
ウ　十日ばかりはかかるだろう。
エ　油断したばかりに失敗した。
オ　今言ったばかりだ。

問四　傍線部2「きむぢ」、3「主」とは誰のことか。それぞれ次から選び、記号で答えなさい。

ア　男　イ　女　ウ　今の妻　エ　童　オ　作者

2		3	

出題校

大阪教育大学附属高校平野校舎

68

出題校が一校しか書かれていない場合はその学校の問題、もしくは一部を抜粋しています。複数校書かれている場合は、各校の問題を総合して出題しています。

見開きの状態で完結し、書き込み解答ができるテスト形式になっています。一題ごとの精度を高めて実力につなげましょう。

注
基本的に、学校の出題に際して付けられたものを掲載しました。注釈をしっかり読解に生かせるように習慣づけましょう。

作品について
全章を通じて新出の作品については、簡単な事項説明がされています。**文学史年表**と併せて確認しましょう。

本書では、「**解答・解説**」「**この章で登場した重要語句**」で言葉の意味を確認することができますが、中学生の今のうちから古語辞典をこまめに引く習慣を身に付けておきたいものです。その際は、自立語だけでなく、付属語にも注目してみましょう。細かい表現がとらえやすくなります。

和歌の表現技法に関する問題は古文でも融合問題でも頻出です。自分の解答がフレッシュなうちに「**第四章知識編**」で確認し、知識を蓄えていきましょう。

第二章　実戦問題22

と申せ」と言ひければ、男に c言ひければ、物かきふるひ往《い》にし男なむ、※しかながら運びかへして、もとのごとく 4 あからめもせで添《そ》ひゐにける。

〈注〉
※下野の国……今の栃木県のあたり。
※今の妻のがり……今の妻のもとへ。
※馬ぶね……馬の飼料を入れる桶。飼葉桶《かいば》。
※きむぢ……お前、そなた。（目下の者に対して使う。）
※消息……手紙、便り。
※しかながら……そっくりそのまま。

作品について

『大和物語』は九五一年頃成立。作者は未詳だが、宇多天皇の女房の中の一人とする説が有力。「歌物語」といわれるジャンルは、『伊勢物語』を原点として、『大和物語』『平中物語』と続く。これら三作品はどれも恋愛を扱ったものが多いが、その中にあって『大和物語』には、地方の説話的な話も含まれていることが特徴である。

問五　本文中の歌について。
1　空欄（　）には、歌の中にある「まかぢ」「うき」「渡ら（む）」と関係の深い言葉が入る。その語句を本文中から抜き出しなさい。

2　下の句に用いられている掛詞（一つの語に二つの意味を兼ね持たせる技巧）を例にならって答えなさい。
【例】秋の野に人まつ虫の声すなり我かと行きていざとぶらはむ
→「待つ」と「松」
・「うき世の中をいかで渡らむ」
→ [　　] と [　　]

問六　傍線部4「あからめもせで」の解釈として最も適当なものを次から選び、記号で答えなさい。
ア　元の妻をあきらめることもなく。
イ　浮気心を起こさず。
ウ　恥じて赤面することもなく。
エ　自分の非を明らかにせず。
オ　あきたそぶりも見せず。

69

第三章 注目の作品21

重要な単語や連語は紫色で表記してあります。章末の「この章で登場した重要語句」で確認し、語彙力を高めましょう。

注
基本的に、学校の出題に際して付けられたものを掲載しました。注釈をしっかり読解に生かせるように習慣づけましょう。

作品について
全章を通じて新出の作品については、簡単な事項説明がされています。文学史年表と併せて確認しましょう。

中古❶ 物語

『堤中納言物語』

虫愛づる姫君

出題校
前橋育英高校
山村国際高校

ある大納言の娘は両親にかわいがられ、とても大切に育てられていた。ところが一風変わった好みの娘で、理屈を言って両親を困らせることもしばしばであった。以下の「姫君」はこの娘のことである。

この姫君ののたまふこと、「人々の、花、蝶やと愛《め》づるこそ、はかなくあやしけれ。人は、まことあり、※本地《ほんち》たずねたるこそ、心ばへをかしけれ」とて、よろづの虫の、恐ろしげなるを取り集めて、「これが、成らむさまを見む」とて、さまざまなる籠箱《こばこ》どもに入れさせたまふ。中にも「※烏毛虫《かはむし》の、心深きさましたるこそ心にくけれ」とて、明け暮れは、※耳はさみをして、手のうらにそへふせて、※まぼりたまふ。

※若き人々はおぢ惑《まど》ひければ、男《を》の童《わらは》の、ものおぢせず、※いふかひなきを召し寄せて、箱の虫どもを取らせ、名を問ひ聞き、いま新しきには名をつけて興《きょう》じたまふ。

「人はすべて、つくろふところあるはわろし」とて、※眉さらに抜きたまはず、歯黒《はぐろ》め、「さらにうるさし、きたなし」とて、つけたまはず、いと白らかに笑《ゑ》みつつ、この虫どもを、朝夕《あしたゆふ》べに愛したまふ。

〈注〉
※本地……ものの本質。
※烏毛虫……毛虫。
※耳はさみ……横髪を耳にかける髪型。品のないこととされた。
※まぼりたまふ……見つめていらっしゃる。
※若き人々……若い女房たち。
※いふかひなき……身分の低い者。
※眉……貴族の成人女性は眉を抜く風習だった。

作品について
『堤中納言物語』は一〇五五年から平安末期にかけて成立。十の短編と未完の断章から成る、最初の短編物語集である。一編を除いて作者は未詳、編纂者も不明である。「虫愛づる姫君」では、虫をかわいがる姿だけでなく、その風貌や、身分の低い男童を側に召し使う姿なども、姫の変わり者ぶりとして描かれている。

110

高校入試古文の攻略法とは……

❶より多くの古文を目にし、その内容を正確に理解すること。

⇩これは「量」の話です。どんなに難しい内容であっても、一度問題として取り組んだ文章の内容は頭の中に残っています。本番で古文を見た瞬間に「？？？」となることもないでしょう。心がけるべき学習の目標は、一度取り組んだ文章に入試会場で「再会」するための努力です。

本書では、受験生のみなさんに「再会」してほしい六十三題を厳選しました。本書をじっくり解き終えた時、入試会場で、かつて挑んだ問題に「再会」できる確率は確実に上昇することを約束します。

口語訳

まずは、**口語訳**を隠して読解してみましょう。次に、自分の訳が正しかったかどうか細かい内容までチェックしましょう。また、話の要点、オチなどを自分でまとめてみるのもよい学習法です。

例題

第三章は**例題**を充実させました。複数校から多様な問題を抽出してあります。内容がつかみやすい文章は、**口語訳**を参照する前に力試しとして**例題**に取り組んでみましょう

◉口語訳

この姫君のおっしゃること（が変わっていて）、「世の人々が、花よ蝶よともてはやすのは、まったくあさはかでばかばかしいことです。人は、誠実さがあり、ものの本質を追求してこそ、心ばえもすばらしいものになるのです」と言って、いろいろな虫の恐ろしそうなのを採集して、「これが変わっていく様子を見よう」と言って、さまざまな（観察用の）虫かごなどにお入れさせになる。中でも、「毛虫が思慮深そうな様子をしているのが奥ゆかしい」とおっしゃって、朝に晩に、耳はさみにして、（毛虫をいくら好きでも、添い寝は無理なので）手のひらの上に乗せて（ずっと）見守っていらっしゃる。

若い女房たちは恐れをなして途方に暮れているので、男童《わらわ》で、物おじしない、身分の低い者を召し寄せて、箱の虫を取り出させ、虫の名を問い尋ね、新しい（種類の）虫には、名前をつけて楽しんでいらっしゃった。

「人というのはすべて、手を加えたところがあるのはよくない［自然のままが良いのだ］」と言って、眉はまったく抜いていらっしゃらず、お歯黒をつけることなどは「全く煩雑で、汚らしい」と言っておつけにならず、真っ白な歯でほほえみながら、この虫どもを朝に晩にかわいがっておいでになる。

例題

1　下段1行目「わろし」の対義語となる古語をひらがなで答えなさい。　（　　　）

2　本文の内容と合致しないものを次から一つ選び、記号で答えなさい。
ア　姫君はあらゆる虫を集めて飼っていたが、年若い侍女たちはそれを怖がってうろうろするばかりであった。
イ　姫君は男の童に虫を取り出させて名前を聞き、初めて見る虫には名前をつけて楽しんでいるのであった。
ウ　姫君は大人の女性らしく眉毛を抜き、お歯黒をすることもなく、白粉《おしろい》を塗っただけの白い顔で笑うのだった。
エ　姫君は虫の中でも特に毛虫をかわいがり、手のひらにはわせて明けても暮れても見つめているのだった。　（　　　）

3　本文中の姫君の発言からうかがえることとして適当なものを次から二つ選び、記号で答えなさい。
ア　人工的なものより、ありのままが望ましい。
イ　雪月花と同様に、虫類にも風雅を見いだそう。
ウ　世俗の常識や慣行を理解し、実践すべきだ。
エ　社交的な機知やユーモアを存分に発揮したい。
オ　物事の見かけや結果より、根源を重視しよう。　（　　　）（　　　）

（前橋育英・一部改）

❷正確な知識を積み上げていくこと。

⇩古文は知識量の勝負であるとも言われています。しかし、高校入試古文では、求められる知識量が学校によって大きく異なります。また、みなさんの古文の学習はここで終わりではありません。中学校での古文の学習はいわば、スタートとも言えるでしょう。本書はさらなる高度な学習への志を持った受験生のみなさんに向けて、高校での古典学習の先取りも含めた『知識編』の充実を図りました。「春休み」までおつきあいください。

目次

第三章 ～秋の巻～ 注目の作品21

第四章 ～冬の巻～ 知識編

和歌について 1

『古今和歌集』や『新古今和歌集』などの和歌集には、「春歌」「夏歌」「秋歌」「冬歌」といった項目があり、さらに、そこに載っている歌は、季節の推移にしたがって並べられています。雪がとけ、霞が立ち、梅が香り、桜が咲く、といった順序にも決まりがあり、すべてはそれにしたがって構成されているのです。このようなことからも、和歌は、日本人の季節感や情緒と深く結びついたものであるといえるでしょう。

一章から四章までの各章ごとの表紙にはそれぞれ、春・夏・秋・冬の歌を一首ずつ紹介しています。それぞれの歌の意味は次の通りです。これを参考に和歌に親しみ、鑑賞してみましょう。

【春】

春の夜《よ》の闇はあやなし梅の花色こそ見えね香《か》やはかくるる

（古今集　巻第一　春歌上　四一　凡河内躬恒）

……春の夜は、たとえ闇夜であっても闇夜の役目をはたさないものだ。闇夜に咲く梅の花は目に見えなくても、香りは隠しようもないから、そこに花があるとすぐにわかってしまう。

〈鑑賞〉梅の花は、その香りが歌に詠み込まれることが多い。ここでは、梅の花の場合は特に香りに注目するという当時の一般的な常識に新しさをつけ加えるために、「闇はあやなし」という独自の表現を用いているのが特徴である。

【夏】

五月まつ花橘《はなたちばな》の香《か》をかげば昔の人の袖の香《か》ぞする

（古今集　巻第三　夏歌　一三九　読人知らず）

……五月になるのを待って咲く橘の花が早くも咲いた。その香りをかぐと、昔親しかった人の袖にたき込められた香りを思い出し、懐かしい気持ちになることだ。

〈鑑賞〉橘の花の香りと初夏の爽やかなイメージがぴったりと合った夏の歌である。この歌によって、以後、「橘の花」の香りは、昔を思い起こさせるものとされた。

【秋】

秋来《き》ぬと目にはさやかに見えねども風の音にぞおどろかれぬる

（古今集　巻第四　秋歌上　一六九　藤原敏行）

……秋が来たのだな、と、周囲の景色を見てはっきりとわかるわけではないが、風の音を耳にしたときに自然と気づかされるものだ。

〈鑑賞〉目に見える風物からは変化は見て取れないが、風の音で季節が変わったことを知る、というのは、繊細かつ鋭敏な感覚である。自然と気づかされるような微かな変化をとらえる細やかな感覚を詠んだ歌である。

【冬】

山里は冬ぞさびしさまさりける人目も草もかれぬと思へば

（古今集　巻第六　冬歌　三一五　源宗于）

……山里に住んでみると、寂しさが一段と感じられるのは冬であったよ。それまでは多少はあった人の目も離れ、草も枯れてゆくのだと思うと、ことさら寂しいものだ。

〈鑑賞〉冬の初めの歌で、寂しく落ち着いた人の心を表現したものである。上の句の問いに対して、下の句で答えるという形式になっている。

第一章 よくでる古文20

春の夜の
闇《やみ》はあやなし
梅の花
色こそ見えね
香やはかくるる

（古今集　巻第一　春歌上　四一　凡河内躬恒）

『土佐日記』

一月二十一日

出題校 東京学館浦安高校

廿一日。卯《う》の刻《とき》ばかりに船出だす。みな人びとの船出づ。これを見れば、春の海に秋の木の葉しも散れるやうにぞありける。おぼろけの願《ぐわん》によりてにやあらむ、風も吹かず、好《よ》き日出《い》で来て、漕《こ》ぎ行く。

この間に、使はれむ、とて付きて来る童《わらは》あり。それが歌ふ船唄《ふなうた》、

なほこそ国の方《かた》は見やらるれわが父母ありしと思へば

帰らや

と歌ふぞあはれなる。

かく歌ふを聞きつゝ漕ぎ来るに、黒鳥《くろとり》といふ鳥、岩の上に集まり居《を》り。その岩のもとに、波白く打ち寄す。※楫取《かぢとり》の言ふやう、「黒鳥《くろとり》のもとに白き波を寄す」とぞ言ふ。この言葉、何《なに》とにはなけれども、物言ふやうにぞ聞こえたる。人の程に合はねば、咎《とが》むるなり。

かく言ひつゝ行くに、※船君《ふなぎみ》なる人、波を見て、「国より始めて、海賊報《かいぞくむく》いせむ、といふなることを思ふ上に、海のまた恐ろしければ、頭《かしら》もみな白《しら》けぬ。七十歳《なゝそぢ》、八十歳《やそぢ》は、海にあるものなりけり。

わが髪の雪と磯辺《いそべ》の※白波といづれまされり※沖《おき》つ島守《しまもり》

楫取、言へ」。

〈注〉

※楫取……船頭。　※船君なる人……船の責任者。　※白波……海賊の別称。

※沖つ島守……沖にある島の守護神。歌語。

語句のポイント

*廿一日（二十一日）……「はつかあまりひとひ」と読む。

*卯の刻……午前五時から七時の間（または午前六時）。

*しも……強調を表す副助詞。

*おぼろけ……「おぼろけならぬ」の略で、並大抵ではない、格別の。

*あはれなる［あはれなり］……しみじみとした風情がある。ここでは「しみじみとした」感情を強調して読み取る。

*程（ほど）……時間、ころあい、身分、大きさ、具合、限り、など。ここでは、身分の意。

*咎むる［咎む］……責める、批難する、怪しむ、気にとめる、など。本文では、気にとめる、という意味。

◉口語訳

二十一日の、午前六時ごろに船を出発させる。（従者などの）周りの人々の船もみな出発する。この（船出の）様子を見ると、（まるで）春の海に秋の木の葉が散って（浮かんで）いるように見えるものだ。並々ならぬ祈願のかいがあったのだろうか、風も吹かず、よい日差しが出てきて、（順調に）漕ぎ進んで行く。

この間に、（貫之のもとで）使用人にしてほしいとついてきた童がいる。その童が歌う舟歌、

今となっても生まれ故郷の方を見てしまうものだ。（むこうには）私の両親がいると思うと、ああ帰りたい

と歌っている様子はしみじみとさせられるものだ。

このように歌ってるのを聞きながら漕ぎ進むと、黒鳥という鳥が岩の上に集まっている。その岩のもとに、波が白く打ち寄せている。舵取りが「黒鳥のもとに白い波が寄せている」と言った。この言葉、どうということはないけれど、感心なものに聞こえたものだ。（舵取りという）身分に合わない（風流めいた）ことを言ったので、心に残ったのだ。

このようなことを言いながら進むと、船の主が波を見て「土佐の国を出発してから、海賊が（日ごろの）仕返しをしようとしているといううわさを聞いて心配である上に、海がまた恐ろしいので、私の髪の毛もみな白くなってしまった。七十歳や八十歳のようになるのは海のせいなのだなあ。

私の髪の雪のような白さと、磯辺の白波の白さ、どちらがまさっているのか教えておくれ、はるか沖の島の守り神よ

舵取りよ（島守の代わりに）答えよ」。

表現のポイント

春の海に秋の木の葉→黒鳥のもとに白き波

「春・秋」「黒・白」という対比をすることで、風雅さはもちろん海の風景をも鮮明に描き出している。

散れるやうにぞありける

係助詞「ぞ」を受けて、結びの語である過去の助動詞「けり」が連体形に変化した。意味は「強意」。

歌ふぞあはれなる

係助詞「ぞ」を受けて、結びの語である形容動詞「あはれなり」が連体形に変化した。意味は「強意」。

……寄す」とぞ言ふ

係助詞「ぞ」を受けて、結びの語である動詞「言ふ」が連体形に変化した。意味は「強意」。

物言ふやうにぞ聞こえたる

係助詞「ぞ」を受けて、結びの語である完了の助動詞「たり」が連体形に変化した。意味は「強意」。

わが髪の雪と磯辺の白波といづれまされり沖つ島守

「雪」と「白波」が縁語になっている。また、「わが髪の雪」と「磯辺の白波」とが対句的表現になっている。

作品の背景

一行の出発は十二月二十一日、本文はそれからちょうど一ヶ月経った一月二十一日の話である。『土佐日記』を読み解く上でのポイントは、任国でさまざまな知己の訃報を聞いたことによる悲しみ、そして何より愛娘の死である。

中世 2

説話

『発心集』

沙門公経

出題校　西武学園文理高校

少納言公経《きんつね》と云ふ※手書《てか》きありけり。※県召《あがため》しのころ、心の内に願を発《おこ》して、「もしことよろしき国たまはりなば、寺作らん」と思ひけるを、河内《かはち》と云ふあやしの国の守《かみ》になりたりければ、本意《ほい》なく覚えて、「さらば、古き寺などをこそは修理《しゆり》せめ」と思ひて、国に下りにけり。

さて、その国の中にここかしこ見ありきけるに、或る古き寺の仏の坐《ざ》の下に文の見えけるを、披《ひら》きて見れば、「※沙《しゃ》門《もん》公経」と書けり。あやしみて、細かに見れば、来ん世にこの国の守《しゅ》となりて、この寺を修理せんと云ふ願を立てたる文にてなんありける。これを見て、※しかるべかりける事と思ひ知りて、望みの本意ならぬ事をもいさめつつ、信をいたして修理しける。書きたる文字の様《さま》なども、今の手に露ほども変わらず似たりけり。※伏見《ふしみ》の修理大夫《しゆりのかみ》のやうに、昔、同じ名をつけるなりけり。

我も人も、先の世を知らねばこそはあれ、何事もこの世ひとつの事にては侍らぬを、空《むな》しく心をくだき、走《わし》り求めて、かなはねば、神をそしり、仏をさへうらみ奉《たてまつ》るは、いみじう愚かなり。

〈注〉
※手書き……文字を上手に書く人、能書家。
※県召し……国司などの地方官を任命する行事。
※しかるべかりける事……そうなるように決まっていたこと。　※沙門……僧侶。
※伏見の修理大夫……藤原俊綱。前世に「俊綱《すんごう》」という名の僧侶であった。

語句のポイント

*よろしき［よろし］……立派だ、すばらしい、悪くない、など。
*たまはり［たまはる］……いただく（受ける、もらうの謙譲語）。
*あやし……卑しい、身分が低い、見苦しい、粗末だ、など。
*本意なく［本意なし］……不本意だ、残念だ。
*下り［下る］……都から地方へ移ること。「下向」とも言う。
*ありき［ありく］……あちこち歩き回る、～して歩く。
*文……手紙、文書、書物、本、漢詩、学問、など。
*あやしみ［あやしむ］……不思議に思う。いぶかしく思う。
*本意（ほい）……本来の意思、かねてからの望みや目的。
*いさめ［いさむ］……教えさとす、注意する、とがめる、など。
*そしり［そしる］……悪く言う、非難する。
*さへ……○○ばかりでなく～まで、そのうえ～まで、など、添加を表す。
*いみじう［いみじ］……非常に、たいそう、とても、など。

◉口語訳

少納言公経という非常に書道の巧みなものがいた。国司などが任命される時期になると、心のなかで願い、「もし、悪しからず思う（豊かな）国に任官させてくださるのでしたら、（その土地に）寺を作りましょう」と思っていたところ、河内という卑しい国の国司になってしまったので、残念に思って、「ならば、古い寺などを修理しよう」と思って、（任国である河内に）下っていった。

さて（公経は）、その国の中のさまざまな場所を見て歩き回っていると、ある古い寺の仏の座の下に文書が見えていたので、開いて見てみると、「沙門公経」と書いてある。不思議に思って、詳しく見てみると、「来世にこの国の国司となってこの寺を修理しよう」という願いを立てた文書であったというではないか。これを見て、（公経は）そうなるように前世から決まっていたことなのだと思い知って、当初の望みが不本意であったという自分自身の気持ちをも厳しく戒めながら、心を尽くして（寺の）修理をした。（文書に）書いてあった文字の感じなども、今の（公経の）筆跡とほとんど変わらないくらい似ている。伏見の修理大夫と同じように、（公経も）前世で同じ名前をつけられていたのだ。

私も人々も、前世を知らないがために信仰心を持たないで過ごしているが、何事もこの世のことだけではない「前世、来世とつながっている」のに、虚しく心を乱し、名利を求めて走り回って、それが叶わなければ神を悪くののしり、仏までも恨み申し上げるなどということは、とても愚かである。

◈表現のポイント

古き寺などをこそは修理せめ

係助詞「こそ」を受けて、結びの語である意志の助動詞「む」が已然形に変化した。意味は「強意」。

文にてなんありける

係助詞「なん（なむ）」を受けて、結びの語である過去の助動詞「けり」が連体形に変化した。意味は「強意」。

知らねばこそはあれ

「こそかくはあれ」を省略したもの。逆接で、「知らないものだから……いるが」という意味。

作品の背景

『発心集』は鴨長明の仏教説話集である。「発心《ほっしん》」とは、仏の道に進もうと決心すること。実在した高僧の話などもあり、歴史とのつながりも深い。また、私家集『山家集』の作者である西行に関しての記述も多く見られる。

例題

① 公経の見つけた文には、「沙門公経」とあるほかにどのようなことが書かれていたか。古文中から「文」に書かれていた文面にあたる部分を探し、初めと終わりの四字をそれぞれ書き抜きなさい。

初め（　　　　）終わり（　　　　）

（西武学園文理・一部改）

中世 3

説話

『宇治拾遺物語』

後の千金

出題校
城北高校
栄東高校
桜花学園高校

今は昔、唐《もろこし》に※荘子といふ人ありけり。家いみじう貧しくて、今日《けふ》の食物絶えぬ。隣に監河候《かんかこう》といふ人ありけり。それがもとへ、今日食ふべき料の粟《あは》をこふ。

河候が曰く、「今五日ありておはせよ。千両の金を得んとす。それを奉らん。いかでかやんごとなき人に、今日参るばかりの粟をば奉らん。返《かへ》す返《がへ》すおのが恥なるべし」といへば、荘子の曰く、「昨日道をまかりしに、跡に呼ばふ声あり。顧《かへり》みれば人なし。ただ車の輪跡《わあと》のくぼみたる所にたまりたる少水に、鮒《ふな》一つふためく。何ぞの鮒にかあらんと思ひて、寄りて見れば、少しばかりの水に、いみじう大《おほき》なる鮒あり。『何ぞの鮒ぞ』と問へば、鮒の曰く、『我は※河伯《かはく》神《しん》の使《つかひ》に、江湖《がうこ》へ行くなり。それが飛びそこなひて、この溝に落ち入りたるなり。喉乾き死なんとす。我を助けよと思ひて、呼びつるなり』といふ。答えて曰く、『吾《われ》今二三日ありて、江湖もとといふ所に遊《あそび》しに行かんとす。そこにもて行きて放さん』といふに、魚の曰く、『更《さら》にそれ迄《まで》え待つまじ。ただ今日一堤《ひとひさげ》ばかりの水をもて、喉を※うるへよ』といひしかば、さてなん助けし。鮒のいひし事、我が身に知りぬ。更に今日の命、物食はずは生くべからず。後《のち》の千の金《こがね》更に益《やく》なし」とぞいひける。それより、後の千金といふ事※名誉せり。

〈注〉
※荘子……中国の思想家。
※河伯神……水神、河の神様。
※うるへよ……うるおせ。
※名誉せり……有名になった。

語句のポイント

*いみじう［いみじ］……非常に、たいそう、とても。

*こふ（乞う）……ものを欲しがる、求める、神仏に祈り願う。

*おはせ［おはす］……「有り」「行く」「来る」の尊敬語。

*いかでか……（連語）「どういうわけで〜なのか（疑問）」、「どうして〜か（反語）」→ここでは反語の意味。

*やんごとなき人……（連語）身分の高い人。高貴な人。

*やんごとなき［やむごとなし］……限りない、並々ではない、格別だ。

*返す返す……繰り返し繰り返し、何度も、本当に。

*まかり［まかる］……行く、退出する、の謙譲語／行く、通る。（常体）→ここでは、常体の「通る」が適切である。

◉口語訳

今となっては昔のことだが、唐に荘子という人がいた。家がとても貧しくて、今日食べるものもなくなってしまった。隣に監河侯という人がいた。その人のもとへ、今日食べるための粟を（分けてもらえるよう）求めた。

河侯が、「もう五日たってからおいで下さい。（私は）千両の金を得ようとしていますので、それを差し上げましょう。どうしてあなたのような高貴な人に、今日召し上がるだけの粟を差し上げることができましょうか（できません）。本当に私の恥になってしまいます」と言うと、荘子が言うことには「昨日、道を通りますと、後ろから呼ぶ声がする。振り返ってみると誰もいない。ただ車輪のあとのくぼんだ所にたまった少しの水たまりに、鮒が一匹ばたばたとしている。どうして鮒がいるのかと思って、寄って見ると、少しばかりの水の中に、とても大きな鮒がいる。『一体どういう鮒なのか［どうしたのか］』と聞くと、鮒は『私は河伯神の使いとして江湖へ行くのです。それでしたのに飛びそこなって、この溝に落ちてしまったのです。喉が乾いて（今にも）死にそうです。私を助けてほしいと思って（あなたを）呼んだのです』と言う。（私は鮒に）『私はあと二、三日経てば江湖という所に遊びに行こうとしている。そこに連れて行って放そう』というと、魚は、『決してそれまで待つことはできないでしょう。ただ今、ひさげ一杯ほどの水で、喉を潤してください』と言ったので、そのようにして助けた。（今、その）鮒の言っていたことが、私自身のこととしてよくわかった。今日の命は、何か食べなければとてもではないが生きられない。後々になって千両の金を得ても（死んでしまっては）全く役に立たない」と言った。それから、「後の千金」ということが有名になったのである。

表現のポイント

更に益なし／更にそれ迄え待つまじ

「更に（さらに）＋打消し」という呼応の副詞。決して〜ではない、全く〜ではない、という意味。

え待つまじ

「え＋打消しの語」という呼応の副詞。不可能を表す。〜できない、という意味。

さてなん助けし

係助詞「なん（なむ）」を受けて、結びの語である過去の助動詞「き」が連体形「し」に変化した。意味は「強意」。

益《やく》なし　とぞいひける

係助詞「ぞ」を受けて、結びの語である過去の助動詞「けり」が連体形に変化した。意味は「強意」。

作品の背景

平安時代から鎌倉時代かけて、多くの説話集が編纂された。その中でも『今昔物語集（平安末期成立）』と『宇治拾遺物語（鎌倉初期成立）』は代表的なものである。話の内容に従い整然と分類されている『今昔物語集』に対して、『宇治拾遺物語』は、全一九七話の中に仏教説話と世俗説話が混在していることが特徴である。また、庶民的な発想を持つ話が多いことも押さえておきたい。

中世 4

説話

『宇治拾遺物語』

高忠の侍歌詠む事

今は昔、高忠《たかただ》といひける越前守《えちぜんのかみ》の時に、いみじく不幸なりける侍《さぶらひ》の、夜昼※まめなるが、冬なれど、※帷《かたびら》をなん着たりける。雪のいみじく降る日、この侍、※浄《きよ》めすとて、物の憑《つ》きたるやうに震《ふる》ふを見て、守、「歌詠め。をかしう降る雪かな」といへば、この侍、「何を題にて仕《つかまつ》るべき」と申せば、「裸《はだか》なる由《よし》を詠め」といふに、程《ほど》もなく震ふ声をささげて詠みあぐ。

はだかなる我が身にかかる白雪はうちふるへども消えせざりけり

と詠《よ》みければ、守いみじく褒《ほ》めて、着たりける衣《きぬ》を脱ぎて取らす。※北の方もあはれがりて、※薄色《うすいろ》の衣のいみじう※香《かう》ばしきを取らせたりければ、二つながら取りて、※かいわぐみて、脇《わき》に挟《はさ》みて立ち去りぬ。※侍に行きたれば、居並《ゐな》みたる侍ども見て、驚きあやしがりて問ひけるに、かくと聞きて、あさましがりけり。

出題校

筑波大学附属駒場高校
開智高校

〈注〉

※まめなる……勤勉である。　※帷……裏地をつけない薄手の着物。
※浄めす……本文では、戸外の掃除をすること。　※北の方……奥方。
※薄色……薄紫色。　※香ばしき……良い匂いがする様子。
※かいわぐみて……さっとまるめて。　※侍……侍所。

語句のポイント

＊いみじく［いみじ］……非常に、たいそう、とても、甚だしい。
＊をかしう［をかし］……風流だ、心引かれる、趣深い、面白い。
＊由（よし）……原因、理由、方法、手段、道理、など。
＊程もなく［程なし］……間もなく、すぐに。
＊あはれがり［あはれがる］……「あはれ」と感じる、誉める。
＊あやしがり［あやしがる］……不思議に思う、不審に思う。
＊あさましがり［あさましがる］……おどろきあきれる。

表現のポイント

不幸なりける侍の
同格を表す「の」。「侍で……」という意味。

帷をなん着たりける
係助詞「なん（む）」を受けて、結びである過去の助動詞「けり」が連体形に変化した。意味は「強意」。

はだかなる我が身にかかる白雪はうちふるへども消えせざりけり
「ふるへ」は「雪を振り払う」と「体が震える」という意味の掛詞。

◉口語訳

今となっては昔のことだが、高忠という越前守のときに、たいへん不幸な侍で、いつも勤勉な男が、冬であるのに帷を着ていた。雪のたくさん降る日、掃除をするということで、（侍が）まるで物の怪《け》にとりつかれたように震えているのを見て、守が「歌を詠め。なんとも情緒のある雪ではないか」と言うと、この侍が「何を（歌の）題にして詠みましょう」と申し上げる。（守は）「（お前が）裸である理由を詠め」と言うと、すぐに震える声を上げて詠み出した。

裸同然の私の体にかかる白雪は、降り積もるばかりで、私がどんなに振り払って［震えて］も消えてはくれないのだなあ

と詠んだので、守は大変褒めて、着ていた着物を脱いで与えた。北の方も心引かれて、薄紫色で、たいそう良い匂いのする着物を与えたところ、二つとも受けとって、さっと丸めて脇に抱えて立ち去ってしまった。（そのまま）侍所に行くと、居合わせた侍たちが見て、驚き、不思議がっていろいろと聞いたが、これこれとわけを聞いて、みな驚きあきれていた。

作品の背景

説話集の成立は主に、説話を通じて民衆を教化しようと試みる僧らによって編纂されたものと考えられている。そのため、書物として読まれることよりも、僧らに語られることを前提として書かれたと考えられる。「今は昔」という語り調子の冒頭からもそのことがうかがえる。

例題

① 「守」と「侍」は雪をどのように感じていますか。比較して説明しなさい。

（　　　　　　　　　　　　　　　　　　　　　　）

② 11行目「北の方もあはれがりて」とありますが、それはなぜですか。次から最も適当なものを一つ選び、記号で答えなさい。

ア　侍が震えて服を欲しがったから。
イ　侍が姿を消したいと訴えたから。
ウ　侍がすぐにうまく歌を詠んだから。
エ　守が着物を脱いで寒そうだから。
オ　守の優しさに感動したから。

（筑波大学附属駒場）（　　）

中世 5

説話

『宇治拾遺物語』

鬼に瘤取らるる事

出題校
千葉経済大学附属高校
武相高校
横浜隼人高校

※宗《むね》とあると見ゆる鬼※横座《よこざ》に居たり。※うらうへに二ならびに居並《ゐな》みたる鬼、数を知らず。その姿おのおの言ひ尽し難し。酒参らせ、遊ぶ有様、この世の人のする定《ぢやう》なり。たびたび※土器《かはらけ》始りて、宗との鬼殊《こと》の外《ほか》に酔《ゑ》ひたる様《さま》なり。末より若き鬼一人立ちて、※折敷《をしき》をかざして、何といふにか、くどきくせせる事をいひて、横座の鬼の前に練《ね》り出《い》でてくどくめり。横座の鬼杯《さかづき》を左の手に持ちて、笑《ゑ》みこだれたるさま、ただこの世の人のごとし。舞うて入りぬ。次第に下《しも》より舞ふ。悪《あ》しく、よく舞ふもあり。あさましと見る程に、横座に居たる鬼のいふやう、「今宵《こよひ》の御遊《あそび》こそいつにもすぐれたれ。ただし、さも珍しからん奏《かなで》を見ばや」などいふに、この翁物の憑《つ》きたりけるにや、また然《しか》るべく神仏の思はせ給ひけるにや、あはれ走り出でて舞はばやと思ふを、一度は思ひ返しつ。それに何となく、鬼どもがうち揚げたる拍子のよげに聞こえければ、さもあれ、ただ走り出でて舞ひてん、死なばさてありなんと思ひとりて、木のうつほより、※烏帽子《えぼし》は鼻に垂《た》れかけたり翁の、腰に斧《よき》といふ木伐《き》る物さして、横座の鬼の居たる前に躍《をど》り出でたり。この鬼ども躍りあがりて、「こは何ぞ」と騒ぎ合へり。翁伸びあがり、屈《かが》まりて、舞ふべき限り、※すぢりもぢり、※ゑい声を出して、※一庭《ひとには》を走りまはり舞ふ。横座の鬼より始めて、集まり居たる鬼どもあさみ興ず。

横座の鬼の曰く、「多くの年ごろこの遊《あそび》をしつれども、いまだかかる者にこそあはざりつれ。今よりこの翁、かやうの御遊《あそび》に必ず参れ」といふ。翁申すやう、「沙汰《さた》に及び候《さぶら》はず、参り候《さぶらふ》べし。この度にはかにて、納《おさめ》の手も忘れ候《さぶら》ひにたり。かやうに御覧にかなひ候《さぶら》はば、静かにつかうまつり候はん」といふ。横座の鬼、「いみじく申したり。必ず参るべきなり」といふ。奥の座の三番にいたる鬼、「この翁はかくは申し候《さぶら》へども、参らぬ事も候《さぶら》はんずらんと覚え候《さぶらふ》に、質《しち》をや取らるべく候《さぶらふ》らん」といふ。横座の鬼、「然《しか》るべし、然るべし」といひて、「何をか取るべき」

と、おのおの言ひ沙汰《さた》するに、横座の鬼のいふやう、「かの翁が面《つら》にある瘤をや取るべき。瘤は福の物なれば、それをや惜《をし》み思ふらん」といふに、翁がいふやう、「ただ目鼻をば召すとも、この瘤は許し給ひ候はん。年ごろ持ちて候《さぶらふ》物を、故《ゆゑ》なく召されん、すぢなき事に候ひなん」といへば、横座の鬼、「かう惜《をし》み申すものなり。ただそれを取るべし」といへば、鬼寄りて、「さは取るぞ」とてねぢて引くに、大《おほ》方《かた》痛き事なし。さて、「必ずこの度《たび》の御遊《あそび》に参るべし」とて、暁《あかつき》に鳥など鳴きぬれば、鬼ども帰りぬ。

〈注〉

※宗……ボス・首領。
※横座……主賓や一座の首領、主人公が座る席のこと。
※うらうへ……原義は「裏《うら》と表《うへ》」。ここでは左右のこと。
※土器……酒を酌み交わすこと。素焼きの杯。
※折敷……縁のついている四角い盆。
※烏帽子……成人男子が着用した黒い帽子。
※すぢりもぢり……体をひねったりくねらせたり。
※ゑい声……「えい」という掛け声。
※一庭……鬼が居並んでいる列と列の間。

語句のポイント

*悪しく［悪し（あし）］……悪い、不愉快だ、卑しい、など。

*よく［よし］……すばらしい、身分が高い、高貴だ、など。

*あさまし……驚きあきれる、見苦しい、興ざめだ、など。

*ただし……しかし、しかしながら、もしかしたら、など。

*ばや……「～ばや」で希望、願望を表す。「～であってほしい」「～したい」という意味。

*あはれ……感動詞。感動したときに発する言葉。「ああ」「さあ」など。

*あさみ［あさむ］……侮る、ばかにする、意外なことに驚く。

*興ず……面白がる、楽しむ。

*年ごろ……数年来、何年も、これまで何年かの間。

*かかる……このような、こんな。

*にはかに［にはかなり］……急な様子、突然。

*いみじく［いみじ］……非常に、たいそう、とても、甚だしい。

◉口語訳

親分と思われる鬼は上座に座っていた。（その）左右二列に並んでいる鬼は数え切れないほどである。その姿はどの鬼をとっても言葉に言い表せないほど（おそろしい異形のもの）である。（互いに）酒を勧めて、遊ぶ様子は、この世の人間がするようである。たびたび杯が交されて、親分の鬼は特に酔っ払っている様子である。末席から若い鬼が一人立って、角盆を頭の上にかざして、何と言っているのか、わけのわからぬことを言って、上座の鬼の前にゆっくりと出てきてくどくどとからんでいる。上座の鬼が杯を左手に持って、笑い崩れている様子は、ただもうこの世の人のようである。（若い鬼は）舞ってから（自分の席に）戻っていった。次々と下座の鬼から舞っていった。下手に舞う者もいれば、上手に舞う者もいた。（翁は）意外なことに驚きあきれて見ていると、上座の鬼が「今夜の酒宴はいつもにまして面白い。しかしながら、（もっと盛り上げるために）この上はいかにも珍しい舞をみたいものだ」などと言うと、この翁に物の怪でも取り憑いてしまったのだろうか、それとも神や仏がそのように思わせなさったのだろうか、（翁は）ああ、走り出て舞いたいものだと思ったが、一度は思い返した［思いとどまろうとした］。それでも、鬼たちが打ちあげた拍子が何となく調子良さそうに聞こえたので、何はともあれ、ただ走り出て舞ってしまおう、死んだらそれまでのことだと思い定めて、木のほら穴から、烏帽子を鼻まで垂れかけた翁が、腰に斧という木を伐る道具をさして、親分の鬼の座っている目の前に飛び出した。この鬼たちはびっくりして「これは何だ」と騒ぎあった。翁は伸び上がったり、小さく丸まったりして、舞える限りの手で、体をひねったりくねったり、えいっと声をあげては、庭中を走り回って舞う。上座の鬼をはじめ、（そこに）集まっていた鬼たちはみな驚きあきれて面白がった。

上座の鬼が「長年の間、この酒宴をしてきたが、いままでこのような者には会ったことがない。これより翁は、このような酒宴には必ず来い」と言う。翁は「言われなくとも参りましょう。今回は突然のことだったので、舞い納めの手振りを忘れてしまいました。このようにお目にかなうのであれば、次回は静かに舞い申し上げましょう」と言った。上座の鬼は「よくぞ申した。必ず参るのだぞ」と言う。（すると）奥の三番目の席にいた鬼が「この翁はこのように申しておりますが、（もしかすると）参らないこともあるのではないかと思われますので、（何か）質をお取りになるとよいでしょう」と言う。上座の鬼は「その通りだ、その通りだ」と言って「何を（質に）取ったらよいだろうか」とそれぞれ話し合っていると、上座の鬼が「あの翁の顔にある瘤を取るのがよいのではないか、瘤は福の物なので、それをきっと惜しく思うだろう」と言うと、翁が「ただ目鼻をお取りになるとも、この瘤（を取り上げること）だけはお許しください。長年持っておりますものを理由なく取り上げるのは、道理にかなわないことでございましょう」と言うと、上座の鬼が「このように惜しむものなのだ、ただそれを取れ」と言うと、鬼が（翁に近づき）「では取るぞ」と言ってねじって引くと、まったく痛くはない。そうして、「必ず今度の酒宴に参れよ」と言って（ちょうど）明け方になり、鳥などが鳴いたので、鬼たちは帰って行った。

表現のポイント

御遊こそいつにもすぐれたれ

係助詞「こそ」を受けて、結びの語である完了の助動詞「たり」が已然形に変化した。意味は「強意」。

この翁物の憑きたりけるにや、また然るべく神仏の思わせ給ひけるにや

疑問を表す「にや」を並列されることで、描写されている内容（翁の舞）がいかに突飛な行動であったかを強調している。

かかる者にこそあはざりつれ

係助詞「こそ」を受けて、結びの語である完了の助動詞「つ」が已然形に変化したもの。意味は「強意」。

何をか取るべき

係助詞「か」を受けて結びの語である適当の助動詞「べし」が連体形に変化したもの。意味は「疑問」。

瘤をや取るべき

係助詞「や」を受けて結びの語である適当の助動詞「べし」が連体形に変化したもの。意味は「疑問」。

作品の背景

「こぶとりじいさん」の話である。本文に続く話は広く知られている通り、瘤がなくなった翁（右瘤の翁）から鬼の話を聞いた隣の翁（左瘤の翁）は、自分も瘤を取ってもらおうと、鬼の酒宴へ行くが、舞の下手な隣の翁は鬼たちを怒らせてしまい、質として持っていた右瘤の翁の瘤をもつけられてしまう。こうして隣の翁は、両方の頬に瘤のある姿になってしまうのであった。

中世 6 説話

『十訓抄』

塞翁が馬

出題校　埼玉栄高校

昔、もろこしに北叟《ほくそう》といふ翁《おきな》あり。賢く強き馬を持ちたり。これを人にも貸し、われもつかひつつ、世を渡るたよりにしけるほどに、この馬いかがしたりけむ、いづちともなく失せにけり。聞きわたる人、「いかばかり歎《なげ》くらむ」とてとぶらひければ、「悔いず」とばかりいひて、つゆも歎かざりけり。

あやしと思ふほどに、この馬、同じさまなる馬を多く具《ぐ》して来にけり。いとありがたきことなれば、親しき、疎《うと》き、喜びをいふ。

かかれども、また「悦《よろこ》ばず」といひて、これをも驚く気《け》色《しき》なくて、この馬あまたを飼ひて、さまざまにつかふあひだに、翁が子、今出で来たる馬に乗りて、落ちて右肘《みぎひぢ》を突き折りにけり。聞く人、目を驚かしてとふにも、なほ「悔いず」といひて気色もかはらず、つれなく同じさまにいらへて過ぎけるに、そのころ、にはかに国にいくさおこりて、兵を集められけるに、国中さもあるもの、残りなく出でて、みな死ぬ。この翁の子、かたはになるによって、もれにければ、片手は折れたれども、命は全《まった》かりけり。

これ、かしこきためしに申し伝へたり。今もよき人は、毎事動きなく、心軽からぬは、この翁が心にかよへるなどぞ見ゆる。

語句のポイント

*ほどに……～していると。～していたところ。
*いづち……どの方向、どちら（不確かな方向を表す）。
*とぶらひ［とぶらふ］……見舞うこと、心配してたずねること。
*あやし……卑しい、身分が低い、粗末だ、不思議だ、など。
*具し［具す］……連れ立つ、伴う、従う。（読みは「グす」）
*ありがたき［ありがたし］……珍しい、めったにない。
*疎き［うとし］……親しくない、関係が薄い、不案内な。
*かかれども……（連語）こうだけれども、こうあるけれども。
*気色（けしき）……ありさま、態度、顔つき、機嫌、など。
*あまた……数多く、たいそう、非常に。
*つれなく［つれなし］……何でもないように、無情だ、など。
*いらへ［いらふ］……返答する、答える。
*にはかに［にはかなり］……急な様子、突然だ。
*よき人……（連語）身分の高い人、教養などが優れた人、風流を解する人。

◉口語訳

昔、中国に北叟という老人がいた。賢く強い馬を持っていた。この馬を他の人にも貸して、また自分も使いながら馬を生活するための手段としていたところ、この馬がどうしたことだろうか、どこへともなく姿を消してしまったのだ。（その話を）聞いた人は「（翁は）どれほど嘆いていることだろう」といってお見舞いに行くと、（翁は）「悔やんではいない」とだけ言って、全く嘆いていなかった。

不思議だなと思っていると、この馬は同じような（賢く強い）馬をたくさん連れて帰って来た。とてもすばらしいことなので、親しい人も、そうでない人も、（みな）お祝いの言葉を言った。

こうだけれども、（翁は）また「うれしくはない」と言って、このことにも驚く様子はなくて、このたくさんの馬を飼って、いろいろと使っているうちに、翁の子が、新しくやって来た馬に乗って、（馬から）落ちて右肘を折ってしまった。（このことを）聞いた人は、とてもびっくりして翁に聞いたものの、（翁は）ひたすら「悔やんではいない」と言って、顔色も変えず、なんでもないように答えて過ごしていた。そのころ、急に国内に戦争が起こり、兵隊が集められた。国中のしかるべき者は、残りなく（戦いに出て）みな死んだ。この翁の子は、（馬から落ちた時の怪我のせいで）右腕が不自由だったため（兵役からは）外れていたので、（結果として）片手は折れてしまったが、命は助かったのである。

このことは思慮深い人のたとえとして広く伝えられている。今の時代でも、教養のある思慮深い人は、何事にも動じることなく、軽率でないことは、この翁の心に通じるものがあると思われる。

◈表現のポイント

つゆも歎かざりけり

「つゆ＋打消しの語」という呼応の副詞。少しも～ない、全く～ない。という意味。

心にかよへるなどぞ見ゆる

係助詞「ぞ」を受けて、結びの語である「見ゆ」が連体形「見ゆる」に変化した。意味は「強意」。

作品の背景

有名な故事「塞翁が馬」に関する説話である。もともとの話は中国の古典、劉安《りゅうあん》『淮南子《えなんじ》』によるものである。日本ではことわざとして「人間万事塞翁が馬」として言われている。

例題

① 上段8行目「ありがたきこと」とはどのようなことを指すか、次から最もふさわしいものを選び、記号で答えなさい。

ア　逃げた馬が戻ってきたこと。
イ　逃げた馬が賢く強い馬をたくさん連れてきたこと。
ウ　逃げた馬が賢く強い馬に連れられてきたこと。
エ　逃げた馬が戻ってきたのに翁が喜ばなかったこと。
オ　逃げた馬が連れてきた馬たちを役立てたこと。

（　　　　）

② 下段4行目「かよへる」の主語（動作主）は誰か。最もふさわしいものを次から選び、記号で答えなさい。

ア　馬　　イ　よき人　　ウ　翁の子
エ　聞きわたる人　　オ　翁

（　　　　）

（埼玉栄・一部改）

中世 7

説話

『十訓抄』

安養の尼上

横川《よかは》の恵心《ゑしん》※僧都《そうづ》の妹、安養《あんやう》の尼上《あまうへ》のもとに、強盗《がうだう》入りて、あるほどの物の具、みな取りて出でければ、尼上は※紙衾《かみぶすま》といふものばかり、ひき着てゐられたりけるに、姉《あね》尼《あま》のもとに小尼上《こあまうへ》とてありけるが、走り参《まゐ》りて見れば、※小袖《こそで》をひとつ落したりけるを、「これ落して侍るなり。奉れ」とて、もて来たりければ、「それを取りてのちは、わが物とこそ思ひつらめ。主《ぬし》の心ゆかぬのをば、いかが着るべき。いまだ、よも遠くは行かじ。とくとくもておはして取らせ給へ」とありければ、門戸のかたへ走り出でて、「やや」と呼び返して、「これを落されにけり。たしかに奉らむ」といひければ、盗人《ぬすびと》ども立ちどまりて、しばし案じたる気色《けしき》にて、「悪しく参りにけり」とて、取りけるものどもを、さながら返し置きて、帰りにけり。

〈注〉
※僧都……朝廷から与えられる僧官で、僧正に次ぐもの。
※紙衾……紙で作った粗末な寝具。
※小袖……袖を小さく筒状にした衣服。平服や肌着に用いられた。

出題校

白鷗大学足利高校
高崎健康福祉大学高崎高校
大成高校（愛知）

語句のポイント

＊あるほどの……（連句）ありったけの。あるだけのものすべて。
＊奉れ／奉ら［奉る］……〈尊敬語として〉召し上がる、お召しになる。〈謙譲語として〉差し上げる、参上させる、うかがう。
＊とくとく……漢字では「疾く疾く」と書く。早く、急いで、さっそく、すでに、とっくに、など。「とく」一語でも同じ意味。
＊かた……片側、一部分、かたわら。
＊悪しく［悪し］……悪い、不愉快だ、下手だ、卑しい、など。（おもに絶対的な悪さを表す。）
＊さながら……そのまま、全部、ことごとく。

表現のポイント

わが物とこそ思ひつらめ
係助詞「こそ」を受けて、結びの語である意志の助動詞「らむ」が已然形「らめ」に変化した。意味は「強意」。

いかが着るべき
「いかが＋べき（連体形）」で反語である。どうして着ることができようか（できない）という意味。

よも遠くは行かじ
「よも＋打消し」という呼応の副詞。決して〜ない、まさか〜ない、という意味。「じ」は打ち消し推量の助動詞。

◉口語訳

横川の恵心僧都の妹である安養の尼上のもとに強盗が入り、（家の中に）あるものをすべて取って逃げていってしまった。尼上は、紙でできた粗末な寝具だけを身につけていたところ、姉尼上のもとに小尼上というものがいたのだが、急いで参上し、見ると、（強盗が落とした）小袖が一枚落ちていた。（手に取って）、「これを落としていきました。お召しください」と持ってきたところ、（尼上は）「盗んだ後では、強盗も自分のものだと思っていることでしょう。持ち主が承諾していないものをどうして着ることができましょうか。まだ（強盗は）遠くには行っていないでしょう。すぐに持っていって、（小袖を）お渡しになってください」と言ったので、（小尼上は）門のそばまで走り出て、「もしもし」と声をかけ、「これを落とされました。たしかにお渡ししましたよ」と言ったので、盗人たちは立ち止まって、しばらく考えて「とんでもない家に来てしまった」と言って、盗んだものを残らず全部置いて帰っていった。

作品の背景

横川の恵心僧都は平安時代中期の天台宗の僧、源信のこと。作品に説話『往生要集』がある。若いころから学問に優れていた源信は、ある時、帝からほうびを頂戴し母に送ったところ「お前を名誉や褒美のために僧にしたのではない」とたしなめられ、以後、一心に修行に打ち込んだ、という話が『発心集』に残されている。

例題

① 次の動作の主語にふさわしい人物を次から選び、それぞれ記号で答えなさい。

ア　安養の尼　　イ　強盗　　ウ　小尼上

1　2行目「出でければ」（　　）
2　4行目「走り参りて」（　　）
3　11行目「いひければ」（　　）
4　13行目「帰りにけり」（　　）

② 本文の内容に合致するものを次から選び、記号で答えなさい。

ア　強盗の行為に腹を立てた小尼上は強盗を追いかけた。
イ　強盗は奪い取ったものにそれほど価値がなかったので捨てた。
ウ　安養の尼上が無欲だったので強盗は取ったものを返した。
エ　強盗が小袖を落としていったので、小尼上はその小袖を着た。

（　　）

（高崎健康福祉大学高崎）

中世 8 説話

『十訓抄』

楊梅大納言の言失《ごんしつ》

出題校
中央大学杉並高校
拓殖大学第一高校

楊梅大納言《やまもものだいなごん》顕雅卿《あきまさきやう》は、若くよりいみじく※言失《ごんしつ》をぞし給ひける。

神無月《かんなづき》のころ、ある※宮腹《みやばら》に参りて、御簾《みす》の外にて、女房たちとものがたりせられけるに、時雨《しぐれ》の※さとしければ、供なる※雑色《ざふしき》を呼びて、「車の降るに、時雨さし入れよ」とのたまひけるを、「車軸《しやぢく》とかやにや、おそろしや」とて、御簾の内、笑ひあはれけり。

さて、ある女房の、「御いひたがへ、つねにありと聞こゆれば、まことにや、※御祈りのあるぞや」といはれければ、「そのために、三尺のねずみをつくり、供養《くやう》せむと思ひ侍る《はべ》」といはれたりける。をりふし、ねずみの御簾のきはを、走り通りけるを見て、観音に思ひまがへて、のたまひけるなり。

「時雨さし入れよ」には、まさりてをかしかりけり。越度《をちど》の次《ついで》にいひ出さる。

〈注〉
※言失……言い間違い。　※宮腹に……宮様のところに。
※さとしければ……さっと降ってきたので。
※雑色……走り使いなどの雑役をする家来。
※御祈り……癖を直そうとして神仏に祈ること。

語句のポイント

* いみじく［いみじ］……非常に、たいそう、とても、甚だしい。
* ものがたりせ［ものがたりす］……おしゃべりをする、雑談をする。
* のたまひ［のたまふ］……「言ふ」の尊敬語。おっしゃる。
* 聞こゆ……聞こえる、噂される、世に知られる。
* をりふし……ちょうどその時、ときたま。
* まがへ［まがふ］……入り乱れる、見分けがつかなくなる。
* をかしかり［をかし］……風流だ、心引かれる、趣深い、面白い、興味深い、など。ここでは「面白い」という意味。

表現のポイント

言失をぞし給ひける
係助詞「ぞ」を受けて結びの語である過去の助動詞「けり」が連体形に変化した。意味は「強意」。

さとしければ
「けれ」は助動詞「けり」の已然形。「已然形＋ば」は、～ので、～なのでという順接の確定条件を表す。

◉口語訳

楊梅大納言顕雅卿は、若いころからひどい言い間違えをなさっていた。

十月のころ、とある宮様のところに参上して、御簾の外で女房たちと世間話などをなさっていると、時雨がさっと降ってきたので、供人の雑色を呼んで、「車が降っているので、時雨を中に入れなさい」とおっしゃったところ、「車軸が（降る）とでもいうのでしょうか、恐ろしいことよ」と言って、御簾の中で笑いあっていた。そこで、ある女房が「（大納言様は）このような言い間違えがいつもあるとは聞いておりましたが、本当ですか、（言い間違えが直るように）お祈りをなさるというのは」とお言いになったので、（大納言は）「そのために、三尺のねずみを作って、供養しようと思っております」とおっしゃったのだった。ちょうどその時、ねずみが御簾の端を走り通っていったのを見て、観音に思い違っておっしゃったのである。「時雨を中に入れなさい」（という言い間違え）よりもさらに面白い話でしょう。

失敗の（話の）ついでに、思い出した話である。

作品の背景

『十訓抄』は一二五二年、六波羅《ろくはら》二臈《じろう》左衛門《ざえもん》入道《にゅうどう》により編纂されたとされる。年少者に対しての教訓的説話を十の項目に分類し編まれたことから、この名前がつけられた。日本、中国、インドの古典が引用されており、平易かつ簡潔にまとめられていることが特徴である。

例題

① 次に挙げるのは本文中で顕雅卿が何を何に言い間違えたのかを説明した文章です。空欄にあてはまる語句を本文中から探し、記入しなさい。

「（　　　　）を車と言い間違え、その後（　　　　）をねずみと言い間違えた。」

（中央大学杉並）

中世 9

説話

『古今著聞集』

灰を食べた盗人の話

或所《あるところ》に※偸盗《ちゅうとう》入《いり》たりけり。あるじおきあひて、帰らん所をうちとゞめんとて、その道をまちまうけて、障子の破《やぶれ》よりのぞきをりけるに、盗人、物ども少々とりて袋に入《いれ》て、ことごとくもとらず、少々をとりて帰らんとするが、※さげ棚のうへに鉢《はち》に灰を入《いれ》てをきたりけるを、この盗人なにとかおもひたりけん、つかみ食《くひ》て後、袋にとり入《いれ》たる物をば、もとのごとくにをきて帰《かへり》けり。まちまうけたる事なれば、うちふせてからめてけり。此《この》盗人の振舞《ふるまひ》、心えがたくて、其子細《そのしさい》をたづねければ、盗人いふやう、「われもとより盗《ぬすみ》の心なし。この一両日食物《じきもつ》たえて、術《せん》なくひだるく候《さぶらふ》まゝに、はじめてかゝる心つきて、まゐり侍《はべり》つるなり。しかあるを、御棚に麦の粉《こ》やらんとおぼしき物の手にさはり候《さぶら》ひつるを、ものゝほしく候まゝに、つかみくひて候つるが、はじめはあまり飢ゑたる口にて、なにの物ともおもひわかれず。あまたたびになりて、はじめて灰にて候けりとしられて、そのゝちは食べずなりぬ。食物ならぬものを食べては候へども、これを腹にくひいれて候へば、ものゝほしさがやみて候也。これをおもふに、此飢《このうゑ》にたへずしてこそ、かかるあらぬさまの心もつきて候へば、灰を食べてもやすくなほり候けりとおもひ候へば、とる所の物をもとのごとくにをきて候なり」といふに、あはれにもふしぎにも覚《おぼえ》て、かたのごとくの※さうせちなどとらせて、かへしやりにけり。「のちのちにも、さ程にせんつきん時は、はゞからずきたりていへ」とて、つねにとぶらひけり。盗人もこの心あはれなり。家あるじのあはれみ、又優なり。

〈注〉
※偸盗……盗人。
※さげ棚……つり下げてある棚。
※さうせち……食べ物、贈り物のことと思われる。

出題校
東京学館高校
埼玉栄高校
横浜隼人高校

◉口語訳

あるところに強盗が入った。（その家の）主《あるじ》は起き出して、（盗人が）帰ろうとするところをつかまえてやろうと、その途中で待ちかまえて、障子の破れた間から覗いていたところ、盗人は（家の中の）物などを少しだけ取って袋に入れて、全部取ることをしないで、少しだけ（ものを）取って帰ろうとするが、提げ棚の上に灰を入れた鉢を置いていたのを、この盗人は一体なんだと思ったのであろうか、（灰を）つかんで食べた後、袋に取って入れたものをもとのように置いて帰ったのである。待ちかまえていたので、（主は盗人を）組み伏せてつかまえた。（主は）この盗人の振る舞いがどうにも納得できないので、くわしく聞いてみると、盗人が言うには「わたしにはもともと盗もうという気持ちはなかったのです。この一日、二日食べるものも尽きて、どうしようもなく空腹でいましたところ、初めてこのような心［盗もうという心］になり、侵入して参りました。ところが、戸棚に麦の粉だろうと思われる物が手に触れましたので、何か（食べ物が）ほしいと思うままに、（その粉を）つかんで食べてしまいましたが、初めはとても飢えていたので、何を食べているかも分からず、何度か口に運ぶうちに、初めて（その粉が）灰でありましたことを知って、それからは食べなくなりました。食べ物ではないものを食べてしまいましたが、これを腹に入れてしまってからは、何かほしいという気持ちが［盗人の心が］消えました。このことを考えると、これは飢えに耐えられなかったからこそ、このようなとんでもない心も付いたのであり、だから、灰を食べても簡単に直ったのだと思いましたので、盗んだ品物をもとのように置いたのでございます」というので、（主は）感心とも、またふしぎにも思われて、気持ちばかりの品物などを与えて、帰してやった。（そのとき）「このあとあとも、これほどどうしようもなくなるようなときは、遠慮しないでやって来て言いなさい」と言って、常に心配して見舞った。盗人もこの心は感心である。家の主の慈悲の心もまた優雅である。

語句のポイント

*をり（居り）……存在する、いる。
*ことごとく……全く、すっかり、完全に。
*心えがたく［心得難《えがた》し］……理解しにくい。
*ひだるく［ひだるし］……ひもじい、空腹だ。
*かゝる（かかる）……こんな、このような。
*あまた……数多く、たいそう、非常に。
*はゞから［はばかる］……はばまれて行きにくい、気にかけて遠慮する。
*とぶらひ［とぶらふ］……見舞う、心配して訪ねる。

表現のポイント

あらぬさまの心

「あらぬ」は連体詞。とんでもない心持ち、あってはならない気持ち、出来心、などの意味。

作品の背景

『古今著聞集』は一三世紀前半に橘成季によって編纂された。約七〇〇の話が収められ、神祇・釈教・文学・和歌・魚虫禽獣など、三十の内容に分類されている。

中世 10

説話

『沙石集』

蚪と猿の生き肝

また、海中に蚪《きう》と云ふ物あり。蛇に似て、角《つの》なき物と云へり。妻の孕《はら》みて、猿《さる》の※生《い》け肝《ぎも》を願ひければ、得難《えがた》き物なれども、志《こころざし》の色も見えむとて、山の中に行きて、海辺《かいへん》の山に猿多き処《ところ》を尋ね行きて、云はく、「海中に木《こ》の実多き山あり。あはれ、おはしませかし。我が背《せなか》に乗せて、具《ぐ》してこそ行かめ」と云ふ。「さらば具して行け」とて、背に乗りぬ。

海中はるかに行けども、山も見えず。「いかに、山はいづくぞ」といへば、「げには海中にいかでか山あるべき。我が妻、猿の生け肝を願へば、そのためぞ」と云ふ。猿、色を失ひて、せむ方なくていふやう、「さらば、山にて仰《おほ》せられたらば、安き事なりけるを、我が生け肝は、ありつる山の木の上に置きたりつるを、にはかに来つるほどに忘れたり」と云ふ。「さては、肝の料《れう》にてこそ具して来つれ」と思ひて、「さらば返りて、取りて給べ」と云ふ。「さうなし。安き事」と云ひけり。さて、返りて山へ行きぬ。猿の木に登りて、「海の中に山無し。身を離れて肝無し」とて、山深く隠れぬ。蚪、※ぬけぬけとして帰りぬ。

〈注〉

※生け肝……生きた肝臓のこと。

※ぬけぬけ……だまされて、間抜けな様子。

語句のポイント

*志……意向、かねてから思っていること、誠意、など。

*あはれ……感動詞。感動したときに発する言葉。「ああ」「さあ」。形容動詞「あはれなり」と区別する。

*おはしませ［おはします］……「有り」「行く」「来る」の尊敬語。

*具し［具す］……連れ立つ、伴う、従う、備わる。

*はるかに［はるかなり］……（距離・年月などが）遠く離れていること。

*いかに……〈連語〉どうしたことだ、どういうことだ。

*いづく……どこ、どちら、など方向を表す代名詞。

*げには……〈連語〉本当のことを言えば、実は、実際は。

*色……色彩、美しさ、情趣、態度、顔色。ここでは顔色の意。

*せむ方なく［せむかたなし］……〈連句〉どうしようもない、しかたない。

*にはかに［にはかなり］……急な様子、突然だ。

*ほどに……～ので。～によって。

出題校

青山学院高等部

関西学院高等部

◉口語訳

海の中に虬という生き物がいた。（体は）蛇に似ていて、角はない生き物だという。（ある）虬の妻が懐妊し、猿の生け肝を欲しがったので、手に入れにくい物ではあるが、（妻に）誠意ある態度を見せようと思って、山の中に行って、海辺の山で猿のたくさんいる所へ訪ねて行って、（猿に向かって）「海の中に木の実がたくさん成る山がある。ああ、いらっしゃればよいのに。私の背中に乗せてお連れしたいものです」と言う。（猿は）「ならば、連れて行け」と言って（虬の）背中に乗った。

海中をどこまで行っても、山も見えない。「どうした、山はどこだ」と（猿が）言うと、「本当に海の中に山があるということがあろうか。（あるわけないだろう。）私の妻が猿の生け肝を欲しがったので、そのために連れてきたのだ」と（虬が）言う。猿は、顔色《がんしょく》を失って、どうしようもなくて、「それならば、山でおっしゃって下されば、簡単なことだったのに。私の生け肝は、さきほどの山の木の上に置いてあったのですが、突然に（海のなかに）来たので（肝を）忘れて来てしまいました」と言う。「それでは、肝を取るために連れてきたのに（意味がない）」と（虬は）思い、「それならば、帰って取ってきてください」と言う。（猿は）「言うまでもない、簡単なことです」と言った。そうして引き返して山へ行った。猿は木に登って「海の中に山はない、体の外には肝はない」と言って、山奥に隠れてしまった。虬は間抜けな様子で（海へ）帰っていったのだった。

❖表現のポイント

具してこそ行かめ

係助詞「こそ」を受けて、結びの語である意思の助動詞「む」が已然形「め」に変化した。意味は「強意」。

いかでか山あるべき

連語「いかで（か）」は「どうして〜か」という反語の意味。

肝の料にてこそ具して来つれ

係助詞「こそ」を受けて、結びの語である完了の助動詞「つ」が已然形「つれ」に変化した。意味は「強意」。

海の中に山無し。身を離れて肝無し

対句的表現である。虬と同じ手でだまし返した猿が言い放った台詞であり、知恵比べの面白さでもある。

作品の背景

『沙石集』は、鎌倉時代後期の仏教説話集。作品の特徴として、他の仏教説話集にあるような因果応報の話や、教育的な話のほか、卑近な話や、笑い話を題材にして教えを導くものが多いことから、作者である無住の多様な価値観がうかがえる。

例題

① なぜ虬は「ぬけぬけ」と帰ったのか、この話全体の内容と関連付けて四十字以内で答えなさい。

（　　　　　　）

（関西学院）

中世 11 随筆

『徒然草』第五十六段

出題校

日本大学高校
江戸川女子高校
柏日体高校

久しく隔《へだ》りて逢《あ》ひたる人の、我《わ》が方《かた》にありつる事、数々に残りなく**語りつづくるこそ、あいなけれ**。隔《へだ》てなくなれぬる人も、ほど経て見るは、はづかしからぬかは。※つぎざまの人は、あからさまに立ち出でても、今日《けふ》ありつる事とて、息もつぎあへず語り興ずるぞかし。よき人の物語《ものがたり》するは、人あまたあれど、ひとりに向きて言ふを、おのづから人も聞くにこそあれ。よからぬ人は、誰ともなく、あまたの中にうち出でて、見ることのやうに語りなせば、皆同じく笑ひののしる、いとらうがはし。をかしき事を言ひても、いたく興ぜぬと、興なき事を言ひても、よく**笑ふにぞ、品《しな》のほど測られぬべき**。

人のみざまのよしあし、才《ざえ》ある人はその事など※定めあへるに、おのが身をひきかけて言ひ出でたる、いとわびし。

〈注〉
※つぎざまの人……身分があまり高くない人、または、あまり教養がない人。
※定めあへる……議論し合う。

語句のポイント

＊久しく［久し］……長い時間が経った状態、久しぶりだ、しばらくだ。
＊あいなけれ［あいなし］……理屈に合わない、おもしろくない、わけもなく、むやみに、など。
＊ほど……時間、ころあい、身分、大きさ、具合、限り、など。
＊あからさまに［あからさまなり］……本格的ではない様子、かりそめの、ちょっと。
＊興ずる／興ぜ［興ず］……面白がる、楽しむ。
＊よき人……（連語）身分の高い人、教養などが優れた人、風流を解する人。
＊物語する［物語す］……おしゃべりをする、雑談をする。
＊あまた……数多く、たいそう、非常に。
＊おのづから……自然に、ひとりでに。
＊よからぬ人……（連語）「よき人」の反対。
＊ののしる……大声で騒ぎ立てる。
＊らうがはし……騒がしい。やかましい。
＊いと……非常に、とても、たいそう。
＊をかしき［をかし］……風流だ、心引かれる、趣深い、面白い、興味深い。→本文では「面白い」の意味。
＊才……「ざえ」と読む。教養（特に漢学の教養）、芸能。
＊わびし……さびしい、物悲しい、つらい、苦しい、面白みがない、つまらない、みすぼらしい、など。

◉口語訳

長い間離れていて、しばらくぶりで会った人が、自分にそれまであったことを次から次へと全て語り続けるのは、おもしろくない。（かつては）分け隔てなく慣れ親しんだ人でも、しばらく経って（久しぶりに）会うのは、どうも恥ずかしく（遠慮がちに）ならないだろうか。あまり教養のない人は、ちょっと出かけただけでも、今日あったことだと言って、息つく間もなく面白がって話すものだ。身分の高い教養のある人が話をするときは、（そこに）たくさんの人がいても、（その中の）一人に向かって話すのを、自然と（まわりの）人も聞くのである。教養のない人は、誰に向かって話をするのでもなく、大勢の人の中に身を乗りだして、まるで（今）見ているかのように語るので、（そこにいる人々は）皆、いっせいに大声で騒ぎ立てるが、とてもやかましいことだ。おもしろいことを言ってもあまりおもしろがらないのと、おもしろくないことを言ってもよく笑うこと（の違い）で、人の品位の程度を推し測られてしまうのだ。

人の容姿のよしあしや、（あるいは）学問のある人の場合は、そのことなどを議論し合っているときに、自分自身のことを引き合いにして話し出しているのは、とても聞き苦しいものである。

表現のポイント

語りつづくるこそ、あいなけれ

係助詞「こそ」を受けて、結びの語である形容詞「あいなし」が已然形に変化した。意味は「強意」。

笑ふにぞ〜測られぬべき

係助詞「ぞ」を受けて、結びの語である当然の助動詞「べし」が連体形に変化した。意味は「強意」。

作品の背景

『徒然草』が作られた一四世紀には、能楽や連歌が流行し、散文作品は衰退を迎えた。そのような時代背景のなかで、『徒然草』は書き上げられた。

例題

① 冒頭「久しく隔りて逢ひたる人の」の「人の」は次のどの語にかかるか。最も適当なものを次から選び、記号で答えなさい。

ア　我が方に　イ　ありつる事　ウ　数々に残りなく

エ　語りつづくる　オ　あいなけれ

（　　　　）

（江戸川女子）

② 13行目「わびし」とは、「がっかりである」という意味であるが、作者はどのような行為を「がっかり」だと述べているか、二十字以内で説明しなさい。

（　　　　）

（日本大学）

中世 12

随筆

『徒然草』 第六十八段

※筑紫《つくし》に、なにがしの※押領使《あふりやうし》などいふやうなるもののありけるが、※土大根《つちおほね》を万《よろづ》にいみじき薬とて、朝ごとに二つづつ焼きて食ひける事、年久しくなりぬ。或時《あるとき》、※館《たち》の内に人もなかりける隙《ひま》をはかりて、敵《かたき》襲ひ来《きた》りて囲み攻めけるに、館のうちに兵《つはもの》二人出《い》で来《き》て、命を惜しまず戦ひて、皆追ひかへしてげり。いと不思議に覚えて、日ごろここにものし給ふとも見ぬ人々の、かく戦ひし給ふは、いかなる人ぞと問ひければ、「年ごろ頼みて、朝な朝な召しつる土大根らにさぶらふ」といひて失《う》せにけり。深く信をいたしぬれば、かかる徳もありけるにこそ。

出題校

明治学院東村山高校
川越東高校
西武台高校

〈注〉
※筑紫……九州にあった旧国の地名。
※押領使……地方官の役職。凶徒の鎮定や逮捕を行った。
※土大根……だいこん。
※館……武家屋敷。

語句のポイント

*なにがし……なんとか、だれそれ、どこそこ、など、不明確なときや名を隠して言うときに用いる。

*いみじき［いみじ］……非常によい、すばらしい。

*久しく［久し］……長い時間が経った状態、久しぶりだ、しばらくぶりだ。

*いと……非常に、たいそう、とても。

*日ごろ……何日か、数日来、近ごろ、ふだん、など。

*ものし［ものす］……「ある」「いる」「する」など様々に意味を受ける。ここでは「住む」「いる」の意。

*いかなる［いかなり］……どのような、どうした。

*年ごろ……数年来、何年も、これまで何年かの間。

*かかる……こんな、このような。

表現のポイント

追ひかへしてげり
過去の助動詞「けり」が濁音化したもの。

◉口語訳

筑紫の国に、何とかの押領使などという者がいたのだが、大根を何にでも効く薬だと言って、毎朝二切れずつ焼いて食べるということを何年も続けてきた。ある時、屋敷の中に人がいない隙《すき》を狙って、敵が襲って来て（屋敷を）囲んで攻め込んだところ、家の中から兵士が二人出てきて、命を惜しまず戦って、（敵を）みな追い返してしまった。（なにがしの押領使は）とても不思議に思って、「普段ここにいらっしゃるとは思えないような（見かけない）人々が、このように戦ってくださるとは、一体（あなたたちは）どのような人なのですか」と聞いたところ「（あなたが）何年も頼りにして、毎朝召し上がっていらっしゃる大根らでございます」と言って消えてしまった。深く何かを信じていると、このような功徳もあるということだろう。

作品の背景

動物が登場する説話や随筆は数多いが、野菜が擬人化されて登場する作品は非常にまれである。植物でさえも、心を尽くしていれば恩返しをしてくれる、という信心の大切さを説いた文章である。

例題

①　8行目「問ひければ」の内容を示した部分を指摘し最初と最後の五字を書き抜きなさい。
最初（　　　　　）最後（　　　　　）

②　8行目「年ごろ頼みて」とありますが、なにがしの押領使の「頼み」の内容として適切なものを選び、記号で答えなさい。
ア　自分の身に危険が迫ったとき、丈夫な土大根なら立派に戦い助けてくれるだろうという願い。
イ　自分の任国が土大根のような作物がたくさん取れる豊かな国になってほしいという願い。
ウ　大好きな土大根をこれからもずっと食べ続けられるように長生きしたいという願い。
エ　土大根はあらゆる病気に効く万能な薬なので、いつも食べて健康でい続けたいという願い。
（　　　　　）
（明治学院東村山）

『徒然草』第八十九段

「奥山《おくやま》に、猫またといふものありて、人を食《くら》ふなる」と、人の言ひけるに、「山ならねども、これらにも、猫の経《へ》あがりて、猫またに成りて、人とる事はあなるものを」と言ふ者ありけるを、何阿弥陀仏《なにあみだぶつ》とかや、連歌《れんが》しける法師の、行願寺《ぎやうぐわんじ》の辺《ほとり》にありけるが聞きて、ひとり歩《あり》かん身は、心すべきことにこそと思ひける比《ころ》しも、ある所にて夜ふくるまで連歌して、ただひとり帰りけるに、小川《こがは》のはたにて、音に聞きし猫また、あやまたず足許《あしもと》へふと寄り来て、やがてかきつくままに、頸《くび》のほどを食《く》はんとす。肝心《きもこころ》も失せて、防《ふせ》がんとするに、力もなく足も立たず、小川へ転《ころ》び入りて、「助けよや、猫またよや、よや」と叫《さけ》べば、家々《いへいへ》より松どもともして走り寄りて見れば、このわたりに見知れる僧なり。「こは如何《いか》に」とて、川の中より抱《いだ》き起《おこ》したれば、連歌の※賭物《かけもの》取りて、扇《あふぎ》・小箱《こばこ》など懐《ふところ》に持ちたりけるも、水に入りぬ。希有《けう》にして助かりたるさまにて、はふはふ家に入りにけり。

飼《か》ひける犬の、暗けれど主《ぬし》を知りて、飛び付きたりけるとぞ。

〈注〉
※賭物……連歌の勝負に賞品として賭けた品物。

語句のポイント

＊あなる［あなり］……（連語）動詞「あり」に伝聞の助動詞「なり」が接続したもの。あるそうだ、あるように聞く、という意味。
＊音に聞き［音に聞く］……「音」は物音、声・噂など。「音に聞く」は、噂に聞く、有名である。
＊あやまたず……（連語）狙いたがわず、～のとおり。
＊やがて……そのまま、すぐに。ここでは、いきなり、の意。
＊ほど……あたり、付近。
＊如何に……どうしたことだ、どういうことだ。
＊希有……めったにないこと、思いがけないこと、不思議なこと。

出題校
東海大学付属浦安高校

◉口語訳

「山の奥のほうに猫またというものがいて、人を食うそうだ」と人々が噂していると、「山ではなくとも、このあたりにも、猫が年をとって、猫またになって人に襲いかかることがあるということだ」と言う者があったのを、なんとか阿弥陀仏とかいう、（職業として）連歌をしている法師で、行願寺のほとりに住んでいる者が聞いて、ひとり歩きをするような身の自分は気をつけなくては、と思っていた。ちょうどそのころに、（法師は）ある所で夜遅くまで連歌をして、ひとりで帰ってくると、小川《こがわ》のほとりで、噂に聞いていた猫またが、狙いたがわず（法師の）足元に突然寄ってきて、すぐに飛びついて、首のあたりに食いつこうとする。慌てるばかりで肝をつぶしてしまい、（猫またを）追いやろうとするが、力も出ず、腰を抜かしてしまい、小川に転げ落ちて、「助けてくれ～、猫まただよ、猫まただよ、猫まただよ」と叫ぶと、周りの家々から松明《たいまつ》をともして（人々が）走ってきて見てみると、（騒いでいたのは）このあたりでよく見かける僧である。「これは一体どうしたというのだ」と言って、川の中から抱き起こすと、連歌の景品をもらって、扇や小箱を懐に持っていたのだが、水の中に落ちてしまっていた。（法師は）間一髪で思いがけず助かったという様子で、這うようにして家に入っていった。

（なんと、法師が）飼っている犬が、暗がりでも飼い主の姿に気がついて、飛びついたのだということである。

表現のポイント

食ふなる

動詞「食ふ」の終止形に接続しているので、「なる」は伝聞の助動詞「なり」の連体形。係り結びではないが、あえて文末を連体形にすることで強調を表している。

連歌しける法師の

同格を表す「の」。「連歌をしている法師で……」と訳す。

作品の背景

『徒然草』の中でも、最も有名な話のひとつである。本文にあるように、猫が年をとると尾が二又にわかれるようになり「猫また」になる。「猫また」は様々な説話、物語に登場するが、他の古典に描かれる「猫また」はもっぱら、年をとった飼い猫が恩返しをする話である。

例題

① 6行目「思ひける」とありますが、思っていたことの内容は本文中のどこから述べられていますか。適切な部分を探し、初めの五字を書き抜きなさい。

（　　　　　　）

（東海大学付属浦安・一部改）

中世 14 随筆

『徒然草』第百七十段

さしたる事なくて人のがり行くは、よからぬ事なり。用ありて行きたりとも、その事果《は》てなば、とく帰るべし。久しく居《ゐ》たる、いとむつかし。

人とむかひたれば、詞《ことば》多く、身も草臥《くたび》れ、心も閑《しづか》ならず、よろづの事さはりて時を移す、互ひのため益《やく》なし。いとはしげに言はんもわろし。心づきなき事あらん折は、なかなかそのよしをも言ひてん。

同じ心にむかはまほしく思はん人の、つれづれにて、「いましばし、今日《けふ》は心閑《こころしづか》に」など言はんは、この限りにはあらざるべし。※阮籍《げんせき》が青き眼《まなこ》、誰にもあるべきことなり。

そのことなきに人の来《きた》りて、のどかに物語《ものがたり》して帰りぬる、いとよし。また、文《ふみ》も、「久しく聞《きこ》えさせねば」などばかり言ひおこせたる、いとうれし。

〈注〉

※阮籍……「作品の背景」参照。

語句のポイント

＊さしたる……たいした、これというほどの。
＊がり……（その人の）所へ、もとへ。
＊とく（疾く）……すぐに、早く、急いで、早速、すでに、など。
＊久しく［久し］……長い時間が経った状態のこと。
＊むつかし……不快だ、我慢できない、わずらわしい、やっかいだ、気味が悪い、など。
＊よろづ……すべて、様々、いろいろ、など。
＊さはり［さはる（障る）］……差し支える、妨げになる、病気になる。
＊いとはしげに［いとはしげなり］……いやそうな様子、きらいなそぶり。
＊わろし……良くない。
＊まほしく［まほし］……願望を表す、～したい、～であってほしい、という意味。
＊つれづれに［つれづれなり］……退屈なこと、所在無いこと、ものごとが手につかない状態。
＊のどかに［のどかなり］……落ち着いて、のんびりして、平穏に、など。
＊物語し［物語す］……おしゃべりをする、雑談をする。
＊よし……よい、すばらしい、心地よい、立派だ、など。
＊聞えさせ［聞えさす］……申し上げる、手紙をさし上げる。
＊うれし……よろこばしい、うれしい、ありがたい。

出題校

市川高校
日本大学櫻丘高校
東海大学付属相模高校

◉口語訳

これといった用事もないのに、人のところに行くのはよくないことである。用事があって行ったとしても、その用事が済んだのならすぐに帰るのがよい。長い時間いることは、実にわずらわしい。

人と対座していると、しゃべる言葉が多くなり、体も疲れ、心も落ち着かない。いろいろな事に差し支えて、時間を浪費してしまう。(これは)お互いに無益なことである。(かといって)嫌そうに話すのも良くない。どうも乗り気でないような時は、かえって客にそのことを言ってしまうのがよい。

(自分と)同じ気持ちで、(いつまでも)向かい合っていたいと思うような(気の合う)人が、退屈を持て余し、「もう少し(いてください。)今日はゆっくりと……」などというような場合は、この限りではないだろう。阮籍の青い眼の(気持ちは)誰にでもあり得ることなのである。

これといった用事がないのに、人がやって来て、のんびりとおしゃべりなどをして帰ってしまうのは非常によろこばしい。また、手紙でも(これといった用ではないが)「長くお手紙を差し上げておりませんので……」などとだけ書いて送られてきたのは、とてもうれしいものである。

◈表現のポイント

~いとむつかし、~わろし→~いとよし、~いとうれし

前半の悪い例、後半の良い例、それぞれの評価を文末にはっきりと示すことで、主張が明確になっている。

作品の背景

阮籍とは、中国の六朝時代の晋《しん》の人。『竹林の七賢』のひとり。『竹林の七賢』は竹林の中で酒を酌み交わしながら、老荘思想について論議をしていた七人の知識者のことである。阮籍が、気に入った客は青い眼をして歓迎し、気に入らない客には白い眼をして迎えた。という話は、故事成語の『青眼白眼』として有名である。

例題

① 8～9行目「いましばし、今日は心閑に」の後に省略されている表現として最も適わしいものを次から選び、記号で答えなさい。

ア　とく帰るべし。　イ　時を移すべし。
ウ　とどまり給へ。　エ　語らん。　オ　まみえん。

（　　）

(日本大学櫻丘・一部改)

② 本文は大きく二つの段落に分けられる。二つ目の段落にあたる部分の最初の五字を書き抜きなさい。

（　　　　　）

中世 15

随筆

『徒然草』

第二三一段

出題校

春日部共栄高校
大阪女学院高校

園《その》の別当入道《べつたうにふだう》は、さうなき庖丁者《はうちやうじや》なり。ある人のもとにて、いみじき鯉《こひ》を出だしたりければ、皆人《みなひと》、別当入道の庖丁を見ばやと思へども、たやすくうち出でんもいかがとためらひけるを、別当入道さる人にて、「この程百日の鯉を切り侍るを、今日欠《か》き侍るべきにもあらず。まげて申し請《う》けん」とて切られける、いみじくつきづきしく、興ありて人ども思へりけると、ある人、北山太政入道《きたやまのだいじやうにふだう》殿に語り申されたりければ、「かやうの事、おのれはよにうるさく覚ゆるなり。切りぬべき人なくは給《た》べ、切らんと言ひたらんはなほよかりなん。なでふ、百日の鯉を切らんぞ」とのたまひたりし、をかしく覚えしと人の語り給ひける、いとをかし。大方《おほかた》、ふるまひて興あるよりも、興なくてやすらかなるが、まさりたる事なり。まれ人の饗応《きやうおう》なども、ついでをかしきやうにとりなしたるも、誠《まこと》によけれども、ただ、その事となくてとり出でたる、いとよし。人に物を取らせたるも、ついでなくて、「これを奉らん」と云ひたる、まことの志なり。惜しむよしして乞《こ》はれんと思ひ、勝負の負けわざにことつけるなどしたる、むつかし。

語句のポイント

*さうなき［さうなし（双なし）］……並ぶもののない、並外れた。

*いみじき［いみじ］……非常に、とても、非常に良い、すばらしい、など。

*ばや……［〜ばや］で希望、願望を表す。〜であってほしい、〜したいという意味。

*たやすく［たやすし］……容易だ、軽々しい、軽はずみだ。

*つきづきしく［つきづきし］……似つかわしい、ふさわしい、もっともらしい、など。

*興あり……（連句）興趣がある、おもしろい。

*よに……非常に、まことに。

*よかり［よし］……良い、すばらしい、立派だ、など。

*なでふ……（連語）読みは「なじょう」。反語を表す。どうして〜か、という意味。

*をかしく［をかし］……風流だ、心引かれる、趣深い、面白い、など。

*いと……非常に、たいそう、とても。

*やすらかなる［やすらかなり］……あれこれ気を遣わず気楽な様子。すなおだ、簡単だ。

*むつかし……不快だ、我慢できない、わずらわしい、やっかいだ、気味が悪い、など。

◉口語訳

園の別当入道は、並ぶものがいないほどの（優れた）料理人である。ある人の所で立派な鯉を出したので、周りの人はみな、別当入道の包丁さばきを見たいと思ったが、軽々しくそれを言い出すのもどうかとためらっていたところ、別当入道は心得た人で、「このごろは、（料理の練習のため）百日間（毎日）鯉を切り続けておりますので、今日も欠かすわけには参りません。ぜひとも（その鯉を）いただきましょう」と言って、（鯉を）料理なさった。（その別当入道のふるまいが）とてもその場にふさわしく、興趣があると人々は思ったのであった、という話を、ある人が北山太政入道殿にお話し申し上げたところ、（入道殿は）「このようなことは、私には非常にわずらわしく感じられるのだ。切ることが出来るであろう人がいなければ、お渡しください、切りましょう、と言ったのであれば、さらに良かったことであろうに。どうして、百日間切り続けているなどという（理由をつけて）鯉を切ることがあろうか（いや、そんな必要はない）」とおっしゃったことは、とても興味深く感じました、と人が語っていたことは、（私にも）とても興味深く思われた。

およそ、わざとらしく趣向をこらして面白いものより、面白みがなくても素直なほうがまさっているということである。客人のもてなしなどでも、その場に応じて面白いようにとりつくろうのも、実に喜ばしいことだけれども、ただ何ということもなしに（酒宴のごちそうを）出しているのもまた、とても良いものである。人に物をあげる時も、何のきっかけもなしに「これをあげましょう」ということこそ、本当の気持ちなのである。なにか惜しむようなそぶりをして（相手から）欲しがられようと思ったり、（自分が）勝負に負けたときの賭け物にかこつけたりしているのは、嫌なものだ。

表現のポイント

ふるまひて興あるよりも、興なくてやすらかなる

本文で評価している価値観を簡潔にまとめた部分である。

まことの志

かざらない本当の気持ち。

作品の背景

周囲に気を遣って「百日の鯉」の話をした別当入道の例をあげ、そのわざとらしいふるまいは良くない、というのである。自然でおだやかな心持ち、さりげなく飾らない生活を良しとする、老荘思想にも似た、兼好自身の価値観を見ることができる章段である。

例題

① 8〜9行目「よにうるさく覚ゆるなり。」とは、誰の何に対する感想か。最も適当なものを次から選び、記号で答えなさい。

ア　園の別当入道の人々の行為に対する感想。
イ　園の別当入道の北山太政入道殿の行為に対する感想。
ウ　北山太政入道殿の人々の行為に対する感想。
エ　北山太政入道殿の園の別当入道の行為に対する感想。
オ　ある人の園の別当入道の行為に対する感想。

（　　　　）

（春日部共栄・一部改）

『徒然草』第二四三段

八《やつ》になりし年、父に問ひて言はく、仏は如何《いか》なるものにか候《さうら》ふらんと言ふ。父が言はく、仏には、人のなりたるなりと。又問ふ、人は※何《なに》として仏には成り候ふやらんと。父又、仏の教へによりてなるなりと答ふ。又問ふ、教へ候ひける仏をば、何が教へ候ひけると。又答ふ、それも又、さきの仏の教へによりてなり給ふなりと。又問ふ、その教へ始め候ひける第一の仏は、如何なる仏にか候ひけると言ふ時、父、空よりや降りけん、土よりや湧きけんと言ひて、笑ふ。

「問ひつめられて、え答へずなり侍りつ」と、※諸人《しよにん》に語りて興じき。

〈注〉
※何として……どのようにして、どうやって。
※諸人……多くの人。

語句のポイント

＊如何なる［いかなり］……どのような、どうした。
＊興じ［興ず］……面白がる、楽しむ。

表現のポイント

如何なるものにか候ふらん
係助詞「か」を受けて、結びの語である現在推量の助動詞「らむ（らん）」が連体形に変化した。意味は「疑問」。

仏にか候ひける
係助詞「か」を受けて、結びの語である過去の助動詞「けり」が連体形に変化した。意味は「疑問」。

空よりや降りけん、**土よりや湧きけん**
どちらも係助詞「や」を受けて、結びの語である過去推量の助動詞「けむ」が連体形に変化したもの。「けん」の「ん」は「む」が撥音化したもの。意味は「疑問」。

え答へず
「え十打消しの語」という呼応の副詞で、不可能を表す。～できない、という意味。

出題校
日本大学鶴ヶ丘高校
横浜創英高校

◉口語訳

八つになった年に、（私は）父に質問し、「仏とはどういうものでございましょうか」と聞いた。父が言うには、「仏には人間がなったのである」と。また（私が）、「人はどのようにして仏になるのでしょうか」と聞いた。また父が、「仏の教えによって（人は仏に）なるのである」と答えた。また（私が）聞いた、「その教えました仏に、何が［誰が］教えましたか」と。（父が）また答えた、「それもまた、前の仏の教えによって（仏に）おなりになったのである」と。（私が）また、「その教えを始めなさった第一の仏とは、どんな仏でございましたか」と言うと、父は、「空から降ったのだろうか、地から湧いたのだろうか」と言って笑った。（後日）「問い詰められて、答えられなくなりました」と、（父は）人々に語って面白がった。

作品の背景

『徒然草』の全二四三段（二四四段）の最後の文章である。自分の幼いころのエピソードを語り、作者の執筆の原点である好奇心を記すことで、随筆の最後としたと考えられる。

例題

① 8行目「空よりや降りけん、土よりや湧きけん」の主語として適切なものを次から選び、記号で答えなさい。

ア　人を教へ候ひける仏
イ　仏の教え
ウ　さきの仏
エ　第一の仏

（　　　）

（日本大学鶴ヶ丘・一部改）

② この文章の中で筆者が父に向けた質問は全部で何個ありますか。漢数字で答えなさい。

（　　　）

中世 17 物語

『御伽草子』

孟宗竹

出題校
星野高校
千葉国際高校
平塚学園高校

※孟宗は、いとけなくして父におくれ、一人の母を養へり。母年老《としお》いて、つねに病みいたはり、食《しよく》の味はひも、度《たび》ごとに変りければ、よしなきものを望めり。冬のことなるに、竹の子をほしく思へり。すなはち、孟宗、竹林《ちくりん》に行き求むれども、雪深き折《をり》なれば、などかたやすく得《う》べき。「ひとへに、※天道《てんたう》の御あはれみを頼み奉《たてまつ》る」とて、祈りをかけて、おほきに悲しみ、竹に寄り添ひけるところに、にはかに大地開けて、竹の子あまた生《お》ひ出《い》で侍《はべ》りける。おほきに喜び、すなはち取りて帰り、※あつものにつくり、母に与へ侍りければ、母、これを食して、そのまま病《やまひ》もいえて、齢《よはひ》をのべたり。これ、ひとへに、孝行の深き心を感じて、天道より与へ給へり。

〈注〉
※孟宗……中国の漢代の人。
※天道……万物を支配する神。
※あつもの……汁もの。吸い物のこと。

語句のポイント

*いとけなく［いとけなし］……幼い、あどけない。
*おくれ［おくれる］……とり残されること、先立たれること。
*ひとへに……一途に、ひたすらに、もっぱら。
*にはかに［にはかなり］……急なようす。突然。
*あまた……たくさん、数多く。
*すなはち……すぐに、即座に、そこで。
*侍り……丁寧語（〜です、〜ます、など）。
*齢……年齢、年ごろ、寿命のこと。
*のべ［のぶ（延ぶ）］……長くなる、遅れる、のびる、生き延びる。
*給へ［給ふ］……尊敬語（〜してくださる、など）。

表現のポイント

よしなきもの
「よしなき（よしなし）」は、「よし（由）」がない、という意味から、理由がない、手段・方法がない、などの意味。

などかたやすく得べき
係助詞「か」を受けて、結びの語である可能の助動詞「べし」が連体形「べき」に変化したもの。意味は「反語」。

おほきに悲しみ↔おほきに喜び
竹の子が生える前後で対句的表現になっている。

天道より与へ給へり
敬意の対象を把握する。母、孟宗、竹の子についての部分は常体。天道に関する部分では敬語を用いて敬意を表している。

◉口語訳

孟宗は、幼くして父親が死んでしまい、（孟宗が）一人の母を養っていた。母は年老いて、いつも病に伏せており、食べ物の好みも、その時々によって変わるので（時には）求める方法のないものを望むことがあった。冬のことであったが、（母親は）竹の子を食べたいと思った。（そこで）すぐに孟宗は竹林に行って（竹の子を）探したが、雪の深い季節なので、どうして簡単に手に入れることができようか（いやできない）。「ひたすらに、天の神の御慈悲を頼み申し上げます」と言って、願いをかけた。（なすすべがなく孟宗は）ひどく悲しみ、竹に寄り添っていたところ、突然、天地が開けて、竹の子がたくさん生え出てきた。（孟宗は）とても喜んで、すぐさま（竹の子を）採って帰り、（竹の子の）汁物を作り、母に与えましたところ、母はこれを食べて、そのまま病気も治って長生きをしたという。これはひとえに、（孟宗の）親孝行の深い心を感じて、天の神が与えて下さったのである。

作品の背景

『御伽草子』とは、古典や歴史、昔話などを題材にして、室町時代から江戸時代初期にかけて作られた短い物語類の総称。『御伽草子』に所収された有名な作品はほかに「一寸法師」「浦島太郎」「鉢かつぎ」など。孟宗竹は節が太く竹が長い竹の一種。食用にもなる。

例題

① 全体を二つの段落に分けたとき、二段落目はどこから始まるか。最初の五字を書き抜きなさい。

（　　　　　）

② この文書はどのようなことを教訓とする説話であるか。最もふさわしいものを次から選び、記号で答えなさい。

ア　自分の親をできる限り大切にすべきであるということ。
イ　自分の子供にできる限りの試練を与えるべきであるということ。
ウ　親の言うことにはできる限り従わなければならないということ。
エ　重い病気を治すためにはできる限りの栄養を摂るべきであるということ。

（　　　）

（星野・一部改）

『御伽草子』

ものくさ太郎

出題校
市川高校
専修大学松戸高校

ある時、情《なさけ》ある人のもと、※愛敬《あいぎやう》の餅《もちひ》を五つ、いかにひだるかるらんとて得させければ、たまさかに持ち得たることなれば、四つをば一度に食ひ侍り、今一つを、心に思ひけるやうは、ありと思ひて食はねば、後《のち》のたのみあり、なしと思へば、ひだるくなけれどもたのみなし、※まぼらへてあるもたのみなり、いつまでも、人のものを得させんまでは、持たばやと思ひて、寝ながら、胸の上にて※遊ばかして、※鼻脂《はなあぶら》を引きて、口に濡らし、頭《かうべ》に頂《いただ》き、とり遊ぶほどに、とりすべらかし、大道《だいだう》までぞころびける。その時、ものくさ太郎、見渡して思ふやう、取りに行き帰らんもものくさし、いつの頃にても、人の通らぬことはあらじと、竹の竿《さを》を※ささげて、犬烏《からす》の寄るを追ひのけて、三日まで待つに、人見えず、三日と申すに、ただの人にはあらず、その所の地頭《ぢとう》、あたらしの左衛門尉《さゑもんのじよう》のぶよりといふ人、小鷹狩《こたかがり》、目白《ましろ》の鷹を据《す》ゑさせて、その勢《せい》五六十騎にて通り給ふ。

ものくさ太郎、これを見て、鎌首《かまくび》もち上げて、「なう申し候はん、それに餅の候ふ、取りてたび候へ」と申しけれども、耳にも聞き入れずうち通りけり。ものくさ太郎、これを見て、世間にあれほどものくさき人の、いかにして※所《しよ》知所領《ちしよりやう》をしるらん、あの餅を、馬よりおりて、取りて伝へんほどのことは、いとやすきこと、世の中にものくさき者、われひとりと思へば、多くありけるよと、「※あらうたての殿や」とて、なのめならずつぶやき、腹をぞ立てにける。

〈注〉
※愛敬の餅……婚礼の三日後の夜に食べる祝いの餅。
※まぼらへて……見守って。
※遊ばかして……もてあそんで。
※鼻脂を引きて……鼻の脂をつけたり。
※ささげて……さしあげて。
※所知所領をしるらん……領地を治めるのだろうか。
※あらうたて……ああ情ない。

◉口語訳

ある時、思いやりのある親切な人が、婚礼の祝いの餅を五つ、どんなにかひもじかろうと言って与えたところ、（ものくさ太郎は）偶然待っていて（餅を）得たので、四つを一度に食べてしまい、残った一つについて、心の中で、あると思って食べないと、後であてになる、ないと思って食べると、ひもじくはないがあてもなくなる、（それならば）いつまでも、人が食べ物を与えてくれるまでは持っていよう、と思って、寝たまま（餅を）胸の上でもてあそんで、鼻の脂をつけたり、口で濡らしてみたり、頭にのせたりしてもてあそんでいたところ、とり落としてしまい、（餅は）大通りまで転がってしまった。そのとき、ものくさ太郎は、あたりを見回して、取りに行って戻ってくるというのも面倒くさい、いつになっても（よい）、（この道は）人の通らないことはないだろうと思い、竹竿をさしあげて、犬や烏が（餅に）寄ってくるのを追い払って、三日も待ったが、人は通らない。三日目にある日に、普通の人ではなく、その地方の地頭で、あたらしの左衛門尉のぶよりという人が、小鷹狩のために目白の鷹をすえさせて、一行五、六十騎でお通りになる。

ものくさ太郎は、これを見て、首だけを持ち上げて「お頼み申し上げます。そこに餅がございます。取ってください」と申したのだが、耳にもとめないで通り過ぎて行った。ものくさ太郎はこれを見て、世の中であれほど面倒くさがりな人が、どうやって領地を治めるのだろうか、あの餅を馬から降りて取って渡すくらいのことは、とても簡単なこと、世の中に面倒くさがりの人間は自分ひとりだと思っていたが、けっこういるものなのだな、と思い、「ああ、情けない殿様だ」と、ひどく文句を言い、腹を立てたのであった。

語句のポイント

＊ひだるかる［ひだるし］……空腹だ、ひもじい。
＊たまさかに［たまさかなり］……偶然に、まれに、たまに。
＊たのみ……あてにすること、頼り。
＊ばや……「〜ばや」で希望、願望を表す。「〜であってほしい」「〜したい」という意味。
＊いかにして……〈連語〉どのようにして、なんとかして。
＊ほど……〜ぐらい。〜ほど。おおよその程度を表す。
＊やすき［やすし］……容易だ、たやすい、無造作だ。
＊なのめなら［なのめなり］……平凡な様子、普通だ、ひととおりだ。「なのめならず」で、ひどく、の意。

表現のポイント

大道までぞころびける・腹をぞ立てにける

係助詞「ぞ」を受けて結びの語である過去の助動詞「けり」が連体形に変化した。意味は「強意」。

作品の背景

（その後）ものくさ太郎に関心を持った地頭は、村人に太郎を養うように命じる。三年後、人夫として上京した太郎は「ものくさ」から一転、急に熱心に働きだす。さらに持ち前の機転で美しい妻を得た太郎は、その後、高貴な血すじとわかり、高い身分を得るのであった。

『伊曾保物語』

京と田舎の鼠のこと

出題校
日本大学鶴ヶ丘高校
横須賀学院高校
清林館高校

ある時、都の鼠《ねずみ》、片田舎に下り侍りける。田舎の鼠ども、これを※いつきかしづく事、限りなし。これによつて、田舎の鼠を召具《めしぐ》して※上洛《しやうらく》す。しかもその住所は、都の※有《う》徳者《とくもの》の蔵にてなんありける。故《かるがゆゑ》に、食物《しよくもつ》足《た》つて乏《とも》しき事なし。都の鼠申しけるは、「※上方《かみがた》には、かくなん、いみじき事のみおはすれば、いやしき田舎に住み給ひて、何にかは、し給ふべき」など、語りなぐさむ処《ところ》に、家主、蔵に用の事ありて、にはかに戸を開く。

京の鼠は、もとより※案内者なれば、穴に逃げ入りぬ。田舎の鼠は、無案内なれば、慌《あわ》て騒《さわ》げども隠《かく》れ所もなく、からうじて命ばかり、扶《たす》かりける。その後、田舎の鼠、※参会《さんくわい》して、この由語るやう、「※御辺《ごへん》は、都にいみじき事のみありと宣《のたま》へども、只今《ただいま》の気遣《きづか》ひ、一夜白髪《いちやはくはつ》といひ伝ふる如《ごと》くなり。田舎にては、事足らはぬ事も侍れども、かゝる※気遣ひなし」となん、申しける。

その如く、賤《いや》しき者は、上《かみ》つ方《かた》の人にともなふ事なかれ。もし、しゐてこれをともなふ時は、いたづがはしき事のみにあらず、忽《すなは》ち禍《わざわ》ひ出できたるべし。「貧《ひん》を楽しむ者は、万事《ばんじ》かへつて満足す」と見えたり。故に、諺《ことわざ》に云《いは》く、「貧楽《ひんらく》」とこそ、いひ侍りき。

〈注〉
※いつきかしづく……大切に世話をする。　※有徳者……お金持ち、富豪。
※上洛す……地方から都へ行くこと。
※上方……都。　※案内者……事情などをよく知っている人。
※参会……出会って、集まって。　※御辺……あなた。
※気遣ひ……心配事。

語句のポイント

＊具し［具す］……連れ立つ、伴う、従う、備わる。
＊故に……だから、そのため。「ゆゑに」と読む場合も同じ意味。
＊いみじき［いみじ］……非常に、甚だしい、すばらしい、など。
＊いやしき［いやし］……身分が低い、下品である。
＊にはかに［にはかなり］……急な様子、突然だ。
＊かゝる（かかる）……こんな、このような。
＊しゐて（強ゐて）……無理に、強引に。
＊いたづがはしき［いたづがはし］……大変に、骨を折ること。わずらわしい、面倒な。

◉口語訳

ある時、都会に暮らす鼠が片田舎に下っていった。田舎の鼠たちはこれ（都会の鼠）を限りなく大切にもてなした。このことで（都会の鼠は）田舎の鼠を連れて都に上ることになった。しかもその住まいは、都会の大金持ちの蔵であった。こういうわけで、食べ物は十分にあり、乏しいことはない。都会の鼠が、「都にはこのようにすばらしいところだけがございますのに、（あなたたちは）粗末でみすぼらしい田舎にお住まいになって、一体何が出来るというのでしょう」などと語ってからかっていたところに、家の主が、蔵に用事があって、急に戸を開けた。

都会の鼠はもともと蔵の事情をよくわかっているので、（自分の）巣穴に逃げ入った。田舎の鼠は事情を知らないので、あわて騒いだが隠れるところもなく、やっとのことで命だけは助かった。その後、田舎の鼠は再び都会の鼠に会って、「あなたは都にはすばらしいことだけがあるとおっしゃいましたが、さっきの不安は、まるで一夜にして白髪になる、という例えのようなものでした。田舎では不便なこともありますが、このような不安はありません」と申したのであった。

その（言葉の）ように、身分の低いものは、身分の高い人とともに行動してはならない。もしも、無理に身分の高い人と行動をともにするときには、あれこれ苦労するだけでなく、すぐに災難が訪れるだろう。「貧しさを楽しむものは、かえってあらゆることに満足する」と思われる。このようなことから、ことわざでは「貧楽」というのである。

◈表現のポイント

蔵にてなんありける　**気遣ひなし」となん、申しける**

係助詞「なん（なむ）」を受けて結びの語である過去の助動詞「けり」が連体形に変化した。意味は「強意」。

何にかは、し給ふべき

係助詞「か（かは）」を受けて結びの語である意志の助動詞「べし」が連体形に変化した。意味は「反語」。

作品の背景

日本で『イソップ物語』が紹介されたのは、文禄二年（一五九三年）、天草の神学校で『イソホのファブラス（物語）』として出版された全てポルトガル式ローマ字で記されたものが最初である。後に、江戸時代には仮名草子として、広く人々の手に渡るようになった。

例題

① 13行目「一夜白髪」とあるが、どのような気持ちを表している言葉か。最も適切なものを次から選び、記号で答えなさい。

ア　感動　　イ　悲哀
ウ　驚嘆　　エ　怒り
オ　苦労
（　　　）

② 16行目「賤しき者」、「上つ方」はそれぞれ本文中では何と例えられているか、具体的な語句を抜き出しなさい。

賤しき者（　　　）
上つ方（　　　）

紀行文

『奥の細道』

那須の黒羽

那須の黒羽と云所《いふところ》に知人《しるひと》あれば、是《これ》より野越《のごえ》にかゝりて、※直道《すぐみち》をゆかんとす。はるかに一村を見かけて行《ゆく》に、雨降《あめふり》、日暮《くる》る。農夫の家に一夜をかりて、明《あく》れば又野中《のなか》を行《ゆく》。そこに※野《の》飼《がひ》の馬あり。草《くさ》刈《かる》おのこに嘆き寄れば、※野《や》夫《ぶ》といへども、さすがに情しらぬには非《あら》ず。「いかゞすべきや。されども此《この》野は縦横《じゆうわう》にわかれて、うゐうゐしき旅人の道ふみたがえん、あやしう侍れば、此馬のとゞまる所にて馬を返し給へ」と、かし侍《はべり》ぬ。ちいさき者ふたり、馬の跡したひてはしる。独《ひとり》は小姫《こひめ》にて、名を「かさね」と云《いふ》。聞きなれぬ名のやさしかりければ、

　かさねとは八《や》重《え》撫子《なでしこ》の名なるべし　曾良

やがて人里に至れば、※あたひを※鞍《くら》つぼに結付《むすびつけ》て、馬を返しぬ。

〈注〉
※直道……まっすぐな近道。
※野飼の馬……野外につないで草を食わせている馬。
※野夫……田舎の者。
※あたひ……（謝礼の）金銭。
※鞍つぼ……鞍（馬の背に置いて、人や荷物を乗せる道具）の、人のまたがる所。

語句のポイント

＊はるかに「はるかなり」……（距離・年月などが）遠くはなれている。
＊おのこ（をのこ）……男性、おとこ。
＊あやしう「あやし」……卑しい、身分が低い、見苦しい、心配だ、不思議に思う。
＊やさしかり「やさし」……優美だ、上品だ、ゆかしい、親切だ。
＊やがて……間もなく、そのまま、すぐに、すでに、など。

表現のポイント

いかゞすべきや（いかがすべきや）
「いかが〜や」という反語表現。「一体どうしたら良いと言うのか」という意味。

出題校
椙山女学園高校

◉口語訳

那須の黒羽というところに知人がいるので、ここ（日光）から那須野越えにかかって、真っ直ぐに近道を行こうとした。はるか遠くに一つの村を見つけて行くうちに、雨が降り、日も暮れてしまった。（その村の）農夫の家に一夜の宿を借りて、夜が明けるとまた野原の中を進んだ。そこに、外につないで草を食べている馬がいた。草を刈っている男に（野原を進むのに）困っていることを話すと、田舎の者とは言っても、やはり情け知らずではない。「どうしたらいいでしょう。それでも、この野原は道が縦横に分かれていて、土地に慣れない旅人は道を間違えてしまうことでしょう。心配なので（馬を貸しましょう）、この馬（の歩み）が止まったところで馬を追い返してください」と言って（馬を）貸してくれた。（すると）小さい子供が二人、馬のあとをついて走ってきた。一人は女の子で名前を「かさね」といった。聞き慣れないその名前が優雅に感じられたので、

かさねとは八重撫子の名なるべし（かさねとは八重の撫子の花の名でしょう）（と、曾良が詠んだ）

まもなく人里に出たので、馬の代金を鞍壺に結び付けて馬を放ち返した。

作品の背景

この句を詠んだ曾良とは、信州上諏訪の出身で、浪人となって江戸に上った時に芭蕉の門弟となった人物。芭蕉の最も古い弟子の一人で、『奥の細道』の旅に同行した。曾良の句は他に「なつかしや奈良の隣の一時雨」「終夜秋風きくや裏の山」などがある。

例題

① 4行目「嘆き寄れば」とあるが、その理由として最も適切なものを次から選び、記号で答えなさい。

ア　那須の黒羽にいる知人に一刻も早く会いたいという気持ちが募ったから。
イ　雨が降ってきて濡れた上に、だんだん日が暮れてきてしまったから。
ウ　親切そうな野夫だったので、気持ち良く馬を貸してくれると思ったから。
エ　野を歩き続けて疲れた上に、この先の道に迷いそうな気がしたから。（　　）

② 7〜8行目「此馬のとゞまる所」とあるが、この馬の止まったところとはどこであったか。本文中よりその場所を表す言葉を抜き出しなさい。（　　）

③ 俳句「かさねとは八重撫子の名なるべし」の句にはどのような気持ちが込められているか。次から最も適切なものを選び、記号で答えなさい。

ア　田舎者には似合わないかわいらしい名前だ。
イ　少女らしく、とてもかわいらしい名前だ。
ウ　顔立ちが撫子の花のように美しい少女だ。
エ　野夫の子供にしてはかわいらしい少女だ。（　　）

（相山女学園・一部改）

この章で登場した重要語句

紫色……最重要語句　★……連語

音	語句	品詞と意味	所収問題
あ	あいなし	〈形容詞〉面白くない、理屈に合わない、訳もなく、など。	⓫
	あからさまなり	〈形容動詞〉本格的ではない様子。かりそめ。ちょっと。	⓫
	あさまし	〈形容詞〉驚きあきれる。見苦しい。興ざめだ。	❺
	あさましがる	〈動詞〉驚きあきれたと思うこと。	❹
	あさむ	〈動詞〉侮る。ばかにする。意外なことに驚く。	❺
	あし	〈形容詞〉悪い、不愉快だ、卑しい、など。 （主に絶対的な悪さ、不快さを表す）	❺
	あはれ	〈感動詞〉感動したときに発する言葉。「ああ」「さあ」など。	❺❿
	あはれなり	〈形容動詞〉しみじみとした風情がある。趣がある。	❶
	あはれがる	〈動詞〉「あはれ」と感じる。誉める。	❹
	あまた	〈副詞〉数多く。たいそう。非常に。	❻❾⓫⓱
	あやし	〈形容詞〉卑しい。身分が低い。見苦しい。心配だ。不思議に思う。	❷❻⓴
	あやしむ	〈動詞〉不思議に思う。いぶかしく思う。	❷
	あやしがる	〈動詞〉不思議に思う。不審に思う。	❹
	ありく	〈動詞〉歩く。歩き回る。～して歩く。	❷
	ありがたし	〈形容詞〉珍しい。めったにない。	❻
	★あなる	あるということだ。ある様子だ。 （動詞「あり」十伝聞・推定の助動詞「なる」）	⓭
	★あるほどの	ありったけの。あるだけ全ての。	❼
	★あやまたず	狙いたがわず。あやまらず。	⓭
い	いかで	〈副詞〉【疑問】どういうわけで～か。どうやって～か。 【反語】どうして～か。 【願望】どうにかして。ぜひとも。	❹
	いかに	〈副詞〉どうしたことだ。どういうことだ。	❿
	いかなり	〈形容動詞〉どのような。どうした。	⓬⓰
	いさむ	〈動詞〉教えさとす、注意する、とがめる、など。	❷
	いたづがはし	〈形容詞〉大変に。骨を折る。わずらわしい。面倒な。	⓳
	いづく	〈代名詞〉どこ、どちら、など場所を表す。	❿
	いづち	〈代名詞〉どの方向。どちら。（不確かな方向を示す）	❻
	いと	〈副詞〉非常に。たいそう。とても。	⓫⓬⓮⓯
	いとはしげなり	〈形容動詞〉いやそうな様子。きらいなそぶり。	⓮
	いとけなし	〈形容詞〉幼い。あどけない。	⓱
	いみじ	〈形容詞〉非常に、たいそう、とても、甚だしい、など。	❷❸❹❺ ❽⓬⓯⓳
	いやし	〈形容詞〉身分が低い。下品である。	⓳
	いらふ	〈動詞〉返答する。答える。	❻
	色（いろ）	〈名詞〉色彩、美しさ、情趣、態度、顔色、など。	❿
	★いかでか	【疑問】どういうわけで～なのか。 【反語】どうして～か。	❸
	★いかにして	どのようにして。なんとかして。	⓲

音	語句	品詞と意味	所収問題
う	うとし（疎し）	〈形容詞〉親しくない。関係が薄い。不案内だ。	❻
	うれし	〈形容詞〉よろこばしい。うれしい。ありがたい。	⓮
え	え	〈副詞〉「え十打ち消しの語」で不可能を表す。〜できない。	❸⓰
お	おくれる	〈動詞〉取り残されること。先立たれること。	⓱
	おのづから	〈副詞〉自然に。ひとりでに。みずから。	⓫
	おはす	〈動詞〉「有り」「行く」「来る」の尊敬語。	❸❿
	おぼろけなり	〈形容動詞〉並一通りである。ありきたりである。	❶
	★音に聞く	評判の。噂に聞く。	⓭
か	かかる	〈連体詞〉このような。こんな。	❺❾⓬⓳
	かた	〈名詞〉片側。一部分。かたわら。	❼
	かへすがへす	〈副詞〉繰り返し繰り返し。何度も。本当に。	❸
	がり	〈名詞〉（その人の）所へ。もとへ。	⓮
	★かかれども	こうだけれども。こうあるけれども。	❻
	★かるがゆゑに(故に)	だから。そのため。	⓳
き	聞こえさす	〈動詞〉申し上げる。手紙を差し上げる。	⓮
	聞こゆ	〈動詞〉聞こえる。噂される。世に知られる。	❽
	興ず	〈動詞〉面白がる。楽しむ。	❺⓫⓰
	★興あり	興趣がある。おもしろい。	⓯
く	具す	〈動詞〉連れ立つ。伴う。従う。備わる。	❻❿⓳
	下る	〈動詞〉都から地方へ移ること。下向。	❷
け	希有（稀有）	〈名詞〉めったにないこと。思いがけないこと。不思議なこと。	⓭
	気色（けしき）	〈名詞〉ありさま、態度、顔つき、機嫌、様子、など。	❻
	★げには	本当の事をいえば。実は。実際は。	❿
こ	心得難し	〈形容詞〉理解しにくい。	❾
	志（こころざし）	〈名詞〉意向、かねてから思っていること、誠意、など。	❿
	ことごとく	〈副詞〉全く。すっかり。完全に。	❾
さ	さうなし(双なし)	〈形容詞〉並ぶもののない。並はずれた。	⓯
	才（ざえ）	〈名詞〉教養（特に漢学の教養）。芸能。	⓫
	さしたる	〈連体詞〉たいした。これというほどの。	⓮
	さながら	〈副詞〉そのまま。全部。ことごとく。	❼
	さはる（障る）	〈動詞〉差し支える。妨げになる。病気になる。	⓮
	さへ	〈副助詞〉○○ばかりではなく〜まで。そのうえ〜までも。	❷
し	しも	〈副助詞〉強調を表す。	❶
	しゐて（強ゐて）	〈副詞〉無理に。強引に。	⓳
す	すなはち	〈副詞〉すぐに。即座に。そこで。	⓱
		〈名詞〉その時。即座。	
		〈接続詞〉とりもなおさず。言い換えれば。	
せ	★せむかたなし	どうしようもない。しかたない。	❿
そ	そしる	〈動詞〉悪く言う。非難する。	❷
た	ただし	〈接続詞〉しかし。しかしながら。もしかしたら。	❺
	奉る(たてまつる)	〈動詞〉【尊敬語】めしあがる。お召しになる。 【謙譲語】差し上げる。参上する。うかがう。	❼
	たのみ	〈名詞〉あてにすること。頼り。	⓲

音	語句	品詞と意味	所収問題
た	たまさかなり	〈形容動詞〉偶然に。まれに。たまに。	⑱
	たまはる	〈動詞〉いただく。(「もらう」「受ける」の謙譲語)	❷
	給ふ	〈動詞〉尊敬語「～してくださる」など。	⑰
	たやすし	〈形容詞〉容易だ。軽々しい。軽はずみだ。	⑮
ち			
つ	つきづきし	〈形容詞〉似つかわしい。ふさわしい。もっともらしい。	⑮
	つれづれなり	〈形容動詞〉退屈なこと。所在ないこと。物事が手につかない様子。	⑭
	つれなし	〈形容詞〉何でもないように、無情だ、など。	❻
	つゆ	〈副詞〉「つゆ十打ち消しの語」で、 少しも～ない、全く～ない、という意味。	❻
て			
と	とがむ(咎む)	〈動詞〉責める。非難する。怪しむ。気に留める。	❶
	とく	〈副詞〉早く。急いで。さっそく。すでに。とっくに。	⑭
	とくとく	〈副詞〉はやくはやく。さっそく。	❼
	年ごろ	〈名詞〉数年来。何年も。これまで何年かの間。	⑫
	とぶらふ	〈動詞〉見舞う。心配してたずねる。	❻❾
な	なにがし	〈名詞〉誰か。何か。どちらか。 (不明確な時や名を隠して言うときに用いられる)	⑫
	なのめなり	〈形容動詞〉平凡な様子。普通だ。ひととおりだ。	⑱
	★なでふ	反語を表す。どうして～か。(「なじょう」と読む)	⑮
に	にはかなり	〈形容動詞〉急な様子。突然だ。	❺❻❿⑰ ⑲
ぬ			
ね			
の	のたまふ	〈動詞〉おっしゃる。	❽
	のどかなり	〈形容動詞〉落ち着いて、のんびりして、平穏に、など。	⑭
	ののしる	〈動詞〉大声で騒ぎ立てる。	⑪
	のぶ(延ぶ)	〈動詞〉長くなる、遅れる、延びる、生きのびる、など。	⑰
は	はばかる	〈動詞〉はばまれて行きにくい。気にかけて遠慮する。	❾
	はべり(侍り)	〈動詞〉丁寧語「～です」「～ます」。	⑰
	ばや	〈終助詞〉「～ばや」で希望、願望を表す。 ～であってほしい、～したい、という意味。	❺⑮⑱
	はるかなり	〈形容動詞〉(距離・年月などが)遠く離れていること。	❿⑳
ひ	日ごろ	〈名詞〉何日か、数日来、近頃、普段、など。	⑫
	ひさし(久し)	〈形容詞〉長い時間が経った状態。久しぶりだ。しばらくだ。	⑪⑫⑭
	ひだるし	〈形容詞〉ひもじい。空腹だ。	❾⑱
	ひとへに	〈副詞〉一途に。ひたすらに。もっぱら。	⑰
ふ	文	〈名詞〉手紙、文書、書物、本、漢詩、学問、など。	❷
へ			
ほ	ほど	〈名詞〉時間、ころあい、身分、大きさ、具合、限り ～のあたり、など。	❶❹⑪⑬ ⑱
	本意	〈名詞〉本来の意思。かねてからの望みや目的。	❷
	★ほどに	～していると、～していたところ、～ので、～によって、など。	❻❿

音	語句	品詞と意味	所収問題
ほ	★本意なし	不本意だ。残念だ。	❷
ま	まかる	〈動詞〉行く。通る。（ほかに「行く」「退出する」の謙譲語）	❸
	まほし	〈助動詞〉願望を表す。〜したい、〜であってほしい。	⓮
み			
む	むつかし	〈形容詞〉不快だ、我慢できない、わずらわしい、やっかいだ、気味が悪い、など。	⓮⓯
め			
も	ものがたりす(物語す)	〈動詞〉おしゃべりをする。雑談をする。	❽⓫⓮
	ものす	〈動詞〉「ある」「いる」「する」など、いろいろな動詞の代わりに用いられる。	⓬
や	やがて	〈副詞〉そのまま。すぐに。もはや。間もなく。言うまでもなく。	⓭⓴
	やさし	〈形容詞〉優美だ。上品だ。ゆかしい。親切だ。	⓴
	やすし	〈形容詞〉容易だ。たやすい。無造作だ。	⓲
	やすらかなり	〈形容動詞〉あれこれ気を遣わずに楽な様子。すなおだ。簡単だ。	⓯
	やむごとなし	〈形容詞〉限りない。並々ではない。格別だ。	❸
	★やむごとなき人	身分の高い人。高貴な人。	❸
ゆ			
よ	よに	〈副詞〉非常に。まことに。	⓯
	よはひ（齢）	〈名詞〉年齢。年ごろ。寿命。	⓱
	よろし	〈形容詞〉悪くはない、立派な、すばらしい、など。（主に相対的な良さを表す）	❷
	よろづ	〈名詞〉すべて、さまざま、いろいろ、など。	⓮
	由（よし）	〈名詞〉原因、理由、方法、手段、道理、など。	❹
	よし（良し）	〈形容詞〉よい、素晴らしい、心地よい、立派だ、など。（主に絶対的な良さを表す）	❺⓮⓯
	★よき人	身分の高い人。教養などが優れた人。風流を解する人。	❻⓫
	★よからぬ人	「よき人」の反対。	⓫
ら	らうがはし	〈形容詞〉騒がしい。やかましい。	⓫
り			
る			
れ			
ろ			
わ	わびし	〈形容詞〉寂しい、もの悲しい、辛い、苦しい、面白みがないつまらない、みすぼらしい、など。	⓫
	わろし	〈形容詞〉良くない。不快だ。悪い。（相対的な悪さを表す）	⓮
を	をかし	〈形容詞〉風流だ。心ひかれる。趣深い。面白い。興味深い。	❹❽⓫⓯
	をのこ	〈名詞〉男性。おとこ。	⓴
	をり	〈動詞〉存在する。いる。	❾
	をりふし	〈副詞〉ちょうどその時。ときたま。〈名詞〉その時々。季節。	❽

和歌について　2

一～四章の表紙で紹介した歌以外にも「春歌」「夏歌」「秋歌」「冬歌」はたくさんあります。一例を紹介しますので、季節の推移を意識しながら季節感をそれぞれ味わってみましょう。

【春】

うすくこき野辺《のべ》のみどりの若草に跡《あと》まで見ゆる雪のむらぎえ
（新古今集　巻第一　春歌上　七六　宮内卿）

……あるところは薄く、あるところは濃く、野辺の若草の緑の色にまで、雪がまだらに消えた痕跡が残っていることだ。

ひさかたの光のどけき春の日に静心《しずごころ》なく花の散るらむ
（古今集　巻第二　春歌下　八四　紀友則）

……陽の光がのどかにさす春の日に、そののどかさとはうらはらに桜の花は静かではない心持ちで散っているのだろう。

【夏】

夏の夜《よ》はまだ宵《よひ》ながら明けぬるを雲のいづこに月宿るらむ
（古今集　巻第三　夏歌　一六六　深養父）

……夏の夜は、まだ夜に入って間もないままだと思っているうちに夜が明けてしまったが、いったい雲のどこに月はとどまっているのだろう。

露すがる庭の玉笹《たまざさ》うちなびきひとむらすぎぬ夕立《ゆふだち》の雲
（新古今集　巻第三　夏歌　二六五　藤原公経）

……雨のしずくがついている庭の笹は風になびき、夕立ちを降らして過ぎて行ったひとかたまりの雲よ。

【秋】

月見ればちぢに物こそかなしけれわが身ひとつの秋にはあらねど
（古今集　巻第四　秋歌上　一九三　大江千里）

……月を見ていると、私の思いはさまざまなことに及んで、何とはなしに悲しくなる。私一人のためにある秋ではないけれど、物思いは尽きないことだ。

ちはやぶる神代《かみよ》もきかず龍田《たつた》川韓紅《からくれなゐ》に水くくるとは
（古今集　巻第五　秋歌下　二九四　在原業平）

……こんなことは神代の話にだって聞いたことがない。龍田川の水を深紅色にしぼり染めにするとは。

【冬】

志賀《しが》の浦やとをざかりゆく浪間《なみま》よりこほりていづる有《あり》あけの月
（新古今集　巻第六　冬歌　六三九　藤原家隆）

……志賀の浦よ、夜が更けるにつれて次第に水際から沖へと遠ざかって行く波の間から、凍りついたように上ってくる有明の月であるよ。

庭の雪にわが跡《あと》つけていでつるを訪《と》はれにけりと人やみるらん
（新古今集　巻第六　冬歌　六七九　慈円）

……庭の雪に私が足跡をつけて出かけたのを、誰か訪ねて来た人がいるのかと人は見るだろうか。

第二章

実戦問題22

五月まつ
花橘《はなたちばな》の
香《か》をかげば
昔の人の
袖《そで》の香ぞする

（古今集　巻第三　夏歌　一三九　読人知らず）

中古①

説話

『日本霊異記』

慈《うつくしび》の心无《な》くして、現に悪報を得し縁

出題校
玉川学園高等部

◆次のAとBの文章を読んで、後の問いに答えなさい。

【A】大和国《やまとのくに》に一《ひとり》の壮夫《をのこ》あり[イ]。郷里と姓名と詳《あきら》かならず。うまれながらに※仁《うつくしび》せず、生命《いけるもの》を殺すことを喜ぶ。其の人、兎を捕《とら》へ皮を※剥《は》りて、之を野に放てり。然《しか》る後に、久しからぬ頃に、毒《あ》しき※瘡《かさ》身に※遍《あまね》はり、肥《こま》やかなる※膚《かはべ》も爛《ただ》れ敗《やぶ》れ[ロ]。①苦しび病むこと比无《たぐひな》し。終《つひ》に愈《い》ゆること得ず。※叫び号《おら》びて死にき。嗚呼《ああ》、※現報甚《はなは》だ近し。※おのれを恕《はか》りて仁あるべし。慈悲无《な》くはあらざれ。

【B】昔、河内国《かふちのくに》に苽販《うりひさ》ぐ人有りき。名は石別《いそわけ》と曰《い》ひき。馬の力より過ぎて重き荷を負《おほ》す。馬の往き得ぬ時には、瞋《い》恚《か》りて※捶《う》ち駈《おひつか》ふ。重き荷を②負ひて労《いたつ》き、a両《ふた》つの目より涙出づ。苽を売り竟《おは》れば、即《すなは》ち其の馬を殺せり。是《か》の如く[ハ]あまたたび為りぬ。後に石別、自ら、※縵《ひただ》に湧ける釜に③臨みしに、b両《ふた》つの目、釜に煮られぬ。現報甚だ近し。因果を信ずべし。畜生に見ゆと雖《いへど》も、而《しか》も我が

問一　空欄イ・ロにあてはまる助動詞を【B】から選び、書き抜きなさい。

イ	
ロ	

問二　空欄ハにあてはまる語句を【A】から選び、書き抜きなさい。

問三　【A】・【B】の傍線①～③の主語は誰か、文中の語を書き抜きなさい。

①	
②	
③	

問四　【B】文中の二重傍線部「畜生」とは、具体的に【A】・【B】文中の何を指しているか、それぞれ文中の語を書き抜きなさい。

【A】	
【B】	

問五　【A】・【B】の登場人物に共通する悪い行いとは何か、本文中の語句を組み合わせて、二字の熟語を答えなさい。

過去の父母なり、※六道《ろくどう》の※四生《ししやう》は我が生れし家なり。故《かれ》、慈悲无くはあるべからず。

〈注〉
※仁せず……慈悲の心なく。
※剥りて……はいで。
※瘡……できもの。
※遍はり……全身いっぱいにでき。
※膚……皮膚。
※叫び号びて……わめき叫んで。
※現報……悪行に対する現世での報い。
※おのれを恕りて仁あるべし……我が身のことを考えて、他人に対しても思いやるべきである。
※捶ち駈ふ……鞭で打ってこきつかうこと。
※纔に……たまたま。
※六道……仏教の言葉。この世の報いで人間が生死を繰り返すとされる六つの世界。地獄・餓鬼・畜生・阿修羅・人間・天上。
※四生……仏教の言葉、生き物の生まれ方を四つに分けたもの。

作品について

『日本霊異記《にほんりょういき》』は日本最古の説話集である。平安時代初め、奈良薬師寺の僧、景戒により編まれた。正式な名称を『日本国現報善悪霊異記』という。問題文中にも「現報甚だ近し」とあるように「現報（＝因果応報）」について説いたものが多い。しかし、神や、動物、妖怪などの内容も含まれており、のちの『今昔物語集』や『宇治拾遺物語』とのつながりも深い。

問六　【A】・【B】の登場人物は、悪い行いの結果、身に不幸が訪れるが、こうした意味を表す四字熟語を次から一つ選び、記号で答えなさい。

ア　有為転変　イ　会者定離　ウ　不惜身命
エ　輪廻転生　オ　盛者必衰　カ　因果応報

問七　【A】の〰〰部の口語訳として最もふさわしいものを次から一つ選び、記号で答えなさい。

ア　まったく運べなかった。
イ　すこしも楽しめなかった。
ウ　とうとう治らなかった。
エ　ついに手に入れられなかった。

問八　【B】の〰〰部の口語訳として最もふさわしいものを次から一つ選び、記号で答えなさい。

ア　親しい人にやってくる。
イ　すぐにやってくる。
ウ　近くで起こっている。
エ　確実に起こっている。

問九　【B】文中の傍線部a・bの「両つの目」は、それぞれ誰の目か、文中の語を書き抜きなさい。

a

b

問十　【A】・【B】文では、共通して人間の心に何が必要だといっているか、文中から二字の言葉を書き抜きなさい。

中古 ② 歌論

『古今和歌集』仮名序

出題校　洛南高校

◆次の文章を読んで、後の問いに答えなさい。

①この歌、天地の開け始まりける時よりいで来にけり。

②しかあれども、世に伝はることは、③ひさかたの天《あめ》にしては※下照姫《したてるひめ》に始まり、④あらがねの地《つち》にしては、※須佐之《すさの》男命《をのみこと》よりぞ起こり（　　　）。□神代には、⑤歌の文字も定まらず、すなほにして、ことの心分きがたかりけらし。人の世となりて、須佐之男命よりぞ、三十《みそ》字《もじ》余《あま》り一《ひと》文《も》字《じ》は詠《よ》み（　　　）。

かくてぞ、花をめで、鳥をうらやみ、霞《かすみ》を⑥あはれび、露を⑦かなしぶ心・言葉多く、さまざまになりに（　　　）。遠き所も、いで立つ足下《もと》より始まりて年月をわたり、高き山も、麓《ふもと》の塵泥《ちりひじ》よりなりて、天雲たなびくまで生《お》ひ上《のぼ》れるごとくに、この歌も、かくのごとくなるべし。※難波津《なにはづ》の歌は、※帝《みかど》の御《おほん》初めなり。※安積山《あさかやま》のことばは※采女《うねめ》の戯《たはぶ》れより詠みて、この二歌《ふたうた》は、歌の父母のやうにてぞ、手習ふ人の初めにもし（　　　）。

問三　文章中の（　　）には全て同じ単語が入ります。文章中の単語を抜き出し適切な形に改め答えなさい。

問四　傍線③「ひさかたの」は「天」を、④「あらがねの」は「地」を引き出す「枕詞（まくらことば）」です。文章中の□に入る「枕詞」を次のア～オの中から選び、記号で答えなさい。

ア　ももしきの　イ　そらにみつ　ウ　あしびきの
エ　ちはやぶる　オ　あおによし

問五　傍線⑤「歌の文字も定まらず」とはどういうことを意味していますか。次のア～オの中から最も適当なものを選び、記号で答えなさい。

ア　漢字の音で表現していたこと。
イ　使う文字が決まらなかったこと。
ウ　文字の数が決まらなかったこと。
エ　平仮名が普及していなかったこと。
オ　文字を知っている人が少なかったこと。

問六　傍線⑥「あはれび」⑦「かなしぶ」の意味として、それぞれ次のア～オの中から最も適当なものを選び、記号で答えなさい。

⑥　あはれび
ア　しみじみ寂しく思い　イ　しみじみ趣深く思い
ウ　しみじみ嫌だと思い　エ　しみじみ悲しく思い

〈注〉

※**下照姫・須佐之男命**……ともに神話上の人物。

※**難波津の歌**……百済の帰化人王仁《わに》の作とされる「難波津に咲くやこの花冬ごもり今を春べと咲くやこの花」の歌をさす。

※**帝の御初め**……天皇の御治世の初めを祝った歌。「帝」とは仁徳天皇のこと。

※**安積山のことば**……「安積山影さへ見ゆる山の井の浅き心をわが思はなくに」（『万葉集』巻十六　前采女　作）をさす。

※**采女の戯れ**……前項の歌の作者「前采女」が陸奥の国に下った葛城王《かずらきのおおきみ》の機嫌を直すために、「安積山」の歌を詠んだこと。

作品について

『古今和歌集』は醍醐天皇の勅命により編纂された、最初の勅撰和歌集である。「仮名序」は編者の一人である紀貫之によって仮名文字で書かれた和歌評論である。同様に、紀淑望《きのよしもち》によって書かれた「真名序」も所収されている。紀貫之にとって、「仮名序」は初めての散文作品であり、のちの『土佐日記』は「仮名序」から約十年以上経って書かれたものである。

問一　傍線①「この歌」とは何を指すか。漢字二字で答えなさい。

問二　傍線②「しかあれども」は「そうではあるけれども」の意である。この「そう」が指し示す内容を現代語で答えなさい。

オ　しみじみ苦々しく思い

⑦　かなしぶ

ア　惜しむ　　イ　ねたむ　　ウ　楽しむ

エ　なつかしむ　　オ　いとおしむ

問七　次のア～オの中で、本文の内容に合わないものを一つ選び、記号で答えなさい。

ア　歌の起源は神話の時代にあると世間では言われている。

イ　歌の形式が決まってからは、様々な情趣が様々な表現を用いて詠まれた。

ウ　難波津の歌と安積山のことばとは、文字を習う人にとっての基本となった。

エ　神話上の人物は、感情表現は素直だったが、分別をわきまえていなかった。

オ　和歌は塵が集まって山ができるような過程を経て、今のように盛んになった。

問八　『古今和歌集』について

（1）編纂の命令が出たのは、西暦のいつごろのことですか。次のア～オの中から選び、記号で答えなさい。

ア　六〇〇年頃　　イ　七〇〇年頃　　ウ　八〇〇年頃

エ　九〇〇年頃　　オ　一〇〇〇年頃

（2）編集の中心人物は誰ですか。次のア～オの中から選び、記号で答えなさい。

ア　額田王　　イ　大伴家持　　ウ　紀貫之

エ　在原業平　　オ　鴨長明

中古 3

日記

『土佐日記』

阿倍仲麻呂の望郷の歌

出題校

東邦大学付属東邦高校
千葉経済大学附属高校

◇次の文章を読んで、後の問いに答えなさい。

廿日《はつか》。※昨日《きのふ》のやうなれば、船出ださず。みな人びと憂《うれ》へ嘆《なげ》く。苦しく心許《こころもと》なければ、たゞ日の経《へ》ぬる数を、今日《けふ》幾日《いくか》、二十日《はつか》、三十日《みそか》と数ふれば、指《および》も損《そこな》はれぬべし。いとわびし。夜は寝《い》も寝《ね》ず。※廿日の夜の月出でにけり。山の端《は》もなくて、海の中よりぞ出で来《く》る。1かうやうなるを見てや、2昔、阿倍仲麻呂《あべのなかまろ》といひける人は、唐土《もろこし》に渡りて、帰り来《き》ける時に、船に乗るべき所にて、かの国人《くにひと》、馬のはなむけし、別れ惜《お》しみて、かしこの漢詩《からうた》作りなどしける。飽かずやありけむ、廿日の夜の月出づるまでぞありける。その月は海よりぞ出で3けり。これを見てぞ、仲麻呂の主《ぬし》、「わが国にかゝる歌をなむ、神代《かみよ》より神《かみ》も詠《よ》ん給《た》び、今は4上中下の人も、かうやうに別れ惜しみ、喜びもあり、悲しびもある時には詠む」とて、詠めりける歌、

青海原《あおうなばら》振り放《さ》け見れば※春日《かすが》なる※三笠《みかさ》の山に出でし月※かも

問一　傍線部1「かうやうなる」が指示する内容を十文字以内で文中から書き抜きなさい。

問二　傍線部2「昔」とは日本の何時代のことか、漢字で答えなさい。

問三　傍線部3「けり」を適切な形になおしなさい。

問四　傍線部4「上中下」とは、何についての上中下を示しているか、漢字二字で答えなさい。

問五　傍線部a「男文字」、b「月の影」の意味を説明しなさい。

a

b

とぞ詠めりける。かの国人、聞き知るまじく5思ほえたれども、6言の心を、a男文字に様《さま》を書き出《い》だして、こゝの言葉伝へたる人に言ひ知らせければ、心をや聞き得《え》たりけむ、いと7思ひの外《ほか》になむ賞《め》でける。唐土《もろこし》とこの国とは、8こと異《こと》なるものなれど、b月の影は同じことなるべければ、人の心も同じことにやあらむ。さて、今、当時《そのかみ》を思ひやりて、ある人の詠める歌、

都にて山の端《は》に見し月なれど波より出《い》でて波にこそ入《い》れ

〈注〉

※昨日のやう……この文章は現在の徳島県のあたりでのこと。十七日の明け方から天候が崩れだし、「十八日、猶同じ所にあり。海あらければ船いださず。」「十九日、日悪しければ、舟出ださず。」から続く場面である。

※廿日の夜の月……陰暦十五日以降の、午後十一時頃に出てくる月。

※春日なる……現在の奈良市春日野町周辺、都の中心部から春日大社までの土地。遣唐使の出発の際、春日大社で旅の無事を祈ったといわれている。

※三笠の山……春日大社の後方にある低い山。平城京時代には多くの和歌に詠まれた。「雨隠る　御笠の山を　高みかも　月の出できぬ　夜はふけつつ（安倍虫麻呂）」

※かも……「かも」は奈良時代に使われた詠嘆の終助詞。

問六　傍線部5「思ほえたれども」の主語は誰か、次から選び、記号で答えなさい。

ア　阿倍仲麻呂　イ　かの国人

ウ　言葉伝えたる人　エ　ある人

問七　傍線部6「言の心」とはどういう意味か、簡潔に説明しなさい。

問八　傍線部7「思ひの外」の「思ひ」にあたる語句を本文中から十二字で書き抜きなさい。

問九　傍線部8「こと」を漢字に改めた場合、最も適切なものを次から選び、記号で答えなさい。

ア　事　イ　言　ウ　語　エ　琴　オ　殊

問十　「青海原……」の歌に込められた仲麻呂の気持ちとして最もふさわしものを次から選び、記号で答えなさい。

ア　別れを惜しむ気持ち。　イ　帰国する喜びの気持ち。

ウ　望郷の気持ち。　エ　月を愛でる気持ち。

問十一　1　この作品は『土佐日記』である。作者名を漢字で書きなさい。

2　この作者が撰者となった勅撰和歌集を漢字で答えなさい。

1

2

中古 4

歌物語

『大和物語』 馬槽《うまぶね》

◆次の文章を読んで、後の問いに答えなさい。

※下野《しもつけ》の国に男女《をとこをんな》すみわたりけり。年ごろすみけるほどに、男、妻《め》まうけて心変はりはてて、この家にありける物どもを、※今の妻のがりかきはらひもて運び行く。心憂《こころう》しと思へど、なほまかせて見けり。1ちりばかりの物も残さず、みなaもて往《い》ぬ。ただ残りたる物は※馬《うま》ぶねのみなむありける。それを、この男の従者《ずさ》、まかぢといひける童《わらは》を使《つか》ひけるして、このふねをさへ取りにおこせたり。この童に女のいひける、「※2きむぢも今はここに見えじかし」などいひければ、「などてか、さぶらはざらむ。3主《ぬし》、おはせずともさぶらひなむ」などいひ、立てり。女、「主に※消息《せうそこ》聞えば申してむや。文《ふみ》はよに見たまはじ。ただことばにて申せよ」と言ひければ、「いとよく申してむ」と言ひければ、かくb言ひける。

「（　）もいぬまかぢも見えじ今日《けふ》よりはうき世の中をいかで渡らむ

問一 〰〰線部a〜cの主語を、それぞれ次から選び、記号で答えなさい。

ア 男　イ 女　ウ 今の妻　エ 童　オ 作者

a	b	c

問二 女の忍耐強い性格を最もよく表している一文を本文中より抜き出し、その初めの三字を記しなさい（句読点等も字数に含める）。

問三 傍線部1「ちりばかり」の「ばかり」と文法的な働きが同じものを含む文を、次から一つ選び、記号で答えなさい。

ア 今度ばかりは頭にきた。
イ あとは仕上げをするばかりだ。
ウ 十日ばかりはかかるだろう。
エ 油断したばかりに失敗した。
オ 今言ったばかりだ。

問四 傍線部2「きむぢ」、3「主」とは誰のことか。それぞれ次から選び、記号で答えなさい。

ア 男　イ 女　ウ 今の妻　エ 童　オ 作者

2	3

出題校

大阪教育大学附属高校平野校舎

と申せ」と言ひければ、男にc言ひければ、物かきふるひ往《い》にし男なむ、※しかながら運びかへして、もとのごとく4あからめもせで添《そ》ひゐにける。

〈注〉
※下野の国……今の栃木県のあたり。
※今の妻のがり……今の妻のもとへ。
※馬ぶね……馬の飼料を入れる桶。飼葉桶《かいば》。
※きむぢ……お前、そなた。（目下の者に対して使う。）
※消息……手紙、便り。
※しかながら……そっくりそのまま。

作品について

『大和物語』は九五一年頃成立。作者は未詳だが、宇多天皇の女房の中の一人とする説が有力。「歌物語」といわれるジャンルは、『伊勢物語』を原点として、『大和物語』『平中物語』と続く。これら三作品はどれも恋愛を扱ったものが多いが、その中にあって『大和物語』には、地方の説話的な話も含まれていることが特徴である。

問五　本文中の歌について。

1　空欄（　）には、歌の中にある「まかぢ」「うき」「渡ら（む）」と関係の深い言葉が入る。その語句を本文中から抜き出しなさい。

［　　　　］

2　下の句に用いられている掛詞（一つの語に二つの意味を兼ね持たせる技巧）を例にならって答えなさい。

【例】秋の野に人まつ虫の声すなり我かと行きていざとぶらはむ
→「待つ」と「松」

・「うき世の中をいかで渡らむ」
→［　　　］と［　　　］

問六　傍線部4「あからめもせで」の解釈として最も適当なものを次から選び、記号で答えなさい。

ア　元の妻をあきらめることもなく。
イ　浮気心を起こさず。
ウ　恥じて赤面することもなく。
エ　自分の非を明らかにせず。
オ　あきたそぶりも見せず。

［　　］

中古 5

歌物語

『伊勢物語』けしうはあらぬ女を思ひけり

出題校　埼玉栄高等学校

◆次の文章を読んで、後の問いに答えなさい。

むかし、若き男、※けしうはあらぬ女を[1]思ひけり。[A]この女を[a]さかしらする親ありて、思ひもぞつくとて、ほかへ追ひやらむとす。さこそいへ、まだ追ひやらず。[B]人の子なれば、まだ心いきほひなかりければ、とどむるいきほひなし。女も[b]いやしければ、※すまふ[2]力なし。※さる間に、思ひはいやまさりにまさる。にはかに、親、この女を追ひうつ。男、血の涙を流せども、とどむるよしなし。率ていでていぬ。男、泣く泣くよめる。

いでていなばたれか別れのかたからむありしにまさる
　今日は悲しも

とよみて[3]絶え入りにけり。親あわてにけり。[c]なほ思ひてこそいひしか、いとかくしもあらじと思ふに、真実に絶え入りにければ、まどひて[4]願立てけり。今日の※いりあひばかりに絶え入りて、またの日の戌《いぬ》の時ばかりに(　　)、

c「なほ」
ア　まったく　　イ　何度となく　　ウ　なるほど
エ　もはやこれまで　　オ　なんといってもやはり

問三　傍線部A「この女をほかへ追ひやらむとす」とありますが、誰が、なぜ女を追いやろうとしたのですか。最もふさわしいものを選び、記号で答えなさい。
ア　男が、自分が思いを寄せている女を親に傷つけられては困ると考えたから。
イ　男が、自分より身分の高い女と思いを交わしてはいけないと思ったから。
ウ　男の両親が、女が男を誘惑して家を乗っ取ろうとしていることを知ったから
エ　男の両親が、男が女に思いを寄せて執着しては困ると思ったから。
オ　男の両親が、男が女をひどく扱ってしまうのではないかと心配したから。

□

問四　傍線部B「人の子なれば、まだ心いきほひなかりければ」の解釈として最もふさわしいものを選び、記号で答えなさい。
ア　人間の子どもであるため、いまだに自分の力を信じるだけの気持ちが強くはないので
イ　親元で暮らす身分であるため、まだ自分自身の正直な気持ちを抑える意志が弱いので
ウ　親に養ってもらっている身分だから、まだ自分の意志を通

からうじていきいでたりける。むかしの若人は、さるすける物思ひを（　）しける。今のおきな、まさにしなむや。

〈注〉
※けしうはあらぬ女……悪くはない女。
※すまふ……抵抗する。
※さる……そのような。
※いりあひ……夕暮れ時。

問一　波線部1～4の主語としてふさわしいものをそれぞれ選び、記号で答えなさい。（同じ選択肢を選んでも構いません。）
ア　男　イ　親　ウ　女　エ　おきな　オ　作者

1	2	3	4

問二　傍線部a～cの語句の意味として最もふさわしいものをそれぞれ選び、記号で答えなさい。

a	b	c

a「さかしら」
ア　恐ろしいこと　イ　すばらしいこと
ウ　恥ずかしいこと　エ　おせっかいなこと
オ　立派なこと

b「いやしけれ」
ア　いじらしい　イ　身分が低い　ウ　心根が優しい
エ　おもしろい　オ　悲しい

す威勢もなかったので
エ　よその家庭の子であったなら、自分本位な考え方をまだ抑えられていただろうに
オ　親に育ててもらっているなら、自分の思いを伝える意志の強さもあっただろうに

問五　（　）には同じ語が入ります。最もふさわしいものを選び、記号で答えなさい。
ア　こそ　イ　ばや　ウ　なり
エ　のみ　オ　なむ

問六　この文章の内容に合致しているものを選び、記号で答えなさい。
ア　女は自分の思いをいつわって男に近づいたが、本心を知った親に追い出された。
イ　男は、女が自分を裏切って家を出て行ったことを呪う歌を詠《よ》んだ。
ウ　男の願いを叶《かな》えるために祈った親のおかげで、男と女は無事結ばれた。
エ　気の弱い男は、好きな女に思いを伝えられないまま死んでしまった。
オ　男は女のことを強く思うあまり、別れを悲しんで気を失ってしまった。

問七　この文章が収められている『伊勢物語』と同じジャンルの作品を選び、記号で答えなさい。
ア　平家物語　イ　玉勝間　ウ　栄花物語
エ　大和物語　オ　方丈記

中古 6

日記

『更級日記』

いみじうをかしげなる猫あり

出題校
お茶の水女子大学附属高等学校
中部大学春日丘高等学校

◆次の文章を読んで、後の問いに答えなさい。

花の咲き散るをりごとに、乳母《めのと》なくなりしをりぞかし、とのみあはれなるに、同じをり※なくなりたまひし※侍従の大納言の御むすめの手を見つつ、※すずろにあはれなるに、五月ばかり、夜ふくるまで物語をよみて i起きゐたれば、来つらむ方も見えぬに、猫のいと※なごう鳴いたるを、おどろきて見れば、いみじうをかしげなる猫あり。いづくより来つる猫ぞと見るに、姉なる人、「※あなかま。人に聞かすな。いとをかしげなる猫なり。飼はむ」とあるに、いみじう人なれつつ、かたはらに ii うち臥《ふ》したり。

①尋ねる人やあると、これを隠して飼ふに、すべて※下衆《げす》のあたりにもよらず、つと前にのみありて、ものもきたなげなるは、ほかざまに顔をむけて食はず。姉※おととのに中に※つとまとはれて、をかしがりらうたがるほどに、姉の②なやむことあるに、※ものさわがしくて、この猫を※北面にのみあらせて呼ばねば、かいがましく鳴きののし

※つとまとはれて……さっとまとわりついて。
※ものさわがしく……家の中がなんとなく騒がしく。
※北面……北側の部屋。家族、あるいは使用人が住むところであった。
※いづら……どこですか。　※など……どうして。
※さるべき縁……こうなるはずの前世からの因縁。
※中の君……次女のこと。　※あてに……身分が高く。

問一　波線部 i「起きゐたれば」・ii「うち臥したり」・iii「うちおどろきたれば」の主語を次の中から選び、それぞれ記号で答えなさい。

ア　乳母　イ　姉なる人　ウ　侍従の大納言の御むすめ
エ　猫　オ　作者

i	
ii	
iii	

問二　傍線部①「尋ぬる人やある」と考えたのはなぜですか。最も適切なものを次の中から選び、記号で答えなさい。

ア　餌を食べなかったから　イ　かわいらしい猫だったから
ウ　のどかに鳴いているから
エ　人に慣れていたから　オ　夢に出てきたから

問三　傍線部②「なやむ」と同じ意味で用いられている単語を本文中から抜き出して答えなさい。

れども、③なほさるにてこそはと思ひてあるに、わづらふ姉おどろきて「※いづら、猫は。こちゐて来」とあるを、「※など」と問へば、「夢にこの猫のかたはらに来て、おのれは侍従の大納言殿の御むすめの、④かくなりたるなり。※さるべき縁のいささかありて、この※中の君のすずろにあはれと思ひ出でたまへば、ただしばしここにあるを、このごろ下衆の中にありて、いみじうわびしきことといひて、いみじう鳴くさまは、※あてにをかしげなる人と見えて、iiiうちおどろきたれば、この猫の声にてありつるが、いみじくあはれなるなり」と語りたまふを聞くに、いみじくあはれなり。（本文を改めたところがある）

〈注〉
※なくなりたまひし……お亡くなりになった。「たまひ」は尊敬の意味を添えている。
※侍従の大納言の御むすめ……侍従大納言藤原行成《ふじわらのゆきなり》（九七二〜一〇二七）の娘。
※すずろに……わけもなく、むやみに。
※なごう……「和く《なご》」が音便化したもので、のどやかに、の意。　※下衆……使用人などの下賤な者。
※あなかま……しっ、静かに。
※おとと……「おとうと」の約。男女にかかわらず、年下のきょうだいに対して用いる。

問四　傍線部③「なほさるにてこそは」の解釈として最も適切なものを次の中から選び記号で答えなさい。
ア　依然としておなかが空いて鳴くのだろう
イ　きっと人がいないから鳴くのだろう
ウ　なお具合が悪くて鳴くのだろう
エ　もっと遊んでほしくて鳴くのだろう
オ　やはり何かわけがあって鳴くのだろう

問五　傍線部④「かくなりたるなり」とはどのようなことですか、二〇字以内で答えなさい。

問六　夢の中で猫が語った内容はどこからどこまでですか、最初と最後の三字ずつを本文中から抜き出して答えなさい。

〜

問七　本文の内容として最も適切なものを次の中から選び、記号で答えなさい。
ア　侍従大納言は猫が好きで、生前大切にしていた。
イ　どこからともなくかわいらしい猫が姉妹の元にやって来た。
ウ　妹が猫を飼いたいと強く言ったので、姉も同意した。
エ　猫に飽きた姉妹は猫をしばらく北面に閉じ込めておいた。
オ　猫は突然、姉妹の前で自分のことについて語り始めた。

『正徹物語』

杜甫の漢詩

出題校
日本体育大学柏高等学校

◆次の文章は、室町時代の歌論書（和歌に関する理論書）である『正徹物語《しゃうてつ》』の一部であり、作者の大師匠にあたる※為秀《ためひで》の和歌を、杜甫《とほ》の漢詩を引き合いにして論じたものである。この文章を読んで、後の問いに答えなさい。なお、文章は読みやすいように一部改変している。

（1）あはれ知る友こそかたき世なりけりひとり雨聞く秋の夜すがら　為秀

この歌を聞きて、※了俊《れうしゅん》は為秀の弟子になられたるなり。ひとり雨聞く秋の夜すがらは※（2）上《じゃう》句にてあるなり。秋の夜ひとり雨を聞きて、あはれ知る友こそかたき世なりけりと思ひたるなり。あはれ知る友あらば、誘はれていづちにも行きて語りも明かさば、かく雨は聞くべからず。行かむともせぬところが殊勝に覚えはべるなり。ひとり雨聞く秋の夜半《よは》かなともあらば果つべきを秋の夜すがらと言ひ捨て、果てざるところが肝要なり。ひとり雨聞く秋の夜すがら思ひ居たるはといふ心を残して夜すがらとは言へ

問一　傍線部（1）「あはれ知る友こそかたき世なりけり」とあるが、この訳文として最も適当なものを、次から選び、記号で答えなさい。
ア　情緒がわかる友でも頑固になってしまう世の中であることよ。
イ　風流を解する友となかなか巡り合えない世の中であることよ。
ウ　寂しさを分かち合う友がそうそういない世の中であることよ。
エ　同情してくれる友がいるとありがたい世の中であることよ。

問二　傍線部（2）「上句にてあるなり」とあるが、その理由として最も適当なものを、次から選び、記号で答えなさい。
ア　「秋の夜半かな」だと意味があからさまになるが、「秋の夜すがら」だと控え目で歌に落ち着きが出てくるから。
イ　「秋の夜半かな」だと意味が変わってしまうが、「秋の夜すがら」だと深みがでて歌に余韻が感じられるから。
ウ　「秋の夜半かな」だと意味がよくわからないが、「秋の夜すがら」だとすっきりして意味が通りやすくなるから。
エ　「秋の夜半かな」だと意味が途切れてしまうが、「秋の夜すがら」だと言い切らないことで情緒が生まれるから。

問三　傍線部（3）「この時はじめて驚くこそおもしろけれ」とあ

るなり。されば、ひとり雨聞く秋の夜すがらは上句にてあるなり。

※杜子美《としび》が詩に、聞雨※寒更尽、開門落葉深といふ詩のあるを、われらが※法眷《ほうけん》の老僧ありしが、点じ直したるなり。昔より「雨と聞く」と点じたるを、この点わろしとて、「雨を聞きて」とただ一字はじめて直してけり。一字の違ひにて天地の違ひなり。「雨と」とよんでは、はじめより落葉と知りたるにて、その心せばし。「雨を」とよみつれば、夜はただまことの雨と聞きたれば、※五更すでに尽きて朝に門を開いてみれば、雨にはあらず、落葉深く※砌《みぎり》に散りしきたり。(3)この時はじめて驚くこそおもしろけれ。されば歌もただ文字一つにてあらぬものに聞こゆるなり。

〈注〉
※為秀……冷泉《れいぜい》為秀。室町時代の歌壇の指導者。
※了俊……今川了俊室町時代の歌人。作者の師匠。
※上句……すぐれた句。　※杜子美……杜甫。中国の唐代の詩人。
※寒更……寒い夜更《ふ》け。
※法眷の老僧……仏道の上で親しくしている老僧。
※五更……午前三時から五時までの間。
※砌……軒《のき》下の石などを敷いた所。

るが、筆者はどのような点が「おもしろけれ」と述べているか。最も適当なものを、次から選び、記号で答えなさい。

ア 朝外に出てようやく落葉の音だったと気づかされること。
イ 朝外に出てようやく雨の音だったと気づかされること。
ウ 落葉の音だと分かっていても改めて気づかされること。
エ 雨の音だと分かっていても改めて気づかされること。

□

問四 本文の内容として適当なものを、後の①〜④から二つ選び、その記号の組み合わせとして最も適当なものを、次から選び、記号で答えなさい。

ア ①と③　イ ①と④　ウ ②と③　エ ②と④

① もし友を探して出かけていなかったら、秋の雨の音に気づかなかった。
② もし友を探して出かけていたら、この短歌の発想は生まれなかった。
③ 歌は言葉がほんのわずかに違うだけで、受ける印象が大きく変わる。
④ 歌は言葉をわずかに変えたくらいでは、作品の出来は大して変わらない。

□

問五 『正徹物語』と同じく、室町時代に成立した作品として最も適当なものを、次から選び、記号で答えなさい。

ア 好色一代男　イ 今昔物語集
ウ 風姿花伝　エ 新古今和歌集

□

中世 8

随筆

『徒然草』

百五十段 能をつかんとする人

出題校

東海大学付属相模高等学校

◆次の文章を読んで、後の問いに答えなさい。

能をつかんとする人（一芸を身につけようとする人は）、「よくせざらんほどは、なまじひ（うかつに）に人に知られじ。うちうちよく習ひ得て（習得してから）さし出でたらんこそ、いと心にくからめ」と常に言ふめれど（言うようだが）、①かくいふ人、一芸も習ひ得ることなし。②いまだ※堅固《けんご》かたほなるより、③上手の中に交りて、毀《そし》り笑はるる（けなされ笑われる）にも恥ぢず、④つれなく（平気で押し通して）過ぎて嗜《たしな》む人、天性、その骨《こつ》（素質）なけれども、道になづまず（その道にとどまらず、いい加減にしないで）、妄《みだ》りにせずして、年を送れば、⑤堪能《かんのう》の嗜まざるよりは、終《つい》（最後には）に上手の位にいたり、徳たけ、人に許されて、双《ならび》なき名を得る事なり。

天下の物の上手といへども、始めは、⑥不堪《ふかん》の聞こえもあり、無下《むげ》の瑕瑾《かきん》もありき。されども（しかし）、その人、道の掟《おきて》正しく、これを重くして（これを大切にして）、⑦放埒《ほうらつ》せざれば、世のはかせにて、万人《ばんにん》の師となる事、諸道かはるべからず。

問四 傍線部③「上手の中に交りて」の具体的な例の組み合わせとして適切なものを次の中から一つ選び、記号で答えなさい。

A 自分よりもレベルの高い選手が多く所属するサッカークラブで練習をする。
B 日本代表選手であったコーチの教えを受ける。
C 高校生であるにもかかわらず、大学生日本代表に招集される。
D 全国大会常連校のクラブと、合同練習をする。

ア AとC　イ BとD　ウ BとC　エ AとD

問五 傍線部④「つれなく過ぎて嗜む人」は最終的にどうなるか。適切なものを次の中から一つ選び、記号で答えなさい。

ア 人々に崇拝《すうはい》され、万人を従える存在になる。
イ 人々の手本となり、師範としてふさわしい存在になる。
ウ 人々に勇気を与え、民衆を明るい未来へと導く存在になる。
エ 人々から認められて、並ぶものがいない存在になる。

問六 傍線部⑤「堪能の嗜まざる」の具体的な例として適切なものを次の中から一つ選び、記号で答えなさい。

ア 政治家として打ち出した政策が失敗する。
イ 先輩から与えられた、やりたくない仕事を放置する。
ウ 自分のサッカーの才能を信じて、練習をなおざりにする。

〈注〉

※堅固……「まるで」「いっこうに」という意味の副詞。

問一　この文章は兼好法師の随筆の一部である。この作品の序段の冒頭部《ぼうとう》を次の中から一つ選び、記号で答えなさい。

ア　徒然なるままに、日ぐらし、硯に向かひて、……
イ　祇園精舎の鐘の声、諸行無常の響きあり。
ウ　今は昔、竹取の翁といふものありけり。
エ　春はあけぼの。やうやう白くなりゆく山際、……

問二　傍線部①「かくいふ人」はどのようなことを言ったか。適切なものを次の中から一つ選び、記号で答えなさい。

ア　技能をよく習得してから人前で披露《ひろう》した方が良いだろう。
イ　人に知られないように努力を重ねることが、正しい努力である。
ウ　上手な人に習って技能を磨けば、人々から認められるであろう。
エ　芸を磨くことは、人の芸を盗むことになり、人の恨《うら》みを買う行為《こうい》である。

問三　傍線部②「いまだ堅固かたほなるより」の現代語訳として、適切なものを次の中から一つ選び、記号で答えなさい。

ア　まだ、まったく未熟なときから
イ　まだそれほど強い信念を持たないときから
ウ　まだ、十分に我慢強くないときから
エ　まだ、少しも自分の考えを持たないときから

エ　自身の営業ノルマを達成したあと、休暇を満喫《まんきつ》する。

問七　傍線部⑥「不堪の聞こえもあり、無下の瑕瑾もありき」の現代語訳として、適切なものを次の中から一つ選び、記号で答えなさい

ア　ヘタクソだという評判もあり、あまりにひどい欠点もあった。
イ　人の話を聞かないこともあり、何も学ぼうとしない時期もあった。
ウ　不動の人気もあり、世の人々に絶対的な影響力もあった。
エ　ひどい暴言を吐かれることもあり、何もかも上手くいかなかった。

問八　傍線部⑦「放埒せざれば」の現代語訳として、適切なものを次の中から一つ選び、記号で答えなさい。

ア　言いふらさなければ　イ　気ままにふるまわなければ
ウ　頼りにしなければ　エ　贅沢《ぜいたく》をしなければ

中世 9

説話

『発心集』

小田原教懐上人、水瓶を打ち破る事

出題校

川越東高等学校

◆次の文章を読んで、後の問いに答えなさい。

小田原といふ寺に教懐聖人といふ人ありけり。後には高野にａ住みけるが、新しき水瓶の、様なども思ふ様なるを※儲けて、①ことに執し思ひけるを、縁に打ち捨てて、奥の院へ参りにけり。かしこにて、念誦なんどして一心に信仰しける時、この水瓶を思ひ出だして、あだに並べたりつる物を、人や取らむと不審にて、心一向にもアあらざりければ、由なく覚えて、帰るやおそきと、あまだりの石たたみの上に並べて、②打ちくだき捨ててけり。

又、横川に尊勝の※阿闍梨陽範といひける人、目出たき紅梅をイ植ゑて、③又無き物にして、華ざかりには偏《ひとへ》にこれをけうじつつ、自《おのづか》ら人の④折るをもことに惜しみ、さいなみける程に、いかがｂ思ひけん、弟子なんども外へ行きて、人も無かりけるひまに、心もなき小法師の独りありけるをよびて、「よきやある。持てウこよ」と云ひて、この梅の木を土きはより切つて、上に砂打ち散らして、跡形な

問二 ――線①を漢字表記にしたものとして最も適当なものを選び、記号で答えなさい。

ア 事に　イ 言に　ウ 琴に　エ 殊に

問三 ――線②とあるが、なぜこのようなことをしたのか。その理由として最も適当なものを選び、記号で答えなさい。

ア 仏道修行中に水瓶のことを思い出し心が乱れてしまい、瓶を持つことはよくないことだと思ったから。

イ あまりにも形の美しい瓶なので、持っていると他人から非難されるのではないかと不安に思ったから。

ウ 自分にとってあまりに理想的な瓶だったので、思い出として自分だけの物にしておきたかったから。

エ 念仏を唱えている最中に、誰かが瓶を盗みに来ると念仏を止めなければならず面倒だと思ったから。

問四 ――線③の意味として最も適当なものを選び、記号で答えなさい。

ア 二度と見たくない物。　イ この上なく素晴らしい物。

ウ 自分好みで大切にしたい物。

エ 一度見たら忘れられない物。

問五 ――線④と同じ活用形のものを、本文中の――線ア～エの中から選び、記号で答えなさい。

くて居たり。弟子帰りて、驚き怪しみて、故を問ひければ、ただ「由なければ」とぞ答へける。

これらは皆⑤執をとどめることを恐れけるなり。教懐も陽範も、倶に往生を遂げたる人なるべし。実に仮の家にふけりて、長き闇に迷ふ事、誰かは愚かなりと思はざるべき。然れども、世々生々に、煩悩の※つぶね、やつことなりける習ひの悲しさは知りながら、我も人も、⑥え思ひ捨てぬなるべし。

〈注〉

※儲けて……手に入れて　※阿闍梨……僧に対する敬称の一種。

※つぶね、やつこ……ともに召使の意。ここでは煩悩に支配されてしまうことの比喩。

問一　〰〰線a〜cの主語の組み合わせとして最も適当なものを選び、記号で答えなさい。

ア　a　教懐聖人　b　阿闍梨陽範　c　弟子

イ　a　作者　b　教懐聖人　c　阿闍梨陽範

ウ　a　教懐聖人　b　阿闍梨陽範　c　作者

エ　a　作者　b　弟子　c　阿闍梨陽範

問六　――線⑤とはどういうことか。最も適当なものを選び、記号で答えなさい。

ア　自分の心が何かにとらわれてしまうことを恐れたということ。

イ　自分のこだわりが他人に理解されないことを恐れたということ。

ウ　自分の考えに固執して、人と衝突することを恐れたということ。

エ　自分の大切な物をこの世に残したまま死ぬことを恐れたということ。

問七　――線⑥の意味として最も適当なものを選び、記号で答えなさい。

ア　思いを捨ててみたいものだ。

イ　思いを捨てずにはいられない。

ウ　思いを捨てなければならないはずである。

エ　思いを捨てることが出来ないのであろう。

問八　『発心集』の作者を選び、記号で答えなさい。

ア　紫式部　イ　鴨長明　ウ　兼好法師　エ　紀貫之

中世 ⑩ 物語

『御伽草子』浦島太郎

出題校　東京学館浦安高等学校

◆次の文章を読んで、後の問いに答えなさい。

昔、※丹後国に、浦島《うらしま》の太郎とて、朝夕釣《あさゆふつり》をして、世路《せいろ》をいとなみけるが、ある時、ゑしまが磯《いそ》といふ所にて、大きなる亀を釣りけるが、「①亀《かめ》は万年の齢《よはひ》を経《へ》ぬるもの、思ひ知れ」とて、放しける。

さても、その頃《ころ》に帰り、また明けの日、釣をせんと思ひ、沖の方《かた》へ出《い》でけるに、小さき船一艘《さう》見ゆる。さても、不思議や、引き寄せて見ばやと思ひ、引き寄せて、「いかなる人にてましますぞ、かほど※漫々としたる海上《かいしやう》に、一人見え給ふらん、不思議さよ」と申す。その時、浦島、※ふしに思ひて、申しければ、その時、姫君のたまふやう、「みづからは、都方《みやこかた》の者にて候ふが、ある船に※便船をして候へば、にはかに大風《おほかぜ》吹きければ、船の者ども騒ぎあひ、一人《ひとり》女を乗せたるものよと申し、※枝船降《おろ》し、みづからを乗せ、流し申し候へば、いかなるゑしまが磯へも行くらんと思ひしに、御身《おんみ》に逢《あ》ひ申すこと、②嬉《うれ》しく思ひ候へば、

問一　傍線①は浦島のどのような思いか。適当なものを次から選び、記号で答えなさい。

ア　亀は万年も生きるという神聖な生き物なのにここで釣り上げてしまった、罰《ばち》が当たりませんように

イ　亀は万年も生きるというめでたい生き物なのになぜ釣れたのだろう、後にいいことがあるに違いない

ウ　亀は万年も生きるというのにここで殺してしまうのはかわいそうだ、恩を忘れるんじゃないぞ

エ　亀は万年も生きるというのに釣って食べてしまったら大変だ、人に気づかれる前に早く逃げるがよい

問二　傍線②とあるが、姫君はどうして「嬉しく」思ったか。適当なものを次から選び、記号で答えなさい。

ア　都に向かう途中で嵐に吹かれて迷ったが、浦島に道案内を頼むことになったから。

イ　ひとり船に乗って流されていたところ、前日に助けてもらった浦島に会えたから。

ウ　海の底の「えしまが磯」に降り立って、こころ優しい浦島に会うことが出来たから。

エ　小船に乗せられて大海に放り出されたが、嵐の吹く間際に浦島に助けられたから。

問三　③に入る語として適当なものを次から選び、記号で答えなさい。

ア　不思議なり　　イ　不思議なる

あはれ、送りて給はれかし」と歎《なげ》きける。その時、姫君、まことに、※たつて申させ給へば、浦島も、こは不思議やとは思へども、「さらば、送りて参らせ候はん」とて、同じ船に乗り、いづくをさして出でけるが、船の速く行くこそ［③］。

さても、この女房《にようばう》、海の上にて降《お》りけると思へば、こがねの浜へ落ち着き、「こなたへ入らせ給へ」と、※内に呼び入れて申すやう、「みづからは、昨日《きのふ》、ゑしまが磯にて釣られまゐらせし亀にて候ふが、あまりに御身の情《なさけ》嬉しくて、その恩のおくらばやと思ひ、これまで参りて候ふなり。④数ならぬ身にて候へども、あはれ、夫婦《ふうふ》になり申さん」と語りければ、浦島、不思議やとは思へども、そのまま夫婦の語らひをなし契《ちぎ》りける。かりそめとは思へども、はや三年にこそなりにける。

〈注〉
※丹後国《たんごのくに》……京都府の北部。　※漫々《まんまん》と……ひろびろとしたさま。
※ふし……「不思議に」の誤り。　※便船《びんせん》……都合のよい船。
※枝船《えだふね》……本船につく供船。　※たつて……無理に。しいて。
※内……御殿の内。

ウ　不思議なれ　　エ　不思議なれよ

問四　傍線④の現代語訳として適当なものを次から選び、記号で答えなさい。　□

ア　取るに足りない身ではございますが、ああ、夫婦になって差し上げましょう。
イ　役に立たない身ではございますが、しみじみと、夫婦になっていきましょう。
ウ　贈り物もできない身ではございますが、どうか、夫婦になってください。
エ　心配りもできない身ではございますが、趣深い、夫婦になれるでしょうか。

問五　本文の内容と一致するものとして適当なものを次から選び、記号で答えなさい。　□

ア　浦島は女に送ってほしいと言われたが、不思議なことにあやしまなかった。
イ　女に連れられて沖の方まで船をやると、海の上に御殿の入口があった。
ウ　女は助けられた亀であることを隠したまま、浦島と夫婦になる約束をした。
エ　亀は女に姿を変えて浦島と夫婦になり、あっという間に三年が過ぎた。

中世 11

説話

『十訓抄』

西行の娘の死

出題校

東京学芸大学附属高校
慶應義塾女子高校

◇次の文章を読んで、後の問いに答えなさい。

1西行法師《さいぎやうほふし》、※男《をとこ》なりける時、2かなしくしける女《むすめ》の、三つ、四つばかりなりけるが、重くaわづらひて、限りなりけるころ、※院《ゐん》の北面のものども、弓射《い》て遊びあへりけるにいざなはれて、心ならず3ののしりくらしけるに、※郎等男《らうどうをのこ》の走りて、耳にものをbささやきければ、心知らぬ人は、なにとも思ひいれず。※西住法師《さいぢゆうほふし》、いまだ男にて、源次※兵衛尉《ひやうゑのじよう》とてありけるに、目をc見合はせて、「4このことこそすでに」とdうちいひて、人にも知らせず、さりげなく、いささかの※気色《けしき》もかはらでゐたりし、5ありがたき心なりとぞ、西住、のちに人に語りける。

これらは、さまこそかはれども、みなものに耐へ忍ぶるたぐひなり。※心をもてしづめぬ人は、なにごともはなばなしく、けしからぬ※あやしの賤《しづ》の女《め》などが、もの歎《なげ》きたる声、気色は、※隣里《りんり》も苦しく、6いかでか耐へむと聞こゆれども、一日二日などに過ぎず。のちには、7さる気色

3「ののしりくらしけるに」

ア 軽蔑され落ち込んでいたが
イ お互いに賞賛し合っていたが
ウ 大声でののしられていたところ
エ 仲間外れにされて日を暮らしたが
オ 大騒ぎをして過ごしていたところ

5「ありがたき心」

ア 薄情な心　イ 慈悲深い心　ウ りっぱな心
エ 不思議な心　オ 理解に苦しむ心

2	3	5

問三 〰線部a「わづらひて」・b「ささやきければ」・c「見合はせて」・d「うちいひて」の主語の組み合わせとして最も適切なものを次のア〜オの中から一つ選び、記号で答えなさい。

ア a 西行の娘 b 郎等男 c 西行 d 西行
イ a 西行の娘 b 西行 c 西住法師 d 郎等男
ウ a 西行 b 西行の娘 c 郎等男 d 西住法師
エ a 西行 b 郎等男 c 西住法師 d 西住法師
オ a 西行の娘 b 郎等男 c 西住法師 d 西行

ありつるかとだに思はぬこそ、あさましけれ。

〈注〉
※**男なりける時**……まだ出家していない在俗の男であった時。
※**院の北面のものども**……当時の院、鳥羽院の御所の警護に当たった武士たち。
※**郎等**……従者。
※**西住法師**……源季政。平安時代後期の歌人。西行の同行者として親密に交流した。
※**兵衛尉**……兵衛府（内裏の外側の門の警護、行幸の供などを担当した役所）の三等官。
※**気色もかはらでゐたりし**……様子も変わらないでいたのは。
※**心をもてしづめぬ人**……心を静かに落ち着かせることのできない人。
※**あやしの賤の女**……身分の卑しい女。
※**隣里**……隣の家。

問一　傍線部１「西行法師」の和歌が収録されている作品を、次のア～オの中から一つ選び、記号で答えなさい。

ア　『万葉集』　イ　『古今和歌集』　ウ　『枕草子』
エ　『新古今和歌集』　オ　『徒然草』

問二　傍線部２「かなしくしける」・３「ののしりくらしけるに」・５「ありがたき心」の解釈として最も適切なものを、次のア～オの中からそれぞれ一つずつ選び、記号で答えなさい。

２「かなしくしける」
ア　心痛めていた　イ　冷たくしていた
ウ　かくまっていた　エ　かわいがっていた
オ　ほうり出していた

問四　傍線部４「このこと」とはどういうことか。十字以内で答えなさい。

問五　傍線部６「いかでか耐へむ」の解釈として最も適切なものを次のア～オの中から一つ選び、記号で答えなさい。
ア　その悲しみに何としても耐えるだろう。
イ　その悲しみにどうして耐えられるだろうか。
ウ　その悲しみにはまったく耐える必要がない。
エ　その悲しみにはどんなことがあっても耐えよう。
オ　その悲しみにどんなことをしても耐えてほしい。

問六　傍線部７「さる気色ありつるかとだに思はぬこそ、あさましけれ。」とあるのはなぜか。「あさましけれ」を「驚きあきれるばかりだ」の意味として、次のア～オの中から最も適切なものを選び、記号で答えなさい。
ア　どんな悲しい出来事にあっても決して動揺せずいつも平然と振る舞っていたから。
イ　どうしてあんなおげさな振る舞いをしてしまったのかとても悔しがっていたから。
ウ　どんな振る舞いをしたのか今となっては思い出すことさえできなくなっていたから。
エ　そんな悲しい振る舞いをしたなどとはとても考えられないぐらいに豹変してしまったから。
オ　こんな嘆かわしい出来事には二度と遭遇したくはないと慎重に振る舞うようになったから。

『十訓抄』法勝寺、九重塔の贋の金物

出題校
芝浦工業大学柏高校
久留米大学附設高校

◆次の文章を読んで、後の問いに答えなさい。

白河院《しらかはゐん》の御時、※九重《くぢゆう》の塔の※金物を、牛の皮にて作れりといふこと、世に聞えて、修理したる人、定綱朝臣《さだつなのあそん》、※ことにあふべき由《よし》、聞えたり。仏師なにがしといふもの召して、「たしかに、1まこと、そらごとを見て、ありのままに奏せよ」と仰《おほ》せられければ、承りて、上《のぼ》りけるを、なからのほどより、帰《かへ》り下《お》りて、涙を流して、2色を失ひて、「身のあればこそ、君にも任へ[A]。肝心《きもごころ》失せて、黒白見分くべき心地《ここち》も侍らず」といひもやらず、わななきけり。君、聞こしめして、笑はせ給ひて、3ことなる沙汰《さた》なくて、やみにけり。

かの※韋《ゐ》仲将《ちゆうじやう》が、凌雲台《りよううんだい》に上りけむ心地も、かくやありけむとおぼゆ。

※時人《じじん》、いみじきをこのためしにいひけるを、顕隆卿《あきたかきやう》聞きて、「こやつは必ず※冥加《みやうが》あるべきものなり。人の罪蒙《かうむ》るべきことの、罪を知りて、4みづから、をこのものとな

問一 二重傍線部「召して」の主語は何か。最も適切なものを次のア～エの中から選び、記号で答えなさい。

ア 定綱朝臣　イ 白河院
ウ 仏師なにがし　エ 韋仲将

問二 傍線部1「まこと、そらごと」とあるが、これはどういうことか。最も適切なものを次のア～エの中から選び、記号で答えなさい。

ア 九重の塔の金物が牛の皮だということが、本当か嘘か。
イ 九重の塔を修理したのが、定綱朝臣かそうではないか。
ウ 九重の塔の修理が、本当にされているのかいないのか。
エ 定綱朝臣が処罰されるという噂が、本当か嘘か。

問三 傍線部2「色を失ひて」とあるが、仏師がこうなった理由として、最も適切なものを次のア～エの中から選び、記号で答えなさい。

ア 失神　イ 正気　ウ 恐怖　エ 混乱

問四 空欄[A]に入る最も適当な語を次のア～エの中から選び、記号で答えなさい。

ア 給ふ　イ 給へ　ウ 奉る　エ 奉れ

問五 傍線部3「ことなる沙汰なくて、やみにけり」は、「特にこれといった処罰も行われず、そのままで終わってしまった」という意味であるが、これは誰に対する処罰が行われなかっ

れる、やんごとなき思ひはかりなり」とぞほめられける。
まことに久しく君に仕へ奉りて、ことなかりけり。

〈注〉
※九重の塔……現在の京都市左京区にあった法勝寺の八角九重の塔。八〇メートルを超える高さであった。
※金物……垂木の木口に打った金属製の装飾。
※ことにあふべき由……処罰されるらしいという話。
※韋仲将……魏の人。能書で知られ、明帝が造った高楼凌雲台の額を書かせようとして、籠で七、八〇メートルつり上げたところ、地上に戻ってきた時、恐怖のため白髪に変じていたという。
※時人……その当時の人々。
※冥加……神仏から受ける加護。

たことをいうのか。最も適切なものを次のア～カの中から選び、記号で答えなさい。

ア　定綱朝臣　イ　白河院　ウ　仏師なにがし
エ　時人　オ　顕隆卿　カ　作者

問六　傍線部4「みづから、をこのものとなれる」について説明した次の文の空欄 Ⅰ ・ Ⅱ に適切な言葉を入れて完成させなさい。なお、Ⅰは問五の語群ア～カの中から最も適切なものを選び、Ⅱは自分の言葉で十字以内で答えなさい。

Ⅰ が、自分の証言で Ⅱ を恐れて、愚か者のふりをした。

Ⅰ

Ⅱ									

問七　作者が描く登場人物像で、本文中の内容に合わないものを、次のア～オの中から選び、記号で答えなさい。

ア　慈悲深い仏師なにがし　イ　真理を見抜く時人
ウ　見識が高い顕隆卿　エ　幸運な定綱朝臣
オ　寛大な白河院

中世 13

説話

『古今著聞集』

腹くじりの話

出題校

久留米大学附設高校

◆次の文章を読んで、後の問いに答えなさい。

中納言伊実卿《これざねきやう》、相撲《すまひ》・競馬《くらべうま》などをこのみて、学問なんどをばせられざりけるを、父の大臣《おとど》伊通《これみち》公、常に※勘発《かんぼつ》し給ひけれども、なを※しひられざりけり。その時、相撲なにがしとかやいふ上手ありけり。敵の腹へ頭を入《いれ》て、かならず※くじりまろばしければ、これによりて、腹くじりとぞいひける。①件《くだんの》相撲を、しのびやかにめしよせて、「この中納言が相撲このむが②にくきに、くじりまろばかせ。さらば※纏頭《てんどう》すべし。※しからずは、なくなさんずるぞ」と仰《おほせ》含《ふくめ》られにけり。則《すなはち》中納言に、「汝《なんぢ》が相撲好《このむ》に、この腹くじりとつがひて勝負を決すべし。勝《かち》たらば、われ制止する事あるべからず。負《まけ》たらむにおきては、ながく③この事停止《ちやうじ》すべし」とのたまひければ、中納言恐《おそれ》をなして畏《かしこまり》ておはしけり。さる程に、腹くじりめし出《いだ》されて、④やがて決せられけるほどに、中納言は、腹くじりが好《このむ》ままに、身をまかせられければ、悦《よろこび》てくじり入《いれ》てけり。そ

問一 傍線部①「件相撲」、⑨「相撲制止の沙汰」は、それぞれどういう意味ですか。わかりやすく説明しなさい。

①	⑨

問二 傍線部②「にくきに」とありますが、(a)誰が、(b)なぜそう思っているのか、(a)は本文中の言葉を抜き出し、(b)は二十字以内で説明しなさい。

a	b

問三 傍線部③「この事」とありますが、どういうことですか。現代語で答えなさい。

の後、中納言、腹くじりが※四辻《よつつじ》をとりて、前へつよくひかれたりければ、⑤頸《くび》も折れぬばかりおぼえて、⑥やがてうつぶしにたふれにけり。⑦大臣《おとど》、興醒《さ》め給ふ。⑧腹くじりは※逐電《ちくでん》しにけり。その後、中納言の⑨相撲制止の沙汰なかりけり。

〈注〉

※勘発し給ひけれども……責めたてなさったけれども。

※しひられざりけり……行動が改まらなかった。

※くじりまろばしければ……えぐるようにして転がしたので。

※纏頭すべし……ほうびをやろう。

※しからずは、なくなさんずるぞ……勝たなかったら、お前の命はもらうぞ。

※四辻……力士のまわしの結び目のこと。

※逐電……跡をくらまして逃げること。

問四　傍線部④・⑥「やがて」は、それぞれどういう意味で用いられていますか。次の中から最も適当なものを選び、それぞれ記号で答えなさい。

ア　たやすく　イ　思いがけず　ウ　すぐに

エ　そのまま　オ　たまらず　カ　しばらくして

④	⑥

問五　傍線部⑤「頸も折れぬばかりおぼえて」とありますが、誰がそのように「おぼえ」たのですか。本文中の言葉を抜き出して答えなさい。

問六　傍線部⑦「大臣、興醒め給ふ」とありますが、大臣はなぜ「興醒め」なさったのですか。三十字以内で説明しなさい。

問七「腹くじりは逐電しにけり」とありますが、腹くじりはなぜ「逐電し」たのか、十五字以内で説明しなさい。

中世 14

説話

『古今著聞集』

源義家衣川にて安倍貞任と連歌の事

出題校

甲陽学院高校

◆次の文章を読んで、後の問いに答えなさい。

伊予守《いよのかみ》源頼義朝臣、貞任・宗任等をせむる間、陸奥に十二年の1春秋をおくりけり。※鎮守府《ちんじゆふ》をたちて、秋田城《あきたのじやう》にうつりけるに、雪はだれに降りて、軍のをのこどもの鎧《よろひ》みな2白妙《しろたへ》に成《なり》にけり。衣川《ころもがは》の館《たち》、岸高く川ありければ、楯《たて》をいただきて甲《かぶと》にa（かさぬ）、筏《いかだ》をb（くむ）て責戦《せめたたかふ》に、貞任c（たふ）ずして、つひに城の後よりのがれd（おつ）けるを、一男八幡太郎義家、衣川においたて攻めふせて、「3きたなくも、うしろをば見するものかな。しばしe（引きかへす）。物いはん」といはれたりければ、貞任見《み》帰《かへり》たりけるに、

【A】衣のたてはほころびにけり

といへりけり。貞任※くつばみをやすらへ、※錣《しころ》をふりむけて、

【B】年をへし、糸のみだれのくるしさに

と付けたりけり。その時義家、4はげたる矢をさしはづ

問四　傍線部3を口語訳しなさい。

問五　【A】【B】は誰が詠んだ歌か。次の中から選び、それぞれ記号で答えなさい。

ア　頼義　イ　貞任　ウ　宗任　エ　義家

【A】		【B】	

問六　【A】【B】をつなげて一首の和歌にした場合の説明として、最も適当なものを選び、記号で答えなさい。

ア　「衣」を着物の「衣」と地名の「衣川」に掛けているように、「たて」「ほころび」「みだれ」を二つの意味に掛けて、戦いの苦しさを詠んでいる。

イ　「衣」を着物の「衣」と地名の「衣川」、「たて」を「縦糸」と「館」など二つの意味を掛けて、戦いの現状を着物の歌に仕立てて詠み込んでいる。

ウ　「衣」「たて」「糸」と優雅な着物を連想させることで、激しくつらい戦いの中で、一時的であれ、やすらぎの時間を待ち望む気持ちを詠んでいる。

エ　「ほころぶ」「みだれ」「くるしさ」など負のイメージの言葉を重ねることで、その時の戦いの苦しさと、人間が戦うことのむなしさを詠んでいる。

オ　「衣」「年」「糸」など優雅な都のイメージと「ほころぶ」「みだれ」「くるしさ」など負のイメージを対応させることで平和と戦争を詠んでいる。

して帰《かへり》にけり。さばかりのたたかひの中に、やさしかりけることかな。

〈注〉
※鎮守府……平安時代、蝦夷の鎮圧や辺境防備のために置かれた役所。
※くつばみ……馬のくつわ。
※錏……かぶとの鉢の左右と後方に垂れて首筋を被う部分。

問一　本文中a〜eの動詞の文中での活用として、最も適当な形のものを選び、記号で答えなさい。
a　ア　かさぬる　イ　かさぬ　ウ　かさね
b　ア　くま　イ　くみ　ウ　くむ
c　ア　たへ　イ　たえ　ウ　たゑ
d　ア　おち　イ　おつる　ウ　おつれ
e　ア　引きかへす　イ　引きかへせ
　ウ　引きかへすれ

a	b	c	d	e

問二　傍線部1の意味を漢字一字で書きなさい。

問三　傍線部2はどういう状態か。十五字以内で説明しなさい。

問七　傍線部4の口語訳として、最も適当なものを選び、記号で答えなさい。
ア　使い古した矢なので折れそうで使うことなく帰ってしまった。
イ　持っていた弓に合致しない矢を使うことなく帰ってしまった。
ウ　表面の塗りがはがれている矢を射ることなく帰ってしまった。
エ　弓につがえた矢を弓の弦からはずして射ずに帰ってしまった。
オ　矢は届かないと思って弦からはずして射ずに帰ってしまった。

中世 ⑮

説話

『沙石集』

餅を売りて世を渡りける夫婦あり

出題校

日本大学櫻丘高等学校

◆次の文章を読んで、後の問いに答えなさい。

近比《ちかきころ》、帰朝の僧《そう》の説とて、ある人語りしは、唐に賤《いや》しき夫婦《ふうふ》有り。餅《もち》を売りて世を渡《わた》りけり。夫《をつと》の道の辺《ほとり》にして餅を売りけるに、人の袋《ふくろ》を落としたりけるを見ければ、銀《しろがね》の※軟挺《なんてい》六つ有りけり。家に持ちて帰りぬ。

妻、心すなほに欲なき者にて、「我等《われら》は商《あきな》うて過ぐれば、事も欠けず。この主《ぬし》、いかばかり歎《なげ》き求むらん。いとほしき事なり。主を尋《たづ》ねて返し給《たま》へ」と云《い》ひければ、「誠《まこと》に」とて、普《あまね》く触《ふ》れけるに、主と云ふ者出来《いでき》て、是《これ》を得て、あまりに嬉《うれ》しくて、「三つをば奉《たてまつ》らん」と云ひて、既《すで》に分《わか》つべかりける時、思ひ返して、※煩《わづら》ひを出《いだ》さんが為《ため》に、「七つこそ有りしに、六つあるこそ不思議なれ。①一つは隠《かく》されたるにや」と云ふ。「さる事なし。本《もと》より六つこそ有りしか」と論ずる程《ほど》に、果ては、※国の守《かみ》の許《もと》にして、②是を断《ことわ》らしむ。

国の守、※眼賢《まなこさか》しくして、「この[I]は不実の者なり。

※冥のとがめ……目に見えぬ神仏のとがめ。

問一　傍線部③「六つながら夫妻に給はりけり」の現代語訳として最も適当なものを、それぞれ選び、記号で答えなさい。

③　六つながら夫妻に給はりけり

ア　六つほど拾い主の夫妻にいただいたのであろうか。
イ　六つではあるが拾い主の夫妻にいただいたのである。
ウ　六つだけ拾い主の夫妻にくださったのであろうか。
エ　六つすべて拾い主の夫妻にくださったのである。

問二　傍線部①「一つは隠されたるにや」と言った理由として最も適当なものを、次の中から選び、記号で答えなさい。

ア　銀貨は落としたのではなく盗まれたのだと気づいて、返してもらうため。
イ　銀貨の数が最初と合わないことに納得がいかず、原因を解明するため。
ウ　銀貨を渡すのがいざとなったらためらわれて、言い掛かりをつけるため。
エ　銀貨を手に入れあまりに嬉しくて、軽口の一つもたたきたくなったため。

問三　傍線部②「是」の表す内容として最も適当なものを、次の中から選び、記号で答えなさい。

この男は正直の者」と見ながら、不審《ふしん》なりければ、かの[Ⅱ]を召《め》して別の所にて、事の子細を尋ぬるに、夫が※状《じやう》に少しもたがはず。「この妻は極《きは》めたる正直の者」と見て、かの主、不実の事慥《たし》かなりければ、国の守の※判《はん》に云はく、「この事、慥かの証拠《しようこ》なければ判じがたし。ただし、共に正直の者と見えたり。夫妻また詞《ことば》変らず、[Ⅲ]の詞も正直に聞こゆれば、七つあらん軟挺を尋ねて取るべし。是は六つあれば、別の人のにこそ」とて、③六つながら夫妻に給はりけり。

※宋《そう》朝の人、④いみじき成敗とぞ、普く讃《ほ》めののしりける。心直《なほ》ければ、自《おのづか》ら天の与へて、宝を得たり。心曲《まが》れば、※冥《みやう》のとがめにて、宝を失ふ。この理《ことわり》は少しも違ふべからず。返す返すも心浄《きよ》くすなほなるべき者なり。

〈注〉
※軟挺……銀の貨幣《かへい》。　※煩ひ……めんどうなこと。
※国の守……国司の長官。一国を統治し徳行をもって民《たみ》を教導するのを任とする。
※眼賢くして……見抜《みぬ》く力にすぐれていて。　※状……言い分。
※判……判決。　※宋朝の人……宋の時代の人。

ア 謝礼　イ 正邪　ウ 返却　エ 優劣

問四 空欄[Ⅰ]～[Ⅲ]に入る語として最も適当なものを、それぞれ次の中から選び、記号で答えなさい。(同じ記号を何度用いてもよい)。

ア 国の守　イ 夫　ウ 妻　エ 主

Ⅰ		Ⅱ		Ⅲ	

問五 傍線部④「いみじき成敗」の説明として最も適当なものを、次の中から選び、記号で答えなさい。

ア それぞれの主張をよく聞き的確な申し渡しをして、評判になった素晴らしい判決。
イ 確かな証拠もなく下されたことから、人々の反応に賛否両論があった判決。
ウ 喧嘩両成敗で、拾い主と落とし主のどちらに対しても反省を促した公平な判決。
エ 国司の鋭い洞察力を広く世に示したことで、悪人が心底恐れた冷酷な判決。

問六 本文の内容に関連の深い表現として最も適当なものを、次の中から選び、記号で答えなさい。

ア 論より証拠
イ 捨てる神あれば拾う神あり
ウ 正直の頭に神宿る
エ 疑わしきは罰せず

近世 16

仮名草子

『伊曾保物語』

童子と盗人の話

◆次の文章を読んで、後の問いに答えなさい。

ある※井のそばに童子一人ゐたりしが、あなたこなたを眺める間に、盗人一人走り来て、この童《わらんべ》を見て心に思ふやう、「あな、嬉《うれ》し。この者の衣装を※はぎ取らばや」と思ひて、近づき侍《はべ》るほどに、盗人の悪念を悟りて、いと悲しき気色《けしき》をあらはして泣く泣くゐたりしが、盗人これを見て、何事とも知らず、世の常の悲しみにはあらず、※いとほしくおぼえて、さし寄りて、「いかなる事を悲しむ」と言へば、童言ふやう、「何をか隠し申さむ。心に憂《う》きことあり。1ただ今黄金の※釣瓶《つるべ》を持ちて水を汲《く》まむとするところに、にはかに縄が切れて井戸に※落ち入りぬ。※千度尋ね求むれども、※せむかたなし。いかにしてか主人の前にて申すべきや」と言ひければ、盗人これを聞きて、2面《おもて》にはあはれに悲しきふりをあらはして、慰めて言はく、「いとやすきことかな。我、底に入りて引き上ぐれば、汝《なんぢ》※いたく嘆くべからず」と。童これを聞きて3嬉しくて、涙を拭《のご》ひて頼

問一 傍線部1「黄金の釣瓶」の話をした童のねらいを、四十字以内で説明しなさい。

問二 傍線部2「面にはあはれに悲しきふりをあらはして」とあるが、この時の盗人の心の中を三十字以内で説明しなさい。

問三 傍線部3「嬉しくて」とあるが、なぜ嬉しかったのかを、二十字以内で説明しなさい。

出題校

開成高校
関西学院高等部

みけり。その時、盗人着る物を脱ぎ置き、井戸の中に下りて、ここかしこ尋ぬる隙《ひま》に、童この着る物を取りて、いづちともなく逃げ去りにけり。盗人やや久しく釣瓶を尋ねけれども、4これにあはず。かかるほどに、上に上がりしかば、置きたる着る物も、童も失《う》せて見え侍らず。その時、われとわが身に怒りて独り言を言ふやう、「人の物を盗まむとする者は、かへつて盗まるるものなり」と言ひて、あか裸にて帰りにけり。

〈注〉
※井……井戸。
※はぎ取らばや……はぎ取りたい。
※いとほしく……気の毒に。
※釣瓶……井戸の水を汲むために、縄などでつるしたおけ。
※落ち入りぬ……落ちてしまった。
※千度……何度も。
※せむかたなし……どうしようもない。
※いたく……そんなに。

問四　傍線部4「これにあはず」を、「これ」とは何かを明確にして、十五字以内で現代語訳しなさい。

『日本永代蔵』

長者の秘訣

出題校　渋谷教育学園幕張高校

◆次の文章を読んで、後の問いに答えなさい。

折ふしは正月（　A　）の夜、近所の男子《なんし》を藤市《ふぢいち》かたへ、「長者になりやうの①指南《しなん》を頼む」とて②遣《つか》はしける。座敷に灯《ともしび》かかやかせ、娘を付け置き、「露路《ろぢ》の戸の鳴る時しらせ」と③申し置きしに、④この娘しをらしくかしこまり、灯心を一筋にして、「物申《ものもう》」の声する時、元のごとくして、勝手に入りける。

三人の客、座に着く時、台所に擂鉢《すりばち》の音ひびきわたれば、客耳《みみ》をよろこばせ、これを推《すい》して、「皮鯨《かはくぢら》の吸物《すひもの》」といへば、「いやいや、はじめてなれば雑煮《ざふに》なるべし」といふ。またひとりはよく考へて、「煮麺《にうめん》」とおちつきける。⑤必ずいふことにしてをかし。藤市出《い》でて、三人に世渡りの大事を物語りして聞かせける。一人申せしは、「今日《こんにち》の七草《ななくさ》といふ謂《いは》れはいかなることぞ」と尋ねける。「⑥あれは神代《かみよ》の始末はじめ、増水《ぞうすい》と云ふことを知らせ給ふ」また一人、「※掛鯛《かけだひ》を六月まで荒神《くわうじん》の前に置きけるは」と尋ぬ。「あれは、朝《てう》

2　藤市方は、具体的にどのような行動をとることで三人の客に「指南」したか。十五字以内で答えなさい。

問三　傍線部②「遣はしける」、③「申し置きし」の主語として最も適当なものを次の中から選び、それぞれ記号で答えなさい。

ア　料理人　イ　近所の人　ウ　娘
エ　藤市　オ　三人の客

②
③

問四　傍線部④「この娘」は、本文からどのような娘と考えられるか。次の中から最も適当なものを選び、記号で答えなさい。

ア　おとなしく、しとやかな娘。
イ　情緒豊かで、思いやりのある娘。
ウ　きちょうめんで、厳格な娘。
エ　世の中の動きをよく熟知した娘。
オ　要領よく何事にも対応できる娘。

問五　傍線部⑤「必ずいふことにしてをかし。」とあるが、何が「をかし」と言っているのか。次の中から最も適当なものを選び、記号で答えなさい。

ア　客にはご馳走がでると思い込んで言っているところがおかしい。
イ　庶民の食べ物をご馳走と思い込んで言っているところが

夕《せき》に肴《さかな》を食はずに、これを見て食うた心せよと云ふことなり」また、※太箸《ふとばし》をとる由来を問ひける。「あれは、⑦汚れし時白《しら》げて、一膳《いちぜん》にて一年中あるやうに、これも神代の※二柱《ふたはしら》を表すなり。よくよく万事に気を付け給へ。さて、宵《よひ》から今まで各々咄《おのおのはな》し給へば、もはや夜食《やしよく》の出づべき所なり。出さぬが長者になる心なり。最前の擂鉢の音は、大福帳の上紙《うはがみ》に引く糊《のり》を擂《す》らした」といはれし。

〈注〉
※掛鯛……正月に二匹の塩小鯛をわらでしばり、しだやゆずり葉で飾って、門松、かまどの上、倉の中などにつるしたもの。病気、邪気を払うとして、六月一日におろして食べた。
※太箸……正月の雑煮を食べるときに用いる太い箸。
※二柱……イザナギ・イザナミの二神を指す。

問一　文中の（　A　）には日付が入る。本文の内容に合うように、適切な日にちを考えて漢字で書きなさい。

問二　傍線部①「指南」について。
1　「指南」の言葉の意味を、結びが「こと」になるように六字以内で答えなさい。

おかしい。
ウ　最後には皆、煮麺が出ると結論づけて言っているところがおかしい。
エ　こんな時にも遠慮せずに自分の意見を言っているところがおかしい。
オ　長者の所に来た目的を忘れて言っているところがおかしい。

問六　傍線部⑥「あれは神代の始末はじめ、増水と云ふことを知らせ給ふ」について、「増水」とは水を増して米をふやかして作る「雑炊」（おかゆ）のことを言っていることから判断して、ここでの「始末」の意味を漢字二字で答えなさい。

問七　傍線部⑦「汚れし時白げて」とは「汚れたとき白くして」という意味だが、どのように白くすると考えられるか。次の中から最も適当なものを選び、記号で答えなさい。
ア　洗って白くする　　イ　削って白くする
ウ　拭いて白くする　　エ　新しい白い箸にとりかえる
オ　白くなったと暗示をかける

問八　次の中から近世（江戸時代）の作品を二つ選び、それぞれ記号で答えなさい。
ア　奥の細道　　イ　方丈記　　ウ　伊勢物語
エ　おらが春　　オ　徒然草

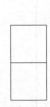

近世 18 紀行文

『奥の細道』

白河の関

◆次の文章を読んで、後の問いに答えなさい。

心許《こころもと》なき日かず重《かさな》るままに、※白河の関にかかりて①旅心定《たびごころさだま》りぬ。「※いかで②都へ」と便求《たよりもとめ》しも③ことわりなり。中にも此《この》関は※三関《さんくわん》の一《いつ》にして、※風騒《ふうさう》の人、心をとどむ。※秋風を耳に残し、※紅葉《もみぢ》を俤《おもかげ》にして、青葉の梢猶《こずえなほ》④あはれなり。卯《う》の花の白妙《しろたへ》に、茨《いばら》の花の咲《さき》そひて、⑤雪にも越ゆる心地ぞする。古人冠を正し、衣装を改《あらため》し事など、※清輔《きよすけ》の⑥筆にもとどめ置《おか》れしとぞ。

⑦卯《う》の花をかざしに関の晴着《はれぎ》かな　曾良

問一　傍線部①とはどのような意味か、次の中から最も適当なものを選び、記号で答えなさい。

ア　旅の感情がたかぶったままになった。
イ　旅の気持ちが落ち着いた。
ウ　旅の決意が強固になった。
エ　旅の不安がそのままになった。

問二　傍線部②はどこのことか、現在の地名で漢字二字で答えなさい。

問三　傍線部③とはどういうことか、次の中から最も適当なものを選び、記号で答えなさい。

ア　理不尽だ。
イ　割にあっている。
ウ　ことの外だ。
エ　道理である。

問四　傍線部④とはどういうことか、次の中から最も適当なものを選び、記号で答えなさい。

ア　しみじみとしている。
イ　かわいそうだ。
ウ　興味深い。
エ　同情に値する。

出題校　明治学院東村山高校

〈注〉

※**白河の関**……奥州（東北地方）に入るための関所。現在の福島県白河市にあった。

※**いかで都へ**……「たよりあらばいかで都へ告げやらむ今日白河の関ば越えぬと（拾遺集・平兼盛）」による。

※**三関**……奥羽三関のこと。白河関《しらかわのせき》、念珠関《ねずがせき》、勿来関《なこそのせき》（菊多関《きくたのせき》）を指す。

※**風騒の人**……詩文などを愛好する人。

※**秋風を耳に残し**……「都をば霞とともにたちしかど秋風ぞふく白河の関（後拾遺集・能因法師）」のこと。

※**紅葉を俤にして**……「都にはまだ青葉にて見しかども紅葉散りしく白河の関（千載集・源頼政）」のこと。

※**清輔の筆**……藤原清輔の『袋草子』の中に「竹田大夫国行と云ふ者、陸奥に下向の時、白河の関をすぐる日は、殊に装束をひきつくろいむかふと云う」とあること。

問五　傍線部⑤とはどういうことか、次の中から最も適当なものを選び、記号で答えなさい。

ア　雪の上を踏みしめるような気持ちがする。
イ　雪よりもすばらしい気持ちがする。
ウ　雪景色の中を越える気持ちがする。
エ　雪より先に感動するような気持ちがする。

□

問六　傍線部⑥とはどういうことか、次の中から最も適当なものを選び、記号で答えなさい。

ア　文章に書くことを止め置かれたとか。
イ　文章に書くことに限られたとか。
ウ　文章に書いて後に残したとか。
エ　文章に書くことにとりかかったとか。

□

問七　傍線部⑦の俳諧（句）の季語を抜き出し、またその季語の表す季節を答えなさい。

季語		季節	

『常山紀談』
太田持資歌道に志すこと

出題校
名古屋女子大学高校
武南高校

◆次の文章を読んで、後の問いに答えなさい。

※太田《おほた》左衛門大夫持資《もちすけ》は上杉定正《うえすぎさだまさ》の※長臣なり。鷹狩《たかがり》に出て雨に遭《あ》ひ、ある小屋に入りて「蓑《みの》を借らん」と言ふに、わかき女の何とも物をばいはずして、A山吹の花一枝折りて出《だ》しければ、「花を求《もとむ》るに非《あら》ず」とて、B怒《いかり》て帰りしに、これを聞し人の「それは

七重八重花はさけども山吹の
Cみのひとつ Dだになきぞ悲しき

といふ古歌《こか》のこころなるべし」と言ふ。持資Eおどろきてそれより歌にF志を寄せけり。定正《さだまさ》※上総《かずさ》の庁南《ちやうなん》に軍《いくさ》を出す時、山際《やまぎは》の海辺《うみべ》を通《とほ》るに「山上より※弩《おほゆみ》を射かけられんや、また潮満《しほみち》たらんや、はかりがたし」とてあやぶみける。折ふし、夜半《よは》の事なり。持資、「いざわれ見来《き》たらん」とて馬を馳出《はせいだ》し、やがて帰りて、「潮は干たり」と言ふ。「いかにして知りたるや」と問《と》ふに、

「遠くなり近くなるみの濱千鳥

問一　傍線部A「山吹の花一枝折りて出しけれ」とあるが、女はこうすることでどんなことを言おうとしたのか、次から最も適当なものを選び、記号で答えなさい。

ア　山吹の花は蓑の代わりとして使えますから、これをどうぞお持ち下さい。
イ　お貸ししたいものの、貧しくて蓑の一つも持っておりません。
ウ　蓑はあいにく持っておりませんので、どうぞここで雨宿りをなさってください。
エ　蓑どころかわが身のことさえ思うようにならず悲しい気持ちでおります。

問二　傍線部B「怒て」とあるが、どうして怒ったのか。その理由として最も適当なものを次から選び、記号で答えなさい。

ア　早く帰りたいのに女が自分を引き止めるから。
イ　和歌に対する教養のあるなしについて、女が自分を試そうとしたから。
ウ　女は山吹の花を差し出すだけで何にも言ってくれないから。
エ　蓑を借りようとしているのに女が山吹の花など差し出したから。

問三　傍線部C「みの」は掛詞であるが、どんな意味が掛けられているか、最も適当なものを次から選び、記号で答えなさい。

ア　「蓑」と「身の」
イ　「蓑」と「実の」

鳴音《なくね》に潮のみちひをぞしる

と詠める歌あり。千鳥の声［1］G聞こえつ」と言ひけり。また何《いづ》れの時にや、軍をかへす時、これも夜のことなりしに、利根川《とねがわ》を渡らんとするに、くらさはくらし浅瀬《あさせ》もしらず。持資また、

「そこひなき淵《ふち》やはさわぐ山川の
浅き瀬にこそあだ波はたて

といふ歌あり。波音《なみおと》あらき所を渡せ」と言ひて事なく渡しけり。持資、後《のち》に道灌《どうくわん》と称《しよう》す。

〈注〉
※**太田左衛門大夫持資**……太田道灌のこと。江戸城を築いたことで有名。
※**長臣**……重く用いられている家臣。
※**上総の庁南**……現在の千葉県長生郡南町。
※**弩**……石を飛ばす大型の弓。

作品について

『常山紀談《じょうざんきだん》』は、江戸時代、備前岡山藩の儒学者である湯浅常山によって書かれた。戦国武士の節義を顕彰するために、信長や秀吉を描いた戦国時代から、近世初頭に至るまでの様々な武士たちの逸話を七〇〇本ほど収めたものである。湯浅常山は『常山紀談』のほかにも多くの作品を残した。

ウ　「実の」と「身の」　　エ　「身の」と「見の」　［　］

問四　傍線部D「だに」の現代語訳として最も適当なことばを次から選び、記号で答えなさい。
ア　だけ　　イ　くらい　　ウ　まで　　エ　さえ　［　］

問五　傍線部E「おどろきて」は、ここでは「はっと気付いて」の意味であるが、持資はどのようなことに気付いたのか、最も適当なものを次から選び、記号で答えなさい。
ア　和歌に詠み込まれた花の素晴らしさ。
イ　和歌に対する自分の無教養さ。
ウ　女が山吹の花を差し出したことの真意。
エ　古歌にまでよく通じている女の教養のゆたかさ。　［　］

問六　傍線部F「志を寄せけり」の現代語訳として最も適当なものを次から選び、記号で答えなさい。
ア　興味を持った。　　イ　仲間を集めた。
ウ　手厚く保護した。　　エ　寄付金を集めた。　［　］

問七　［1］にあてはまる言葉として最もふさわしい言葉を次から選び、記号で答えなさい。
ア　高く　　イ　低く　　ウ　遠く　　エ　近く　［　］

問八　傍線部G「聞こえつ」とあるが、誰が聞いたのか、最も適当な人物を次から選び、記号で答えなさい。
ア　持資　　イ　定正　　ウ　山上の敵　　エ　作者　［　］

近世 20 評論

『紫文要領』

真の心

◆次の文章を読んで、後の問いに答えなさい。

①ここの歌・物語は、人の真《まこと》の心のそこをあらはに書きあらはして、もののあはれを見せたるものなり。人情のこまやかなるところを、aくまなくくはしく書きあらはせること、歌・物語にbしくはなし。その中にも※この物語はすぐれてこまやかにして、②明鏡《めいきやう》をかけてかたちを照らし見るが如《ごと》くに、人情のくはしきところを書きあらはせり。故《ゆゑ》に女童《をんなわらわ》のごとく、はかなく未練におろかなること多し。ことによき人は、もののあはれをしるゆゑに、いとど人情は深くして、忍びがたきこと多き故に、いよいよ心弱くおろかに聞ゆること多しと知るべし。

唐《もろこし》の書は、たとえば紅粉《こうふん》をよそほひ、髪かたちをつくろふて鏡にうつせるが如《ごと》し、見るところはうるはしけれども、それは仮のつくろひにて、まことの美醜はあらはれがたし。またもののふの戦場におきて、いさぎよく討死したることを物に書く時、そのしわざを書きては、いかにも勇

問一　傍線部①「ここ」とあるが、具体的にはどこを指すか、次の中から最も適当なものを選び、記号で答えなさい。

ア　近畿　イ　京都　ウ　日本　エ　唐

問二　次の語句の意味として最も適当なものを選び、それぞれ記号で答えなさい。

a　くまなく
ア　所々　イ　広く　ウ　欠点なく
エ　余すところなく

b　しくはなし
ア　及ぶはずである。　イ　及ぶものはない。
ウ　及ばなかった。　エ　及ばないものはない。

c　いみじかるべし
ア　一見、立派に思えるだろう。
イ　一見、恐ろしく思えるだろう。
ウ　真実、生々しくあるべきだ。
エ　真実、勇壮であるべきだ。

d　見まほしく
ア　見せたく　イ　見たく
ウ　見てほしく　エ　見せがたく

a	b	c	d

出題校

東大寺学園高校

者と聞えて c いみじかるべし。その時のまことの心のうちを、つくろはず有のままに書く時は、ふる里の父母も恋しかるべし、妻子も今一たび d 見まほしく思ふべし。命もすこしは惜しかるべし。これみな人情の必ずまぬかれぬところなれば、誰とてもその情《こころ》はおこるべし。その情《こころ》のなきは岩木に劣れり。それを有のままに書きあらはす時は、女童の如《ごと》く未練におろかなるところ多きなり。唐の書は、その③まことの有のままの情《こころ》をば隠して、つくろひたしなみたるところをいへば、君のため、国のために命を棄つるなどやうのことばかりを書けるものなり。

〈注〉
※この物語……源氏物語のこと。

作品について

『紫文要領《しぶんようりょう》』は本居宣長《もとおりのりなが》が三十四歳の時に著した『源氏物語』論である。この中で宣長は、「大よそこの物語五十四帖は、もののあはれをしるといふ一言につきぬべし。」と、『源氏物語』を頂点とする中古の〈物語〉は、「もののあはれ」を知るということに帰結する、と論じた。宣長が記した『源氏物語』に関する書物はほかに、注釈書の『源氏物語玉の小櫛』がある。

問三　傍線部②「明鏡をかけてかたちを照らし見るが如くに、人情のくはしきところを書きあらはせり」とはどういうことか、次の中から最も適当なものを選び、記号で答えなさい。

ア　人情の細々した側面を、はっきりと表現している。
イ　人情のあるべき明朗な姿を、一方的に表現している。
ウ　人情の白々しい姿を、すでに詳細に描写してしまった。
エ　人情のはかなき姿を、すでに冷徹に描写してしまった。

問四　傍線部③「まことの有のままの情」とあるが、それはどのようなものであると作者は考えているか。本文全体をよく読み、具体的に九十字以内でまとめなさい。

近世 21

随筆

『玉勝間』

しづかなる山林をすみよしといふ事

◆次の文章を読んで、後の問いに答えなさい。

世々のもの知り人、また今の世に学問する人などもみな、すみかは、［A］するさまにのみ言ふなるを、われは、いかなるにか、さらにさはおぼえず、ただ［B］て、さる世離れたる所などは、さびしくて、心もしをるるやうにぞおぼゆる。①さるはまれまれにものして、一夜旅寝したるなどこそは、めづらかなる方に、をかしくもおぼゆれ、さる所に、常に住まほしくは、さらにおぼえずなん。

人の心はさまざまなれば、人うとく静かならん所を、すみよくおぼえんもさることにて、まことにさ思はん人も、②世には多かりぬべけれど、また例の作りことの、漢《から》ぶりの人まねに、アさ言ひなして、なべての世の人の心と、ことなるさまに、③もてなすたぐひも、中にはありぬべくや。かく疑はるるも、④おのが俗情《さとびごころ》のならひにこそ。

出題校

大阪女学院高校

作品について

一七九五（寛政七）年から一八一二（文化九）年にかけて刊行された全十四巻の随筆集である。読書について、賀茂真淵《かものまぶち》との出会い、学問について、古典の注解など多岐にわたる一〇〇五項目の文章が所収されている。書名の『玉勝間』とは、「美しい籠」という意味。

問一 ［A］、［B］に入る適当な言葉を次の中から選び、それぞれ記号で答えなさい。

ア 人気しげく静かなる山林の、住みよく好ましく
イ 里遠く静かなる山林を、住みよく好ましく
ウ をかしくもめずらかなる所を、好ましく
エ 人気しげくにぎはしく所の、好ましく

A	
B	

問二 傍線部①～④の意味を次の中から選び、それぞれ記号で答えなさい。

①「さるはまれまれにものして」
ア そうは言っても、ごくまれに人里離れた所に行って
イ そうは言っても、ときたまにぎやかな都会に行って
ウ そうであるから、たまたま泊まるところがなくて
エ そうであるから、いつも旅に出る度に

②「世には多かりぬべけれど」
ア 世間には多くないはずであるが
イ たとえ世間には多くあっても

【解説文】

仏教の関係で鴨長明などは山居の隠者を志向したが、江戸時代中期には一部の［C］の間に［D］の文人に影響された山居好みが盛んであった。しかし宣長はこういう志向を持っていない。宣長は伊勢国松坂の木綿問屋に生まれ、商家の教養・思考などを身に付けていたので、極めて現実的な一面がある。そうしたものが彼の見解につながるのであろう。そういう宣長から見ると、当時の山居好みがすべて［D］の文人趣味から発しているとは言えないが、とうてい本心から出たものだとは信じられなかったのである。彼らの山居好みは、心からそう思っているからではなくて、ただ単なる人まねではないかと、批評精神を発揮したのである。

「おのが俗情のならひにこそ」と一応は一歩退いた発言で結んでいる。しかし［E］を持たせるかのように、［F］の表現で終わらせていることから、これが本心ではないことは言うまでもない。

ウ　世間の多数派ではなくても
エ　世間には多いはずであるが

③「もてなすたぐひも、中にはありぬべくや」
ア　気取っているということも、内心あるはずだ。
イ　とりあつかう連中は、その中にはいないのである。
ウ　振る舞う連中も、その中にはいるのであろうか。
エ　もてはやす連中が、中にはいるかもしれない。

④「おのが俗情のならひにこそ」
ア　いかにも日本人的な発想というものであろう。
イ　私が世間の評価を気にして妥協したのであろう。
ウ　私自身に俗悪な習慣が身についた証拠であろう。
エ　私の世俗的な心から発する習性なのであろう。

①	②	③	④

問三　二重傍線部ア「さ」の示す内容を古文より二十字以内で書き抜きなさい（句読点も一字とする）。

問四　解説文中の空欄C～Fに入る適当な言葉を次の中から選び、それぞれ記号で答えなさい。

ア　余情　イ　余裕　ウ　余談　エ　省略　オ　反語
カ　倒置　キ　知識人　ク　隠者　ケ　商家　コ　中国
サ　西洋　シ　天竺

C	D	E	F

近世 22

随筆

『花月草紙』くすしの先見

◇次の文章を読んで、後の問いに答えなさい。

ある※くすしが、君はかならずこん秋の頃、何その※いたづきにかかり給はんといふを、※むづかりて、「いかで①さることあらん」と、秋まではいひぬ。つひに、いたづきにかかりてければ、いひあてしくすしにあはんも、おもてぶせなりとて、②よそのくすしまねきてけり。さまざま薬あたへたるがaしるしもみえず。初《はじめ》のほどは、※うちのそこねしなるべしとて、うちととのふる薬なりければ、むねのあたりbいよいよくるしく、※ものもみいれねば、くすしも心得て、そのくすりはやめつ。※こたびは汗にとらんとしてもしるしなく、くださんとすれば、はらのみいたみていよいよくるし。cせんかたなくて、こころみにふとてうぜし薬、そのやまひにあたりやしけん、のみくだすより、むねのうちここちよく、終《つい》にそのやまひ癒えにけり。いのちたすけしひとなりとて、※家傾けても報《むく》はまほしく思ひしとなり。※さるに、「こん秋は、かならずこのやまひ

出題校

國學院高校

れ記号で答えなさい。

a「しるし」
ア 薬の効果　イ 薬の名前
ウ 薬の配合　エ 薬の前兆

b「いよいよ」
ア 確かに　イ ますます
ウ いつものように　エ とうとう

c「せんかたなくて」
ア どうしようもなくて　イ やっとのことで
ウ 期待することもなくて　エ 思いつくこともなくて

a	b	c

問二　傍線部①「さる」とは「くすし」が言った言葉を指している。それはどこからどこまでか。その部分の最初と最後の三字を書き抜きなさい。

□□□～□□□

問三　傍線部②「よそのくすしまねきてけり」の理由として最も適当なものを次の中から選び、記号で答えなさい。

ア 言い当てた医者が気難しいので、もう会いたくないと思ったから。
イ 言い当てた医者に会うのが恥ずかしく、合わせる顔がないと思ったから。
ウ 言い当てた医者が頼りなく、信用できないと思ったから。
エ 言い当てた医者の不安そうな態度が嫌だったから。

出づべし。このくすり今よりのみ給へ」といふを、いまひとりのをのこ、「Aいかでさあらん。されど、さいひ給はば※のみてまゐらすべし」とて、ひとごとのやうにのみ居たるが、つひにそのやまひもおこらず、Bつねにかはりし事なかりしかば、「※さればこそかくあるべしと思ひしを、あの薬のまでもあるべきものを」と※いひしとや。

〈注〉
※くすし……医者。※いたづき……病気。※むづかりて……腹を立てて。
※うちのそこねしなるべし……腹をこわしたのであろう。
※ものもみいれねば……食物などに見向きもしないので。
※こたびは汗にとらんとして……今度は汗を出して治そうとしたが。
※家傾けても……家財をすっかり投げ出しても。
※のみてまゐらすべし……飲んで差し上げましょう。※さるに……ところが。
※さればこそかくあるべしと思ひしを……だから、このように無事であるのだと思っていたのに。
※いひしとや……いったとかいうことである。

作品について

『花月草紙』は一八一八年、〈寛政の改革〉で有名な松平定信が老中を辞職後に記した随筆である。序、自序、以下一五六章からなる構成。様々な事物、事象に寄せて道理を説くスタイルが多いが、『花月草紙』という名の通り、風雅を述べた文章も見られる。

問一　傍線部a「しるし」、b「いよいよ」、c「せんかたなくて」の意味として最もふさわしいものを次の中から選び、それぞ

問四　傍線部A「いかでさあらん」、B「つねにかはりし事なかりしかば」の口語訳として最も適当なものを次の中から選び、それぞれ記号で答えなさい。

A「いかでさあらん」
ア　どうして恩返しなどする必要があろうか。
イ　どうして病気になどなることがあろうか。
ウ　どうして飲みたくもない薬を飲む必要があろうか。
エ　どうして病気になる季節などわかることがあろうか。

B「つねにかはりし事なかりしかば」
ア　普段と変わったことがなかったならば
イ　普通の生活が出来なかったので
ウ　普段と変わったこともなかったので
エ　普通の生活にもどれないとしたら

A	B

問五　本文の趣旨として最もふさわしいものを次の中から選び、記号で答えなさい。
ア　病気になったら医者にすべてをまかせ、医者の言うことはきちんと聞くべきである。
イ　苦しい状況でこそ人間の真価が発揮されるものである。
ウ　良い医者とは治療より予防を重視するものである。
エ　人間は実際に苦しい目にあわないと、他人の助言や忠告のありがたみがわからないものである。

この章で登場した重要語句

紫色……最重要語句　★……連語

音	語句	品詞と意味	所収問題
あ	あさまし	〈形容詞〉驚きあきれる。見苦しい。興ざめだ。	⓫
	あし	〈形容詞〉悪い、不愉快だ、卑しい、など。 （主に絶対的な悪さ、不快さを表す）	❶
	あな	〈感動詞〉ああ。まあ。	⓰
	あはれ	〈名詞〉人情、情愛、情趣、感興、など。	❼❿
	あはれなり	〈形容動詞〉しみじみとした風情がある。趣がある。	❻⓰⓲
	あまた	〈副詞〉数多く。たいそう。非常に。	❶
	ありがたし	〈形容詞〉珍しい。めったにない。	⓫
い	いかで	〈副詞〉【疑問】どういうわけで～か。どうやって～か。 【反語】どうして～か。 【願望】どうにかして。ぜひとも。	❹⓲㉒
	いかなり	〈形容動詞〉どのような。どうした。	❿⓰㉑
	いささか	〈副詞〉少し。ちょっと。全然。	❻
	いたく	〈副詞〉たいそう。とても。	❼⓰
	いづち	〈代名詞〉どの方向。どちら。（不確かな方向を示す）	⓰
	いと	〈副詞〉非常に。たいそう。とても。	❸❺❻❽
	いとど	〈副詞〉いっそう。いよいよ。ただでさえ……なのに。	⓴
	往ぬ	〈動詞〉行ってしまう。去る。	❹
	いみじ	〈形容詞〉非常に、たいそう、とても、甚だしい、など。	❻⓬⓯⓴
	いよいよ	〈副詞〉ますます。さらに。	⓴㉒
	色（いろ）	〈名詞〉色彩、美しさ、情趣、態度、顔色、など。	⓬
	★いかでか	【疑問】どういうわけで～なのか。 【反語】どうして～か。	⓫
	★いかにして	どのようにして。なんとかして。	⓰⓳
う	うし	〈形容詞〉思うままにならず苦しい。つらい。せつない。	⓰
	馬のはなむけ	〈名詞〉旅立つ人の安全を願って贈り物や宴をすること。	❸
	うれし	〈形容詞〉よろこばしい。うれしい。ありがたい。	⓮⓰
え	え	〈副詞〉「え十打ち消しの語」で不可能を表す。～できない。	❾
お	おはす	〈動詞〉「有り」「行く」「来る」の尊敬語。	❹⓭
	おぼゆ	〈動詞〉思われる。感じられる。思い出される。	❼⓬⓰㉑
か	かなし（愛し）	〈形容詞〉身にしみて愛しい。かわいい。	⓫
	かへすがへす	〈副詞〉繰り返し繰り返し。何度も。本当に。	⓯
	がり	〈名詞〉（その人の）所へ。もとへ。	❹
	★かかるほどに	こうしているうちに。	⓰
き	聞こゆ	〈動詞〉聞こえる。噂される。世に知られる。	❼⓯⓴

音	語句	品詞と意味	所収問題
き	興ず	〈動詞〉面白がる。楽しむ。	❾
く			
け	気色（けしき）	〈名詞〉ありさま、態度、顔つき、機嫌、様子、など。	⓫⓰
こ	心得（こころう）	〈動詞〉事情を理解する。承知する。精通する。	㉒
	こころもとなし	〈形容詞〉もどかしい。不安だ。はっきりしない。落ち着かない。	❸⓲
	ことわり（理）	〈名詞（形容動詞）〉道理。筋道。当然であること。	⓲
	★心憂し	つらい。心苦しい。いやだ。	❹
さ	さへ	〈副助詞〉○○ばかりではなく～まで。そのうえ～までも。	❹
	さらに	〈副詞〉「さらに＋打消しの語」で、強い打消しを表す。 全く～ない。決して～ない。	㉑
し	しをらし	〈形容詞〉慎み深い。けなげだ。殊勝だ。	⓱
す	すなはち	〈副詞〉すぐに。即座に。そこで。 〈名詞〉その時。即座。 〈接続詞〉とりもなおさず。言い換えれば。	❶
せ	★せむかたなし	どうしようもない。しかたない。	⓰㉒
そ	奏す	〈動詞〉（天皇・上皇に対して）申し上げる。言上する。	⓬
た	だに	〈副助詞〉～さえ。せめて～だけでも。	⓫⓳
ち			
つ			
て			
と	年ごろ	〈名詞〉数年来。何年も。これまで何年かの間。	❹
な	なにがし	〈名詞〉誰か。何か。（不明確な時や名を隠して言うときに用いる）	⓬⓭
	★などてか	どうして～か。（反語を表す）	❹
	★なんぞ	何か。なぜか。	㉒
に	にはかなり	〈形容動詞〉急な様子。突然だ。	❺❿⓰
ぬ			
ね			
の	ののしる	〈動詞〉大声で騒ぎ立てる。	❻⓫⓯
は	はなはだ	〈副詞〉度が過ぎるほどに。たいそう。	❶
	ばや	〈終助詞〉「～ばや」で希望、願望を表す。 ～であってほしい、～したい、という意味。	⓰
ひ	ひさし（久し）	〈形容詞〉長い時間が経った状態。久しぶりだ。しばらくだ。	❶⓬⓰
ふ			
へ			
ほ	ほど	〈名詞〉時間、ころあい、身分、大きさ、具合、限り ～のあたり、など。	❹❽❾⓯ ⓰㉒
ま	まじ	〈助動詞〉打消推量「～しないだろう」 打消意思「～しまい、～しないつもりだ」	❸

音	語句	品詞と意味	所収問題
ま	まほし	〈助動詞〉願望を表す。〜したい。〜であってほしい。	⓴㉑㉒
み	見ゆ	〈動詞〉見える。目に映る。見せる。	❶❻❿⓯
む			
め	めづ	〈動詞〉愛する。かわいがる。慕う。心ひかれる。賞賛する。	❷❸
	めづらかなり	〈形容動詞〉普通と違った様子。めったにない。	㉑
	めでたし	〈形容詞〉立派だ。すぐれている。すばらしい。美しく愛らしい。	❾
も	ものがたりす（物語す）	〈動詞〉おしゃべりをする。雑談をする。	⓱
	★もののあはれ	事にふれてもよおすしみじみとした情感のこと。	⓴
や	やがて	〈副詞〉そのまま。すぐに。もはや。間もなく。言うまでもなく。	⓭⓳
	やさし	〈形容詞〉優美だ。上品だ。ゆかしい。親切だ。	⓮
	やすし	〈形容詞〉容易だ。たやすい。無造作だ。	⓰
	やむごとなし	〈形容詞〉限りない。並々ではない。格別だ。	⓬
ゆ			
よ	よに	〈副詞〉非常に。まことに。	❹
	★よき人	身分の高い人。教養などが優れた人。風流を解する人。	⓴
ら			
り			
る			
れ			
ろ			
わ	わびし	〈形容詞〉寂しい、もの悲しい、辛い、苦しい、面白みがない つまらない、みすぼらしい、など。	❻
を	をかし	〈形容詞〉風流だ。心ひかれる。趣深い。面白い。興味深い。	❻⓱㉑
	をこ	〈名詞〉ばかげていること。愚かな様子。	⓬
	をのこ	〈名詞〉男性。おとこ。	❶⓮㉒
	をりふし（折ふし）	〈副詞〉ちょうどその時。ときたま。折から。 〈名詞〉その時々。季節。時。折。	⓱⓳

第三章

注目の作品21

秋来《き》ぬと
目にはさやかに
見えねども
風の音にぞ
おどろかれぬる

（古今集　巻第四　秋歌上　一六九　藤原敏行）

中古 1 物語

『堤中納言物語』

虫愛づる姫君

ある大納言の娘は両親にかわいがられ、とても大切に育てられていた。ところが一風変わった好みの娘で、理屈を言って両親を困らせることもしばしばであった。以下の「姫君」はこの娘のことである。

この姫君ののたまふこと、「人々の、花、蝶やと愛《め》づるこそ、はかなくあやしけれ。人は、まことあり、※本地《ほんぢ》たずねたるこそ、心ばへをかしけれ」とて、よろづの虫の、恐ろしげなるを取り集めて、「これが、成らむさまを見む」とて、さまざまなる籠箱《こばこ》どもに入れさせたまふ。中にも「※烏毛虫《かはむし》の、心深きさましたるこそ心にくけれ」とて、明け暮れは、※耳はさみをして、手のうらにそへふせて、※まぼりたまふ。

※若き人々はおぢ惑《まど》ひければ、男《を》の童《わらは》の、ものおぢせず、※いふかひなきを召し寄せて、箱の虫どもを取らせ、名を問ひ聞き、いま新しきには名をつけて興《きょう》じたまふ。

「人はすべて、つくろふところあるはわろし」とて、※眉さらに抜きたまはず、歯黒《はぐろ》め、「さらにうるさし、きたなし」とて、つけたまはず、いと白らかに笑《ゑ》みつつ、この虫どもを、朝夕《あしたゆふ》べに愛したまふ。

出題校

前橋育英高校
山村国際高校

〈注〉
※本地……ものの本質。
※烏毛虫……毛虫。
※耳はさみ……横髪を耳にかける髪型。品のないこととされた。
※まぼりたまふ……見つめていらっしゃる。
※若き人々……若い女房たち。
※いふかひなき……身分の低い者。
※眉……貴族の成人女性は眉を抜く風習だった。

作品について

『堤中納言物語』は一〇五五年から平安末期にかけて成立。十の短編と未完の断章から成る、最初の短編物語集である。一編を除いて作者は未詳、編纂者も不明である。「虫愛づる姫君」では、虫をかわいがる姿だけでなく、その風貌や、身分の低い男童を側に召し使う姿なども、姫の変わり者ぶりとして描かれている。

◉口語訳

この姫君のおっしゃること（が変わっていて）、「世の人々が、花よ蝶よともてはやすのは、まったくあさはかでばかばかしいことです。人は、誠実さがあり、ものの本質を追求してこそ、心ばえもすばらしいものになるのです」と言って、いろいろな虫の恐ろしそうなのを採集して、「これが変わっていく様子を見よう」と言って、さまざまな（観察用の）虫かごなどにお入れさせになる。中でも、「毛虫が思慮深そうな様子をしているのが奥ゆかしい」とおっしゃって、朝に晩に、耳はさみにして、（毛虫をいくら好きでも、添い寝は無理なので）手のひらの上に乗せて（ずっと）見守っていらっしゃる。

若い女房たちは恐れをなして途方に暮れているので、男童《わらわ》で、物おじしない、身分の低い者を召し寄せて、箱の虫を取り出させ、虫の名を問い尋ね、新しい（種類の）虫には、名前をつけて楽しんでいらっしゃった。

「人というのはすべて、手を加えたところがあるのはよくない［自然のままが良いのだ］」と言って、眉はまったく抜いていらっしゃらず、お歯黒をつけることなどは「全く煩雑で、汚らしい」と言っておつけにならず、真っ白な歯でほほえみながら、この虫どもを朝に晩にかわいがっておいでになる。

例題

1　下段1行目「わろし」の対義語となる古語をひらがなで答えなさい。（　　　）

2　本文の内容と合致しないものを次から一つ選び、記号で答えなさい。

ア　姫君はあらゆる虫を集めて飼っていたが、年若い侍女たちはそれを怖がってうろうろするばかりであった。
イ　姫君は男の童に虫を取り出させて名前を聞き、初めて見る虫には名前をつけて楽しんでいるのであった。
ウ　姫君は大人の女性らしく眉毛を抜き、お歯黒をすることもなく、白粉《おしろい》を塗っただけの白い顔で笑うのだった。
エ　姫君は虫の中でも特に毛虫をかわいがり、手のひらにはわせて明けても暮れても見つめているのだった。
（　　　）

3　本文中の姫君の発言からうかがえることとして適当なものを次から二つ選び、記号で答えなさい。

ア　人工的なものより、ありのままが望ましい。
イ　雪月花と同様に、虫類にも風雅を見いだそう。
ウ　世俗の常識や慣行を理解し、実践すべきだ。
エ　社交的な機知やユーモアを存分に発揮したい。
オ　物事の見かけや結果より、根源を重視しよう。
（　　　）（　　　）

（前橋育英・一部改）

中古2

歴史物語

『大鏡』

道長の未来を示した競射

出題校

横浜隼人高校

※帥殿《そちどの》の、南院《みなみのゐん》にて人々集めて弓あそばししに、この殿わたらせたまへれば、思ひかけずあやしと、※中関白《なかのくわんぱく》殿《どの》思しおどろきて、いみじう饗応《きやうおう》し申させたまうて、※下《げ》臈《らふ》におはしませど、前に立てたてまつりて、まづ射させたてまつらせたまひけるに、帥殿の矢数《やかず》いま二つ劣りたまひぬ。中関白殿、また御前にさぶらふ人々も、「いま二度延《の》べさせたまへ」と申して、延べさせたまひけるを、やすからず思しなりて、「さらば、延べさせたまへ」と仰せられて、また射させたまふとて、仰《おほ》せらるるやう、「道長が家より帝《みかど》・后《きさき》立ちたまふべきものならば、この矢あたれ」と仰せらるるに、同じものを中心《なから》にはあたるものかは。次に帥殿射たまふに、いみじう臆《おく》したまひて、御手もわななく故《け》にや、的《まと》のあたりにだに近く寄らず、※無辺世界《むへんせかい》を射たまへるに、関白殿、色青くなりぬ。また、入道殿射たまふとて、「摂政・関白すべきものならば、この矢あたれ」と仰せらるるに、はじめの同じやうに、的の破るばかり、同じところに射させたまひつ。饗応し、もてはやし聞こえさせたまひつる興《きよう》もさめて、こと苦《にが》うなりぬ。父おとど、帥殿に、「なにか射る。な射そ、な射そ」と制したまひて、ことさめにけり。

〈注〉

※帥殿……藤原伊周。

※中関白殿……藤原道隆。伊周の父。道隆と道長は兄弟。

※下臈……身分の低い男、下男。ここでは帥殿よりも道長の身分が低いことから下臈と表現されている。

※無辺世界……限りなく広い世界のこと。ここでは、全く見当違いの場所、という意味。

作品について

『大鏡《おおかがみ》』は、成立年代、作者ともに未詳であるが、平安時代末期ごろの作品であると思われる。一九〇歳の大宅世継《おおやけのよつぎ》と一八〇歳の夏山繁樹《なつやまのしげき》という二人の老人が対話をする形で、八五〇年から一〇二五年までの歴史と藤原氏の栄光を紀伝体《きでんたい》（歴史的な物語を時代順ではなく、エピソードごとに記したもの）で記した。以降、歴史物語は『今鏡《いまかがみ》』『水鏡《みずかがみ》』『増鏡《ますかがみ》』という、いわゆる「鏡物」という形で後世に続いた。

◉口語訳

帥殿［伊周］が、父おとど［道隆］の東三条殿の南院で、人々を集めて、弓の競射をなさった時に、この殿［道長］がおいでになったので、思いがけず不思議なことだと中関白殿［道隆］はおどろきになり、とてもよく歓迎をした。（道長は帥殿より）身分が低くいらっしゃったが、先の順番にお立て申し上げ、先に射させ申されたところ、帥殿の当てた矢の数が、（道長よりも）二本負けてしまわれた。中関白殿も、御前にお付きしている人々も、「もう二回（決着を）お延ばしになって下さい」と申して、（競射を）ひき延ばさせなさったので、（道長は）心外でおもしろくなく思い、「それならば、どうぞお延ばし下さい」とおっしゃって、もう一度射ようとしておっしゃるには、「この道長の家から、天皇・皇后がお立ちになるはずならば、この矢よ当たれ」とおっしゃって、矢を放たれたところ、同じ当たるといっても、何と的の中心に当たったではないか。次に帥殿が射られたところ、非常に気おくれなさり、お手も震えたためだろうか、的のあたりに近づくことさえできず、まったく見当違いのところを射られた。父の関白殿は青ざめてしまった。さらにまた、入道殿［道長］が射られるとき、「道長が将来、摂政・関白になろうものならば、この矢当たれ」とおっしゃって、矢を放たれたところ、最初とおなじように、的がわれるほどに、同じ所を射ぬかれなさった。こうなると、（さっきまで）歓迎し、お取り持ち申し上げていらした楽しい様子もすっかり醒め、気まずい雰囲気になってしまった。父おとど［道隆］は、帥殿に「どうして射るのか。射るな、射るな」とお止めになられて、その場はすっかりしらけてしまった。

例題

1　下段3行目「なにか射る。な射そ、な射そ」について、中関白殿がそう言った理由として最も適切なものを次から選び、記号で答えなさい。

ア　帥殿が何度射ても当たりそうになくて、道長に負けてしまうのがわかったから。
イ　道長は身分が高くないにもかかわらず、手加減をせず帥殿に勝ってしまいそうなので腹を立てたから。
ウ　帥殿が緊張して的を外したので、これ以上試合をのばして恥をかかせるのはかわいそうだと思ったから。
エ　道長が将来の出世を予言して、その通りに的に当たっていく様子を見て、心の中が穏やかではなくなったから。

（　　）

2　道長は本文中で別の呼び方をされているところがある。道長の別名を書き抜きなさい。

（　　）

（横浜隼人・一部改）

『大鏡』

花山帝の肝だめし

五月下旬の雨の闇夜に、花山院（帝）は肝試しを思いつき、清涼殿を出発して、中関白殿（道隆）には豊楽院まで、粟田殿（道兼）には仁寿殿まで、入道殿（道長）には大極殿まで行ってくることを命じた。

「子《ね》四つ」と奏《そう》して、かく仰《おほ》せられ議《ぎ》するほどに、丑《うし》にも
なりにけむ。「道隆は右衛門陣《ゑもんのじん》より出《い》でよ。道長は承明門《しようめいもん》
より出でよ」と、それをさへ分《わ》かせたまへば、しかおはし
ましあへるに、中関白殿《なかのくわんぱくどの》、陣まで念じておはしましたる
に、宴《えん》の松原《まつばら》のほどに、そのものともなき声どもの聞こゆ
るに、術《ずち》なくて帰りたまふ。粟田殿《あはたどの》は、露台《ろだい》の外《と》まで、わ
ななくわななくおはしたるに、仁寿殿《じじゆうでん》の東面《ひがしおもて》の※砌《みぎり》の
ほどに、軒《のき》とひとしき人のあるやうに見えたまひければ、
ものもおぼえで、「身のさぶらはばこそ、仰《おほ》せ言《ごと》もうけたま
はらめ」とて、おのおのたち帰りまゐりたまへれば、御扇《あふぎ》
をたたきて笑わせたまふに、入道殿はいとひさしく見えさ
せたまはぬを、いかがと思《おぼ》し召《め》すほどにぞ、いとさりげな
く、ことにもあらずげにてまゐらせたまへる。「いかにいか
に」と問はせたまへば、いとのどやかに、御刀に、削《けづ》られ
たる物を取《と》り具《ぐ》して奉らせたまふに、「こは何《なに》ぞ」と仰せら
るれば、「ただにて帰りまゐりてはべらむは、証《そう》さぶらふま
じきにより、※高御座《たかみくら》の南面《みなみおもて》の柱のもとを削りてさぶら
ふなり」と、つれなく申したまふに、いとあさましく思し
召さる。こと殿たちの御気色《けしき》は、いかにもなほ直《なほ》らで、こ
の殿のかくてまゐりたまへるを、帝《みかど》よりはじめ感じののし
られたまへど、うらやましきにや、またいかなるにか、も
のも言はでぞさぶらひたまひける。

〈注〉
※砌……軒下の石畳。
※高御座……大極殿の中におかれた天皇の座席。

出題校
春日部共栄高校

◉口語訳

「子四つ」という時を奏上する声を聞いてから、こういう仰せ［肝試しの仰せ］があって相談しているうちに、丑の刻になってしまったのだろう。帝は、「道隆は右衛門の陣から出よ。道長は承明門から出よ」と、道筋までお分けさせなさったので、三人はその通りにお出かけなったが、中関白殿は、（右衛門の）陣までは我慢していらっしゃったが、宴の松原の辺りで、得体の知れない声々が聞こえたので、どうしようもなくて戻って来られた。粟田殿は、紫宸《ししん》殿《でん》の北の露台の外まで、震え震えおいでになったところ、仁寿殿の東側の敷石の辺りに、軒に届くほどの丈の高い人がいるようにご覧になったので、無我夢中で「命があってこそ、ご奉公が勤まるというものだ」と言って、それぞれ引き返してこられた。（すると）帝は御扇をたたいて、お笑いになったが、入道殿はずいぶん長い時間お見えにならないので、どうしたのかとお思いになっていらっしゃるちょうどその時、きわめて平然と、何事もなかったようなご様子で帰っておいでになった。帝が「どうであった、どうであった」とお尋ねになると、非常に落ち着いて、御小刀に、削られたものを揃えて差し上げなさる。「これはなんだ」と仰せられると、「何も持たずに帰って参りましても証拠がございませんので、高御座《たかみくら》の南側の、大黒殿の柱の下の所を削り取って参ったのでございます」と平気な顔をして申し上げられたので、帝もあまりのことに、あきれていらっしゃった。ほかのお二方のお顔色は、なんとしてもやはり直らず、この殿がこのように帰ってこられたのを、帝をはじめ、人々が口々に褒めそやされましたが、このお二方［道隆と道兼］は、（道長のことが）うらやましいのだろうか、それともまたどのような気持ちなのだろうか、ものも言わずに控えていらっしゃった。

例題

1　下段2行～3行目「いかにいかに」の部分における帝の心理の説明として最も適切なものを次から一つ選び、記号で答えなさい。

ア　道長が道隆、道兼の兄二人をひどくののしる姿を不安に思っている。
イ　道長が借りて行った小刀が戻ってこないので心配している。
ウ　道長が道中でどのような人物に出会ったか疑問を投げかけている。
エ　道兼が途中で証拠を持ち帰ってくることを予期していた。
オ　道長が恐怖のあまり途中で逃げ帰ってくることを期待していた。

（　　）

2　下段4行目「奉らせたまふに」と下段4行～5行目「仰せらるれば」の主語の組み合わせとして最も適切なものを次から一つ選び、記号で答えなさい。

ア　作者 ― 帝　　イ　道長 ― 帝
ウ　帝 ― 道長　　エ　道隆 ― 帝
オ　帝 ― 道隆

（　　）

（春日部共栄）

『古本説話集』

長能・道済の歌くらべ

出題校
つくば秀英高校

今は昔、※長能《ながたう》、※道済《みちなり》といふ歌よみども、いみじう挑《いど》み交《か》はして詠《よ》みけり。長能は、蜻蛉《かげろう》の日記したる人の兄人《せうと》、※伝はりたる歌よみ、道済、信明《さねあきら》といひし歌よみの孫にて、いみじく挑み交はしたるに、鷹狩《たかがり》の歌を、二人詠みけるに、

長能、

　あられ降る交野《かたの》の御野《みの》の狩衣《かりごろも》
　　ぬれぬ宿《やど》かす人しなければ

道済、

　ぬれぬれもなを狩りゆかむ※はしたかの
　　上毛《うはげ》の雪をうち払ひつつ

と詠みて、おのおの「我がまさりたり」と論じつつ、※四条大納言の許《もと》へ二人参《ふたりまい》りて、判せさせたてまつるに、大納言のたまふ、「ともによきにとりて、あられは、宿借《やどか》るばかりはいかで濡《ぬ》れむぞ。※ここもとぞ劣《おと》りたる。歌柄《うたがら》はよし。※道済がは、さ言はれたり。末《すゑ》の世にも、集などにも入りなむ」とありければ、道済、※舞《ま》ひ奏《かな》でて出でぬ。長能、物思ひ姿にて、出でにけり。さきざき何事も長能は上手《うはて》を打ちけるに、この度《たび》は本意《ほい》なかりけりとぞ。

〈注〉
※長能……藤原長能。十世紀から十一世紀初めにかけて活躍した歌人。
※道済……源道済。十世紀から十一世紀にかけて活躍した歌人。
※伝はりたる歌よみ……世に知られた歌よみ。
※はしたか……小型の鷹。
※四条大納言……藤原公任。
※ここもとぞ劣りたる、歌柄はよし……こちらの方が劣っているが、歌の品格は良い。
※道済がは、さ言はれたり……道済の歌は、もっともな言い方をしている。
※舞ひ奏でて……喜んで踊りながら。

作品について

『古本説話集』は、平安時代末期から鎌倉時代初期にかけての成立とされている。編者は未詳。全部で七〇話の説話から成り、同時代の他の説話集と類似した内容の話も多い。前半は、紀貫之をはじめ、藤原公任、和泉式部などの逸話が収められた世俗説話が収められ、後半は、霊験や怪異の話などを含む仏教説話が収められている。

◉口語訳

今となっては昔のことだが、長能と道済という歌人が、盛んに歌を競い合って詠んでいた。長能は蜻蛉日記を書いた人の兄弟であり、世に知られた歌よみ、道済は信明という歌人の孫であることから、盛んに歌を競い合っていて、鷹狩りの歌を二人で詠んだところ、長能は、

霰《あられ》が降る交野の狩り場では、蓑を借りることもできず、狩り衣がすっかり濡れてしまった。濡れないように雨宿りの場所を貸す人もいなかったので

道済は、

小やみなく降る雪に濡れながらも、さらに狩りを続けて行こう。はしたかのうわ毛に降りかかる雪を払いのけ払いのけしながら

と詠んで、それぞれ「自分（の歌の方）が優れている」と議論しながら、四条大納言の所へ二人で参上して、判定をしていただきましたところ、大納言がおっしゃるには「両方とも良い歌であるが、あられは、宿を借りるほど濡れるものではない。こちらの方が劣っている（。がしかし）、歌の品格は良い。道済の歌は、もっともな言い方をしている。後の時代には歌集などに収められるだろう」と言われたので、道済は喜んで踊りながら出て行った。長能は物思いに沈んだ様子で出てきた。これまでは何事においても長能は（道済よりも）優れていたが、今回（の大納言の評価）は期待外れの結果であったということだ。

例題

1　上段13行〜14行目「あられは、宿借るばかりはいかで濡れむぞ。」の現代語訳として最も ふさわしいものを次から選び、記号で答えなさい。

ア　あられは、宿を借りる間にも濡れてしまうものだ。
イ　あられは、宿を借りさえすれば濡れずにすむものだ。
ウ　あられは、宿を借りるほど濡れるものではない。
エ　あられは、宿を借りるぐらいでどうして濡れたのか。

（つくば秀英）（　　）

2　上段16行目「ありければ」の主語は誰か、次から最も適当なものを選び、記号で答えなさい。

ア　長能　イ　道済　ウ　四条大納言
エ　筆者　オ　信明

（　　）

『無名草子』

文

この世に、いかでかかることありけむと、めでたくおぼゆることは、文《ふみ》こそはべれな。『枕草子』に返す返す申してはべるめれば、こと新しく申すに及ばねど、なほいとめでたきものなり。遥《はる》かなる世界にかき離れて、幾年《いくとせ》あひ見ぬ人なれど、文といふものだに見つれば、ただ今さし向かひたる心地して、なかなか、うち向かひては思ふほども続けやらぬ心の色もあらはし、言はまほしきことをもこまごまと書き尽くしたるを見る心地は、めづらしく、うれしく、あひ向かひたるに劣りてやはある。

つれづれなる折、昔の人の文見出でたるは、ただその折の心地して、いみじくうれしくこそおぼゆれ。まして亡き人などの書きたるものなど見るは、いみじくあはれに、年《とし》月《つき》の多く積もりたるも、ただ今筆《ふで》うち濡《ぬ》らして書きたるやうなるこそ、返す返すめでたけれ。

何事も、ただざし向かひたるほどの情《なさけ》ばかりにてこそはべるに、これは、ただ昔ながら、つゆ変はることなきも、いとめでたきことなり。

いみじかりける※延喜《えんぎ》、天暦《てんりやく》の御時の古事《ふるごと》も、※唐土《たうど》、天竺《てんぢく》の知らぬ世のことも、この文字といふものなからましかば、今の世の我らが片端《かたはし》も、いかでか書き伝へましなど思ふにも、なほ、かばかりめでたきことはよもはべらじ。

〈注〉

※延喜、天暦の御時……醍醐、村上天皇の御代。いずれも理想的な時代として、後に「聖代」と称された。

※唐土、天竺……中国とインド。「延喜、天暦の御時」が時間的な隔たりを表すのに対して、距離的な隔たりを示している。

作品について

『無名草子』は、一二〇〇年ごろ成立。現存する最古の評論集である。作者は藤原俊成女といわれている。八十三才の老尼と若い女房たちとの対話という形をとり、内容は「序」「物語批評」「歌(歌集)批評」「女性批評」という四つに分かれる。「物語批評」の項では、『源氏物語』をはじめとする平安時代の作り物語を、「女性論」の項では、清少納言、紫式部、和泉式部、中宮定子など平安時代の女性をとりあげ、時代を象徴する作品、人物たちを論じている。

出題校

青山学院高等部
東海大学付属浦安高校

◉口語訳

この世に、どうしてこんなことがあったのだろうとすばらしく思われることは、なんといっても手紙でございましょう。『枕草子』に繰り返し述べられているので、今さら新たに申し上げるまでもありませんが、やはりとてもすばらしいものです。遥か遠くの土地に離ればなれになってしまって、もう何年も会っていない人でも、手紙というものさえ見れば、たった今向かい合っているような気持ちがして、かえって、直接面と向かっては思っているほどのことも言い続けられない心の奥底を言い表し、もちろん、言いたいこともこまごまと書き尽くしてあるのを見る心地は、すばらしくも、またうれしくも思われ、面と向かっているのに比べて、どうして劣っていることがあろうか。

所在のない時に、昔の人の手紙を見つけると、全くその当時に戻ったかのような心地がして、とてもうれしく思われます。まして、既に亡くなった人の書いたものなどを見ると、非常にしみじみとして、年月をたくさん積み重ねたにも関わらず、たった今、筆を濡らして書いたかのように感じるのは、本当にすばらしいことです。

何事も、（他の全ての事は）ただ向かい合っている時だけの情感ですが、手紙というものは、まったく昔のまま、時が経っても少しも変わることのないのも、たいそうすばらしいことなのです。

すばらしい治世とされた延喜、天暦の御代の古い事柄も、中国、インドの見知らぬ世界のことも、この文字というものがもしなかったら（知ることができないように）、今の世のわれわれのほんの一端も、どうして後世に書き伝えましょうか、とても書き伝えることはできますまい、と思うにつけても、やはり、これほどまでにすばらしいことは、きっとないでしょう。

例題

1　上段7行目「色」の意味はどれか、最もふさわしいものを次から選び、記号で答えなさい。

ア　種類　イ　美しさ　ウ　様子　エ　恋しさ　（　　）

2　上段7行目「言はまほしきこと」の意味を六字で答えなさい。

（　　）

3　上段16行目「これ」は何を指すか、本文中の語で答えなさい。

（　　）

（青山学院）

4　上段16行目「つゆ変はることなき」の現代語訳として適切なものを次から選び、記号で答えなさい。

ア　少しも変わることのない
イ　少ししか変わっていない
ウ　多少変わることもある
エ　大きく変わることがある
オ　全く変わることができない

（　　）

（東海大学付属浦安）

中世 6

説話

『宇治拾遺物語』

双六の掛け物

出題校
栄東高校
八王子実践高校
大阪教育大学附属高校平野校舎

今は昔、人のもとに宮仕《みやづかへ》してある生侍《なまさぶらひ》ありけり。する事のなきままに、※清水《きよみず》へ人まねして、千日詣《せんにちまうで》を二度したりけり。その後いくばくもなくして、主《しゆう》のもとにありける同じやうなる侍と、双六を打ちけるが、多く負けて、渡すべき物なかりけるに、いたく責めければ、思い侘《わ》びて、「我持ちたる物なし。只今貯《たくは》へたる物とては、清水に二千度参りたることのみなんある。それを渡さん」といひければ、傍《かたはら》にて聞く人は、謀《はか》るなりと、をこに思ひて笑ひけるを、この勝ちたる侍、「いとよき事なり。渡さば得ん」といひて、「いな、かくては請け取らじ。三日して、この由申して、おのれ渡す由の文書きて、渡さばこそ請け取らめ」といひければ、「よき事なり」と契《ちぎ》りて、その日より精進《しやうじん》して、三日といひける日、「さは、いざ清水へ」といひければ、この負侍《まけさぶらひ》、この※痴者《しれもの》にあひたると、をかしく思ひて、悦《よろこ》びてつれて参りにけり。いふままに文書きて、御前にて師の僧呼びて、事の由《よし》申させて、「二千度参りつる事、それがしに双六に打ち入れつ」と書きて取らせければ、請け取りつつ悦びて、伏し拝みまかり出でにけり。

その後《のち》、いく程なくして、この負侍、思いかけぬ事にて捕へられて※獄《ひとや》に居にけり。取りたる侍は、思ひかけぬ便《たより》ある妻まうけて、いとよく徳つきて、司《つかさ》などなりて、頼もしくてぞありける。

「目に見えぬものなれど、誠の心を致して請け取りければ、仏、あはれとおぼしめしたりけるなめり」とぞ、人はいひける。

〈注〉
※清水……京都市東山区にある清水寺のこと。
※痴者……ばか者。
※獄……牢獄。

◉口語訳

今となっては昔のことだが、人のもとに奉公している若侍がいた。何もすることがないままに、人のまねをして清水寺への千日詣を二度したのだった。その後まもなく、主人のもとに仕えていた同じような侍と双六を打ったが、ひどく負けて相手に渡すような物がなかった時に、（相手が）はげしく責めたてるので、困ってしまい、「わたしは、何も持っているものがない。ただ今たくわえた物は、清水寺に二千度参りをした、そのことだけである。それを渡そう」と言った。そばで聞いていた人は、（負けた侍が勝った侍を）だますのだろうとばからしく思って笑っていた。するとこの勝った侍は、「それは実によいことだ。渡すなら受け取ろう」と言って、「いや、このままでは受け取るまい。三日精進して、このいきさつを（神仏に）申して、おまえが渡すという証文を書いて渡すのであれば、その時こそ受け取ろう」と言ったので、「結構なことだ」と約束をした。その日から精進を始めて、三日経った日、「では、さあ、清水へ」と言ったので、この負けた侍は、このばか者に会ったものよと、おかしく思いながら、喜んで連れだっていった。言う通りに証文を書いて、仏の御前で師の僧を呼んで、事の次第を話してもらい、「二千度お参りしたこと、この者に双六の賭け物としてうち入れた」と書いて与えたので、相手は（それを）受け取り喜んで、伏し拝み、退出していった。その後、いくほどもなくこの負けた侍は、思いがけないことで捕えられて、牢屋に入れられた。取った侍は、思いがけない後見のある妻をもらって、実にすばらしい裕福な身となり、官職にもついて、豊かな暮らしをしたのだった。

「目に見えないものではあるが、誠意を尽くして（ご利益を）受け取ったので、仏も慈悲を与えようとお思いになられたのであろう」と人々は言った。

例題

1　上段10行目「この由申して」とは、誰に対して「申す」のか、最も適当なものを次から一つ選び、記号で答えなさい。

ア　負け侍　イ　傍らにて聞く人　ウ　師の僧
エ　取りたる侍　オ　仏

（栄東）（　　）

2　下段7行目「目に見えぬもの」の具体的な内容を表している部分を、本文中から十字以上十五字以内で書き抜きなさい（句読点等は字数に含める）。

（大阪教育大学附属平野校舎）（　　　　　　）

説話

『宇治拾遺物語』

渡天の僧、穴に入ること

今は昔、唐《もろこし》にありける僧の、天竺《てんぢく》に渡りて、他事《たじ》にあらず、ただ物のゆかしければ、物見にしありきければ、所々見行きけり。ある片山《かたやま》に、大《おほき》なる穴あり。牛のありけるがこの穴に入りけるを見て、ゆかしく覚えければ、牛の行くにつきて、僧も入りけり。遥《はるか》に行きて、明《あか》き所へ出でぬ。見まはせば、あらぬ世界と覚えて、見も知らぬ花の色いみじきが、咲き乱れたり。牛この花を食ひけり。試みにこの花を一房取りて食ひたりければ、うまき事、天の甘露《かんろ》もかくあらんと覚えて、めでたかりけるままに、多く食ひたりければ、ただ肥《こ》えに肥え太りけり。

心得ず恐ろしく思ひて、ありつる穴の方《かた》へ帰り行くに、初《はじめ》はやすく通りつる穴、身の太くなりて、狭《せば》く覚えて、やうやうとして、穴の口までは出でたれども、え出でずして、堪《た》へ難き事限《かぎり》なし。前を通る人に、「これ助けよ」と呼ばはりけれども、耳に聞き入るる人もなし。助くる人もなかりけり。人の目にも何と見えけるやらん、不思議なり。日比《ごろ》重りて死にぬ。後《のち》は石になりて、穴の口に頭をさし出《いだ》したるやうにてなんありける。玄奘三蔵《げんじやうさんざう》天竺《てんぢく》に渡り給ひたりける日記に、この由《よし》記されたり。

出題校

城西大学付属川越高校
東海大学甲府高校

◉口語訳

今となっては昔のことだが、唐《もろこし》［中国］にいた僧が天竺［インド］に渡り、別段のことはなく、ただいろんなものを見たり聞いたりしたかったので、見物して歩きまわり、あちこち見て歩いた。するとある山の片側に大きな穴があった。牛がいてこの穴に入ったのを見て、中を見たく思ったので、牛の行くのについて、僧も入っていった。はるかに行って明るい所に出た。あたりを見回すと別世界とみえて、見も知らぬ花が色美しく咲き乱れている。牛がこの花を食った。（そこでこの僧も）ためしにこの花を一房取って食べてみると、そのおいしさといったら、天の甘露もこのようなものかと思われて、すばらしい味だったので、たくさん食べて、ただ太りに太っていった。

どうもおかしく恐ろしく思って、さっきの穴の方へ帰って行くと、初めはたやすく通った穴だが、からだが太くなって狭く感じられて、やっとのことで穴の入り口までは出たが、そこを出ることができずに、こらえがたいことこの上ない。前を通る人に向かって、「おい、助けてくれ」と大声で叫んだが、耳に聞き入れる人もいない。助ける人もいなかった。人の目にどのように見えたのであろう、不思議である。数日経って死んでしまった。後は石になって、穴の口に頭を差し出したようになっていた。玄奘三蔵が天竺にお渡りになった時の日記に、このことが記されている。

例題

1　上段5行目「僧も入りけり」の理由を示す部分を文中から十字以内で抜き出しなさい。
（　　　　　　　　）

2　上段6行目「あらぬ世界」の意味としてふさわしいものを次から選び、記号で答えなさい。
ア　昔の世界　　イ　現実世界
ウ　未来の世界　エ　別世界
（　　）

3　上段10行目「ただ肥えに肥え太りけり」の主語を漢字一字で書き抜きなさい。
（　　）

4　上段16行目「不思議なり」とあるが、どういうことが「不思議」なのか。次から最も適当なものを選び、記号で答えなさい。
ア　僧の姿は人々の目にどのように見えたのかということ。
イ　牛が食べた花はどういう花だったのかということ。
ウ　僧が訪れたのはどのような世界だったのかということ。
エ　彼が死んだ後、どうして石になったのかということ。
（　　）

（東海大学甲府・一部改）

『住吉物語』

初瀬の夢のしらせ

☆次の文章は『住吉物語』の一節で、思いを寄せていた女君が突然京から姿を消してしまい、悲しみにくれていた男君が初瀬《はつせ》（長谷寺）に出かけた時を描いたものである。

九月ばかりに初瀬にこもりて、七日と言ふ、よもすがら※行ひて、あかつき方に少しまどろみたる夢に、やんごとなき女、※そばむきて居たり。さし寄りて見れば、我が思ふ人なり。うれしさ、せんかたなくて、「いづくにおはしますにか。かくいみじきめを見させたまふぞ。いかばかりか思ひなげくと知りたまへる」と言へば、うち泣きて、「かくまでとは思はざりしを。いと哀れにぞ」と言ひて、「今は帰りなん」と言へば袖をひかへて、「おはしましどころ、知らせさせたまへ」とのたまへば、

※わたつ海のそこをも知らずわびぬれば住みよしとこそ
あまは言ひけれ

と言ひて、立つをひかへて帰さずと見て、うちおどろきて、夢と知りせばと、悲しかりけり。

〈注〉
※行ひ［行ふ］……仏道修行をする。祈る。
※そばむきて……横を向いて。
※わたつ海……海、大海。

作品について

『住吉物語』は鎌倉時代初期に成立した擬古物語（＝平安期の《作り物語》の影響を受けて、中世に作られた物語）の代表的作品といわれている。中納言の娘、対の姫君（女君）が、継母からの数々の嫌がらせを乗り越えて、四位の少将（中将・男君）と結ばれ、継母は悲惨な末路を迎える、という継子いじめの物語である。

出題校

東邦大学付属東邦高校

◉口語訳

（中将は）九月のころに、初瀬［長谷寺］にこもって、七日目の晩に、一日中（どうか姫君の居場所をお教えくださるよう）お祈りをなさって、明け方に少しお眠りになったところ、夢の中で、高貴な女性が横を向いていた。近くに寄って見ると、私［中将］の恋慕う人である。うれしく思うこと限りなくて、「どちらにいらっしゃるのですか。どうして、このような悲しいことを思わせになるのですか、（私が）どれほど嘆いたことかおわかりになりますか」と嘆き申し上げると、（姫君は）泣きながら「これほどまでにお思いになられているとは存じませんでした。とても申し訳なく思います。」と言い、「もうすぐ帰らなければなりません」と言うので、（姫君の）袖をつかんで「どうかいらっしゃる場所をお教えください。」とおっしゃると、

　どこの海のそことも知らず侘び住まいをしておりますと、ここは住みやすいと海人《あま》は言っているようです

と、詠んで、（女君が）帰ろうとするのを引きとめて、帰さない、と思ったところで、はっと目が覚めて、夢だと知っていたのならば（目を覚まさなかったのに）と（思って）、悲しかった。

例題

1　本文上段6行〜7行目「かくまでとは思はざりしを」の「かくまで」の後に補うものとして最も適切な言葉を本文中から五字で書き抜きなさい。

（　　　　　）

2　本文中の和歌について、次のⅠ・Ⅱに答えなさい。

Ⅰ　この和歌に見られる表現技法として最も適切なものを次から選び、記号で答えなさい。

ア　枕詞　イ　掛詞　ウ　序詞　エ　体言止め

（　　）

Ⅱ　和歌の作者が最も言いたいことは何句目にあるか。次からふさわしいものを選び、記号で答えなさい。

ア　初句　イ　二句　ウ　三句　エ　四句　オ　五句

（　　）

3　下段1行目「夢と知りせば」について次のⅠ・Ⅱに答えなさい。

Ⅰ　「夢」の部分はどこからどこまでを示すか、最初と最後の三字をそれぞれ書き抜きなさい（句読点は含まない）。

最初（　　　　）最後（　　　　）

Ⅱ　「夢と知りせば」は「思ひつつ寝《ぬ》ればや人の見えつらむ夢と知りせばさめざらましを」という歌を踏まえた表現である。この言葉に込められた男君の気持ちとして最も適当なものを次から選び、記号で答えなさい。

ア　夢の中でもっと会っていたかった。
イ　夢での再会を喜ぶことはなかった。
ウ　夢ではなくて今すぐに会いたいものだ。
エ　夢の中でしか再会できないものなのか。

（　　）

（東邦大学付属東邦）

中世 9

説話

『十訓抄』

平重盛の祭見物

出題校　玉川学園高等部

小松内府《こまつのないふ》、※賀茂祭《かもまつり》見むとて、車《くるま》四・五両ばかりにて、一条大路《いちでうおほち》に出で給へり。※物見車《ものみぐるま》はみな立てならべて、すきまもなし。「いかなる車か、のけられむずらむ」と、人々目をすましたるに、ある※便宜《びんぎ》の所なる車どもを引き出しけるを見れば、みな、人も乗らぬ車なりけり。かねて見所《けんじよ》を取りて、人をわづらはさじのために、空車《むなぐるま》を五両立て置かれたりけるなり。

そのころの内府の※綺羅《きら》にては、いかなる車なりとも、あらそひがたくこそありけめども、※六条の御息所《みやすどころ》のふるき例もよしなくやおぼえ給ひけむ。さやうの心ばせ、情《なさけ》深し。

〈注〉
※賀茂祭……上賀茂神社・下鴨神社の祭。陰暦四月の中の酉の日に行われた。
※物見車……祭などを見物するために乗る牛車。
※便宜の所……見物に都合の良さそうな所。
※綺羅……威光、威勢。
※六条の御息所……『源氏物語』の登場人物で光源氏の恋人の一人。賀茂祭で、正妻の葵の上方との車争い（場所をめぐっての争い）で辱められて、生き霊として祟った。

◉口語訳

小松内大臣平重盛公が賀茂祭を見物しようと、牛車四、五両ほどに乗って、一条大路に向かわれた。しかし、（すでに）大路には見物の車がみな立て並べられていて、（車を止める）隙間はなかった。周囲の人々は「どの車がどかされるのだろうか」と、注目していたところ、見物に良さそうな所に立っている車を、引き出している様子を見ると、みな、人が乗っていない車であった。（実は）事前に場所を取っておいて、他人に迷惑をかけないようにと、空の車を五両立てておいたのであった。

その当時の内大臣のご威光であれば、どのような車であっても争えるはずがないようなものを、（重盛公は）あの六条御息所の昔の話などを、つまらないことだとお考えになったのであろうか。このような心遣いは、とても情け深いものであった。

例題

1　6行目「空車」と同じ意味の表現を文中から抜き出しなさい。（　　　）

2　10行目「おぼえ給ひけむ」の主語を文中の言葉で答えなさい。（　　　）

3　10行目「さやうの心ばせ」の意味するものを次から選び、記号で答えなさい。

ア　見物にふさわしい場所を探す心遣い。

イ　からの車に入る隙間を見つける心遣い。

ウ　古き例にあるような心遣い。

エ　他人を煩わせないための心遣い。

（　　）

（玉川学園）

中世 10

説話

『徒然草』第五十四段

※御室《おむろ》に、※いみじき児《ちご》のありけるを、いかでさそひ出《いだ》して遊ばんとたくむ法師どもありて、能《のう》ある※あそび法師どもなどかたらひて、※風流《ふうりう》の※破子《わりご》やうのもの、ねんごろに営み出《い》でて、箱風情《はこふぜい》の物にしたため入れて、※双《ならび》の岡《おか》の便《びん》よき所に埋《うづ》みおきて、紅葉《もみぢ》散らしかけなど、思ひよらぬさまにして、※御所《ごしよ》へ参りて、児をそのかし出でにけり。うれしと思ひて、ここかしこ遊びめぐりて、ありつる※苔《こけ》のむしろに並《な》みゐて、「※いたうこそこうじにたれ」、「あはれ紅葉たかん人もがな」、「※験《げん》あらん僧達《そうたち》、祈り試みられよ」など言ひしろひて、埋《うづ》みつる木のもとに向きて、数珠《ずず》おしすり、※印《いん》ことことしく結び出でなどして、※いらなくふるまひて、木《こ》の葉《は》をかきのけたれど、つやつや物も見えず。所の違《たが》ひたるにやとて、掘らぬ所もなく山をあされどもなかりけり。埋みけるを人の見おきて、御所へ参りたる間に盗めるなりけり。法師ども、言《こと》の葉《は》なくて、聞きにくいさかひ、腹立《はらた》ちて帰りにけり。

あまりに興あらんとする事は、必ずあいなきものなり。

〈注〉

※御室……仁和寺の俗称。
※いみじき児……すばらしい子供、非常にかわいらしい子供。
※あそび法師……雑芸を演ずる僧のこと。
※風流の……優雅な、しゃれた。
※破子……白木製の中に仕切りをつけた弁当箱のようなもの。
※双の岡……仁和寺の南にある三つの丘が連なっている場所。
※御所……仁和寺の中の法親王の御殿。
※苔のむしろ……苔が一面に生えてむしろのようになった所。
※いたうこそこうじにたれ……とてもくたびれてしまったなあ。
※験……霊験。
※印……真言宗などで手を用いて種々の形を作り、仏や菩薩の本誓などを表示することを「印を結ぶ」という。
※いらなく……はなはだしく、大げさに。

出題校

常総学院高校

◉口語訳

仁和寺に、とてもかわいい稚児がいたのを、何とかして誘い出して遊びたいとたくらむ法師たちがいて、芸の達者な遊芸僧たちなどを仲間に入れて、優雅な破子のようなものを、丁寧に作りあげ、箱のようなものにきれいに入れて、双の岡のわかりやすい所に埋めておいた。（さらにその上に）紅葉を散らしかけたりして、人が気付かないようにしてから、仁和寺の御所に参って、稚児を誘い出したのであった。（法師たちは）うれしく思って、（稚児とともに）あちらこちら遊び回ったあと、あらかじめ埋めておいた苔の一面に生えた場所に並んで座って「とてもくたびれてしまったなあ」、「ああ、紅葉を焚くような人がいればよいのに」、「霊験あらたかな僧たち、試しにお祈りなさい」などと言い合って、埋めておいた木の下に向かって、数珠を押しもみ、印形を大げさに結んだりなどして、大仰にふるまってから、木の葉をかきわけたが、全く何も見えない。場所を間違ったのだろうと思って、掘らない所はないくらいに、山の中をあちこち探し回ったが、（箱は）どこにもなかったのだ。（法師たちが）埋めているのを人が見ていて、御所に参っている間に盗んでいたのだった。法師たちは（もくろみが失敗した事に）絶句し、聞き苦しく言い争いながら、腹を立てて帰ってしまった。

（このように）むやみに興を添えようとすることは、必ず不本意な結果を招くものである。

例題

1　上段9行目「あはれ紅葉たかん人もがな」と言った理由として適切なものを次から一つ選び、記号で答えなさい。

ア　日が暮れて周りが暗くなり、たき火で明るくしようとしたから。
イ　疲れてしまったため、たき火にあたって休憩しようと思ったから。
ウ　美しい紅葉を焚いて遊ぶことを、当時の人々は好んだから。
エ　祈りをするには、紅葉を焚くことが昔からの風習であったため。
オ　自分たちの計画を実行に移す際に、わざと風流な遊びを装ったため。

（　　　）

2　本文の内容と合致するものを次から一つ選び、記号で答えなさい。

ア　破子は、数年間かけて作り出された箱のようなものの中に入れて準備された。
イ　破子は、法師たちの手によって、双の岡にある苔の生えた遊び場に埋められた。
ウ　法師たちは児にうまくだまされて、遊びに連れ出されてしまった。
エ　誘い出された児はうれしく思い、あちこち遊びまわった末、疲れてしまった。
オ　埋めておいた破子は誰かが拾って、御所までわざわざ届けてくれた。

（　　　）

（常総学院）

中世 11

説話

『徒然草』

第二三五段

主《ぬし》ある家には、すずろなる人、心のままに入《い》り来《く》る事なし。主《あるじ》なき所には、道行き人《びと》みだりに立ち入り、狐《きつね》・梟《ふくろう》やうの物も、人気《ひとげ》にせかれねば、所得顔《ところえがほ》に入り棲《す》み、※木霊《こだま》など言ふ※けしからぬかたちも、あらはるるものなり。

又、鏡には色・かたちなき故《ゆゑ》に、万《よろづ》の影来《かげきた》りてうつる。鏡に色・かたちあらましかば、うつらざらまし。

虚空《こくう》よく物をいる。我等《われら》が心に念々《ねんねん》のほしきままに来《きた》り浮《うか》ぶも、心といふもののなきにやあらん。心に主《ぬし》あらましかば、胸のうちに、若干《そこばく》のことは入り来たらざらまし。

〈注〉

※木霊……樹木に宿る霊魂。木の精霊。

※けしからぬかたち……怪しい姿。奇怪な形状。

出題校

大阪女学院高校

山村国際高校

例題

1 9行目「心といふもの」の「心」という言葉は、次のどの言葉に言い換えられるか、最もふさわしいものを次から選び、記号で答えなさい。

ア 意識　イ 配慮　ウ 信念　エ 雑念　（　　）

2 本文の趣旨として最も適当なものを次から選び、記号で答えなさい。

ア 人は日頃から自分の心を見つめて、努めて自己を固く守り、欲望に負けてはならない。

イ 人は心に浮かぶ雑念を排除し、何事でもありのまま取り入れなければならない。

ウ 人の心にはとかく妄想が浮かんでくるもので、それを排除してはならない。

エ 人の心に固く持するところがあれば、いろいろな雑念に惑わされないものである。

（　　）

（大阪女学院）

◉口語訳

主人のいる家には、何の関係もない人が、思いのままに入ってくることはない。主人のいない所には、道行く人がむやみに立ち入ってきたり、狐や梟のようなものも、人の気配に妨げられないので、わがもの顔に入って棲《す》みつき、木霊などという怪しげな姿も現れてしまうのである。

また、鏡には色や形がないために、あらゆるものの姿がやってきて映るのである。もし、鏡に色や形があったとしたら、このようなものが映ることはないであろう。

空間というのは、あらゆるものを収めるものである。我々の心にさまざまな想念が勝手気ままに浮かんでくるのも、心という主人がいないせいであろうか。（もし）心に主人があったとすれば、胸のうちに、さまざまなことが入ってくることはないのだろう。

『御伽草子』

一寸法師

かくて年月送るほどに、一寸法師十六になり、背はもとのままなり。さるほどに、宰相殿《さいしやうどの》に、十三にならせ給ふ姫君おはします。御かたちすぐれ候へば、一寸法師、姫君を見奉りしより、思ひとなり、いかにもして案をめぐらし、※わが女房にせばやと思ひ、ある時、※みつものの※打撒《うちまき》取り、※茶袋《ちやぶくろ》に入れ、姫君の臥《ふ》しておはしけるに、はかりことをめぐらし、姫君の御口にぬり、さて、茶袋ばかり持ちて泣きゐたり。宰相殿ご覧じて、御尋ねありければ、「姫君の、わらはがこのほどとり集めて置き候ふ打撒を、取らせ給ひ御参り候ふ」と申せば、宰相殿おほきに怒《いか》らせ給ひければ、案のごとく、姫君の御口に付きてあり。まことは偽《いつは》りならず、かかる者を都に置きて何かせん、いかにも失ふべしとて、一寸法師に仰せつけらるる。一寸法師申しけるは、「わらはがものを取らせ給ひて候ふほどに、とにかくにもはからひ候へとありける」とて、心の中に嬉しく思ふこと限りなし。姫君は、ただ夢のここちして、あきれはててぞおはしける。一寸法師、「とくとく」とすすめ申せば、闇《やみ》へ遠く行く風情にて、都を出でて、足に任《まか》せて歩み給ふ、御心の中《うち》、推《お》し量《はか》らひてこそ候へ。あらいたはしや、一寸法師は、姫君を先に立ててぞ出でにけり。宰相殿は、あはれ、このことをとどめ給ひかしとおぼしけれども、継母《ままはは》のことなれば、さしてとどめ給はず、※女房たちも付き添ひ給はず。

姫君、あさましきことにおぼしめして、かくていづかたへも行くべきならねど、難波《なには》の浦へ行かばやとて、鳥羽《とば》の津より舟に乗り給ふ。

〈注〉
※わが女房にせばや……ここでの「女房」は、妻の意味。
※みつもの……貢ぎ物。
※打撒……神前に供える米、または食用の米のこと。
※茶袋……茶葉を入れる紙袋。
※女房たちも付き添ひ給はず……ここでの「女房」は侍女の意味。

出題校
東大寺学園高校
拓殖大学第一高校

◉口語訳

こうして年月を送るうちに、一寸法師は十六才になるが、背丈はもとのままである。ところで、宰相殿には十三才におなりになる姫君がいらっしゃいます。御容貌が美しくいらっしゃるので、一寸法師は姫君を拝見した時から、恋しく思うようになり、何とか策をめぐらして、自分の妻にしたいものだと思い、ある時、貢ぎ物の米を取って茶袋に入れ、姫君が寝ていらっしゃるうちに、計略をめぐらして姫君のお口に（米粒を）ぬり、そうしてから、茶袋だけを持って泣いていた。宰相殿がご覧になって、お尋ねになったので、「姫君が、私がこのごろ取り集めておきました米をお取りになり、お召し上がりになってしまいました」と申すと、宰相殿はとてもお怒りになって、（本当かどうか）ご覧になると、なるほど、姫君のお口に米粒がついている。本当にこれは偽りではない、このような（はしたない）者を都に置いていてはどうにもならない。何とかして殺してしまおうと、一寸法師に（その役目を）仰せつけられる。一寸法師は（姫君に）「私のものをお取りになりましたために、どうにでも取りはからうようにとの仰せがございました」と申して、（実は）心の中でうれしく思うことは限りない。姫君は（わけがわからず）ただ夢のような心地のままに、すっかりぼんやりしていらっしゃった。一寸法師が、「早く、早く」と促し申し上げるので、姫君は、闇の中へ遠く行くような気分で、都を出て、足の向くままにお歩きなさるが、そのお心の中こそ、（どんなに悲しいだろう）と推し量られてあわれである。ああ、かわいそうなことよ、一寸法師は姫君を先に立てて出て行った。宰相殿は、ああ、姫をお引き留めなさってほしいと思われたが、継母のことなので、さほどお引き留めにもならず、女房たちもお付き添いにならない。姫君は、情けないことだとお思いになって、今さらどこへも行きようもないけれども、難波の浦に行ってみようと、鳥羽の港から舟にお乗りになる。

例題

1　上段12行目「かかる者」とは誰のことを指しているか、文中から抜き出して答えなさい。（　　　　　）

2　上段16行〜下段1行目「あきれはててぞおはしける」とあるが、それはなぜか。その理由として最も適当なものを次から選び、記号で答えなさい。

ア　宰相殿の仕打ちがあまりにもひどいから。
イ　事の次第をうまく飲み込めずにいるから。
ウ　一寸法師の巧みなうそに言葉も出ないから。
エ　一寸法師のあまりの強引さに根負けしたから。（　　　）

3　下段8行目「あさましきこと」とあるが、これはどのようなことか。次から最も適当なものを選び、記号で答えなさい。

ア　母ばかりでなく、父にさえも信じてもらえないこと。
イ　わけもわからず、一寸法師の妻にならなくてはならないこと。
ウ　わけのわからないままに、都を後にしなければならないこと。
エ　どこへ行くあてもないのに、女房さえ付き添ってくれないこと。（　　　）

（東大寺学園）

近世13

仮名草子

『伊曾保物語』

友の真価

ある時、二人の知音《ちいん》うち連れたつて行く道で、熊といふ獣《けもの》に行きあひて、一人は木に登り、いま一人は熊と闘うたが、精力尽くれば、地に倒れ、空死《そらじに》をしたり。かの獣の習性で、死人には害をなさぬものなり。されどもその獣、生死の安否を試みやうと思うたか、耳の辺、口の方をかいでみれども、死んだごとくに動かざりければ、そこを退いた。その時木に登つた者が降りて、その人に近づいて、「さて、ただいま※御辺《ごへん》にかの獣がささやいたことは何事ぞ。」と尋ぬれば、こたへていふは、「かの獣の我に教訓をなした。それは何ぞいふに、『汝、以後御身のやうに大事に臨みて見放さんとする者と知音すな』と。」

〈注〉

※御辺……あなた、貴殿。

◉口語訳

ある時、二人の友人同士が連れたっていた道で、熊という獣に出会った。一人は木に登り、もう一人は熊と闘ったが、力尽きてしまったので、地面に倒れ、死んだふりをした。この獣の習性で、死人には手を出さないのだ。しかし、その獣は、本当に死んだのか否か確認しようと思ったのだろうか、耳の辺、口の方を嗅いでみたが、（空死した者が）死んだように動かなかったので、（熊は）そこを去っていった。その時、木の上に登っていた者が降りてきて、その人［空死した者］に近づいて、「ところで、今あなたにあの獣がささやいたのは、どのような内容でしたか。」と聞いてみると、（空死したものが）答えて言った。「あの獣は私に教訓を与えた。それはどういうことかというと、『そなた、これからは、お前［木に登った者］のように、一大事な場面に臨んだ時に見放そうとする者とは親しくするな』と。」

出題校

中央大学高校

例題

1　3行目「空死」とはどういうことか、簡潔に答えなさい。
（　　　　　　　　　　　　　　　　　　　　　　　　）

2　8行目「御辺にかの獣がささやいた」とは何を見てこう思ったのか、わかりやすく説明しなさい。
（　　　　　　　　　　　　　　　　　　　　　　　　）

3　11行目「知音すな」を話の内容を踏まえ、口語訳しなさい。
（　　　　　　　　　　　　　　　　　　　　　　　　）

（中央大学）

『西鶴諸国ばなし』

提灯にあさがお

野は菊・萩《はぎ》咲きて、秋のけしきほど、※しめやかにおもしろき事はなし。心ある人は歌こそ和国の風俗なれ。何によらず、※花車《きやしや》の道こそ、一興《いつきよう》なれ。

奈良の都のひがし町に、※しをらしく住みなして、明け暮れ茶の湯に身をなし、興福寺の、※花の水をくませ、かくれもなき※楽助《らくすけ》なり。

ある時この里の※こざかしき者ども、※朝顔の茶の湯をのぞみしに、兼々《かねがね》日を約束して、万《よろづ》に心を付けて、その朝※七つよりこしらへ、この客を待つに、大かた時分こそあれ、昼前に来て、案内をいふ。

亭主腹立《ふくりふ》して、客を※露地《ろぢ》に入れてから、挑灯《てうちん》をともして、むかひに出《い》づるに、客はまだ合点《がつてん》がゆかず、夜の足元するこそ、をかしけれ。あるじおもしろからねば、花入れに土つきたる、芋の葉を生けて見すれども、※その通りなり。とかく心得ぬ人には、※心得あるべし。亭主も客も、心ひとつの数寄人《すきびと》にあらずしては、たのしみも※かくるなり。

〈注〉
※しめやかに……しみじみとして。
※花車の道こそ、一興なれ……風雅の道はちょっとしたおもしろみがある。
※しをらしく……優雅に。
※花の水……興福寺にある名水。
※楽助……気楽に暮らす人。
※こざかしき者ども……風流ぶった者たち。
※朝顔の茶の湯……早朝の茶の湯のこと。
※七つ……午前四時ごろ。
※露路……茶室にいたる庭の通路。
※その通りなり……不審に思わない。
※心得あるべし……気を付けなければならない。
※かくるなり……十分でないものだ。

作品について

『西鶴諸国ばなし』は一六八五（貞享二）年に刊行された。井原西鶴の浮世草子のなかでも〈雑話物〉と分類される。序文には「世間の広き事、国々を見めぐりて、はなしの種をもとめぬ。……これをおもふに、人はばけもの、世にない物はなし。（世の中はとても広いものなので、諸国を巡って話の種を求めてみた。……そう考えると、人間は化け物である。どのようなものでも、ないものは何もない（というのが人の世の中）」と記されており、日本各地の奇談や怪談を集めた内容となっている。

出題校
西武学園文理高校

◉口語訳

野原には菊・萩が咲いているという秋の景色ほど、しみじみと落ち着いて趣のあるものはない。風流を解する心がある人は、和歌こそが日本独自の風流な文化だとする。（しかし、何によらずとも）風雅の道はちょっとしたおもしろみがある。

奈良の都の東町に、優雅に住み続け、毎日、茶の湯に身を打ち込み、（わざわざ）興福寺の花の井の水を使っている有名な風流人がいた。

ある時、この町の風流ぶった者たちが、朝顔の茶の湯を望んだので、（この風流人は）承知して、前もって日を約束し、全てに細やかな心遣いをして、その日の［約束の日の］朝は七つの刻から（もてなしの）準備をして、この客たちを待っていたところ、だいたい（朝顔の茶の湯には参会する）時間の決まりがあるものなのに、昼前にやって来て、来訪を告げた。

亭主［風流人］は腹を立てて、客を露路に入れてから（わざと）提灯に火をともして迎えに出ると、（このような昼間に提灯をともされるという事の意味に気が付かず）客は自分たちが不作法なことをしていることもわからずに、夜中に（暗いところを）歩くような歩き方をする様子は、こっけいだった。亭主は、内心おもしろくないので、（「朝顔」ではなく「昼顔」であることを示すために）花入れに（わざと）土の付いた芋の葉を生けて見せたが、客たちは別に不審に思わない。とかく、風流の心得のない客に対しては、気を付けなければならない［亭主の方の心得が必要である］。亭主も客も、同じ（風流の）心を持った数寄人［茶人］でなくては、（茶の湯の）楽しみも十分ではない［十分なものにならない］のである。

例題

1　11行目「亭主腹立して」とありますが、亭主はどのようなことに腹を立てたのか、次から適当なものを一つ選び、記号で答えなさい。

ア　客が早朝の茶の湯を所望しているというので、朝早くに起こされたこと。

イ　客が時間を間違えてやって来たのに、謝りもせず、横柄な態度で案内を求めたところ。

ウ　客が今回の茶の湯にちょうどよい時をまったく理解していなかったこと。

エ　客がとても知識人とは思えないような、軽率な行動をとったこと。

オ　客があるじと前々から約束していた時間にたいそう遅れたこと。

（　　）

（西武学園文理）

近世 15

小咄本

『鹿の子餅』

蜜柑

分限《ぶげん》な者の息子、照りつづく暑さにあたり大煩《おおわづら》ひ、なんでも食事すすまねば、打寄《うちよつ》て、「なにかのぞみはないか」との苦労がり。「何にも食いたうない。そのうち、ひいやりと蜜柑《みかん》なら喰《くひ》たい」との好み。安い事と買《かい》にやれど、六月の事なれば、いかな事なし。爰《ここ》に須田町《すだてう》にたつた一つあり。一つで千両、一文ぶつかいても売らず。もとより大身代《おおしんだい》の事なれば、それでもよいとて千両に買《かい》、「さあ、あがれ」と出せば、むす子うれしがり、まくらかろく起《おき》上り、皮をむいた所が十《と》袋あり。にこにこと七袋くひ、「いやもふ美味《うま》ふてどふもいへぬ。これはお袋様へあげてたも」と残る三《み》袋手代《てだい》にわたせば、手代その三袋をうけ取《とつ》て、みちから缺落《かけおち》。

作品について

『鹿の子餅』は一七七二（安永元）年、木室卯雲《きむろぼううん》によって書かれた小咄本《こばなしぼん》である。ひとつひとつに笑いが盛り込まれた短い話の集成である。このような本を〈咄本〉といい、〈噺本〉や〈軽口本〉とともに、現代の落語のルーツのひとつである。本文の「蜜柑」は落語の「千両みかん」の原典とされている。

出題校

藤沢翔陵高校

◉口語訳

大金持ちの息子が、照り続く暑さにあたって大病をした。まったく食事がすすまないので（親たちが枕元に）寄って、「何か食べたいものはないか」と心配の様子。「何も食べたくない、でも、ひんやりとした蜜柑なら食べたい」と言った。たやすいことだと（人を）買いにやらせたが、六月のことなので、全く見つからない。このときに、須田町にたったひとつだけ（蜜柑が）あった。一つ千両、一文でも欠けたら売らない（という）。もともと巨額の財産があるのだから、それでもよいと言って千両で買い、「さあ、食べなさい」と出すと、息子はうれしがって、枕から楽に起き上がり、蜜柑の皮をむくと十袋あった。にこにこと七袋を食べ、「いやあ、もう美味くてなんとも言えない。これはお母様にあげてください」と残りの三袋を手代に渡すと、手代はその三袋の蜜柑を受け取って持ち逃げしてしまった。

例題

1　1行目「分限」と同じ意味を表す語句を本文中から書き抜きなさい。（　　　）

2　7行目「それ」の指し示す内容を一文で抜き出し、最初の三字を書き抜きなさい。（　　　）

3　なぜ、手代はみかんを持ち逃げしたのか、次から最も適当なものを選び、記号で答えなさい。

ア　みかんがおいしそうだと思ったから。
イ　お袋様にあげたいと思ったから。
ウ　みかんを店に返したかったから。
エ　みかんに価値があると思ったから。

（　　　）

（藤沢翔陵・一部改）

近世 16

紀行文

『折々草 春の部』

蝶に命とられし条

出題校

共愛学園高校

みちのくの人のかたり侍りき。

ある国の守に仕《つか》はれける武士《もののふ》の、生れながらかのてこなをきらひて、常にいふ、「春はおもしろき物なれど、てこなが飛《とび》ありくぞうたてあるかな。いづこ行べきともおもはず」とて、よき日にはこもりをり、雨のしとどにふりくらす日には、花見むとてぞいでありきける。友どちこれをあやしみて、「ことものかな。実に癖《くせ》ならばあしき性《さが》なり。ためしてやみむ」とて、春の雨のつぎてふるころ、「花見て酒のみせばや」といひ遣《や》りぬれば、来たれり。

みな酔《ゑ》ひすすみたるはしに、かの男をば議《はか》りてひと間に入れおき、戸をさしかためて、てこな三つ四つとりおきて侍るを放ちいれければ、この男大ごゑを出し、「あなや、ゆるしてよ」とさけびて、あなたこなたにげありく音しけるが、しばしして音もなくなりにたり。「さこそ癖は直りつらめ」とてひらきてみれば、のけざまにたふれて死ゐたり。人々あきれてかいおこし、薬などいへども、手足氷りて死いりぬ。さてみれば、放ちたるてこなどもは、鼻の孔《あな》にはひ入て、これらもともに死をりけり。甥、弟などもはべる人にて、後はかかる事としりけれど、かたきといひ出む筋にもあらねば、そのままになりにけり。

作品について

作者は建部綾足。本文にも「みちのくの……」とあるように、各地を遍歴した時の紀行文および、各地で得た奇談を綴ったものが、それぞれ、春・夏・秋・冬の四巻にまとめられている。建部綾足の作品はほかに『三野日記』『本朝水滸伝』などがある。

例題

1 上段6行目「これ」とは何を指すか、次から最も適当なものを選び、記号で答えなさい。（　　）
ア 良い日に花を見て、雨の日にこもること。
イ 良い日にこもり、雨の日に花を見ること。
ウ どこへも行こうと思わないこと。
エ いつもどこかへ行きたいと思うこと。

2 a 上段9行目「来たれり」、b 上段15行目「ひらきて」

◉口語訳

みちのくの人から、このような話を聞いた。

ある国の国守に仕えていた武士が、生まれながらにして蝶を嫌って、いつも言うことには、「春は、すばらしいものだけれども、蝶が飛んでいるのはなんとも嫌なことであるよ。（だから、春は）どこかに行こうとも思わない」と、天気の良い日は家のなかにこもっており、雨のざあざあ降り続く日には、花を見ようと言って出歩いていた。友人たちは、この様子を不思議に思って、「変わった奴だなあ、本当に癖ならば、悪い習性である。（直るかどうか）試してみよう」と言って、春の雨が降り続くころに、「花を見て酒を飲もう」と言って（友人たちが）使いを出すと、（男が）やって来た。みな酔っぱらってきたころに、例の男をだまして一つの部屋に入れて、戸をしっかりと閉ざして、捕まえておいた蝶を三、四匹（この部屋に）放ち入れると、この男は大声を出し、「うわあ、許してくれ」と叫んで、あちらこちらに逃げ回る音がしていたが、しばらくして音も聞こえなくなった。「（これで）きっと癖は直っただろう」と（戸を）開けて見ると、（男は）あおむけに倒れて死んでいた。人々はびっくりして抱え起こし、薬などを与えたが、手足が氷のように冷たくなって死んでいる。よく見ると、（部屋の中に）放った蝶たちは（男の）鼻の孔の中に入っていて、これらもみな死んでいた。（この男は）甥や弟などもいる人で、後にこのようなことを知ったのだが、仇《かたき》だと言い出す筋でもないので、そのままになったということだ。

のそれぞれの主語は誰か、次から最も適当なものを選び、記号で答えなさい。

ア　てこな　　イ　みちのくの人

ウ　友どち　　エ　ある国の守に仕はれける武士

a「来たれり」（　　）

b「ひらきて」（　　）

3　上段10行~11行目「かの男をば譲りてひと間に入れおき」とあるが、なぜ友人たちは男を部屋に入れておいたのか。次から最も適当なものを選び、記号で答えなさい。

ア　男の悪い癖をからかいながら直してあげようとしたから。

イ　男が悪い性格だったのでこらしめてやろうと思ったから。

ウ　花見に「てこな」は欠かせないものだから見せてあげようとしたから。

エ　男は春が好きなので「てこな」も好きだろうと考えたから。（　　）

4　本文中の「てこな」とは具体的に何を指すか、次から最も適当なものを選び、記号で答えなさい。

ア　猫　イ　女性　ウ　蝶　エ　花　オ　蜂　（　　）

（共愛学園・一部改）

『雨月物語』

浅茅が宿

この時、日はやや西に沈みて、雨雲はおちかかるばかりに闇《くら》けれど、旧《ひさ》しく住みなれし里なれば迷うべうもあらじと、夏野わけ行くに、※いにしへの継橋《つぎはし》も川瀬《かわせ》におちたれば、げに駒《こま》の足音もせぬに、田《た》畑は荒れ多きままにすさみて旧《もと》の道もわからず、ありつる人居もなし。たまたまここかしこに残る家に人の住むとは見ゆるもあれど、昔には似つつもあらね、いづれか我が住みし家ぞと立ち惑ふに、ここ二十歩ばかりを去りて、雷にくだかれし松の聳《そび》えて立てるが、雲間の星のひかりに見えたるを、げに我が軒の標《しるし》こそ見えつると、まづ嬉しき心地してあゆむに、家は故《もと》にかはらであり。人も住むと見えて古戸の間《すき》より燈火《ともしび》の影もれて輝々《きらきら》とするに、こと人や住む、もしその人や在《いま》すかと心騒がしく、門に立ちよりて※咳《しはぶき》すれば、内にも速く聴きとりて、「誰そ」と咎《とが》む。

〈注〉
※いにしへの継橋……古歌にある「真間の継橋」のこと。
※咳すれば……咳払いをしたところ。

作品について

『雨月物語』は一七七六（安永五）年に出版された。九話の歴史・怪異の短編から成る。中国小説の翻案と日本の古典の影響を併せ持ち、初期の読本の傑作とされている。本文の「浅茅が宿」は、死んでもなお、一途に夫を待ち続けた妻の話。下総の農夫勝四郎は家の再興のため、妻の宮木に秋までに帰ると誓って都へ上るが、動乱に巻き込まれ七年が経ってしまった。ようやく戻った勝四郎は、荒れ果てた村を目にするが、宮木は勝四郎を温かく迎えた。しかし、一夜が明けるとそこに宮木の姿はなく、勝四郎は荒野の廃屋にいた。そこで宮木の塚と辞世の句を見つけ、昨日自分の前に現れた宮木は幽霊であったことを知るのである。

出題校
東海大学菅生高校

◉口語訳

その時、日はもう西に沈んで、雨雲は落ちかかるばかりに垂れ込めて暗かったが、古くから住み慣れた村里だから迷うはずもあるまいと、夏草茂る野をかき分けて歩いて行くと、古歌で有名な真間の継橋も朽ちて川瀬に落ち、（古歌のような）駒の足音もしない、その上、田畑は荒れ放題にすさんで、昔からあった道もわからず、昔あった人家もない。まれにちらほらと残っている家には人が住んでいると見えるようなものもあるけれども、（粗末で）昔とは似てもいないので、どれが自分の住んでいた家なのか、と途方に暮れていると、ここから二十歩［三十六メートル］ほど離れた所に、雷に砕かれた松がそびえ立っているのが、雲の間から光る星（の明るさ）で見えたのを、まさしく自分の家の軒の目印であると（思い）、まずはうれしい気持ちになって歩いていくと、家は以前と変わりなく（もとのままで）そこにある。人も住んでいると見えて、古い戸の隙間から灯火の光が漏れてきて、きらきらとするので、ほかの人が住んでいるのか、（それとも）もしかするとその人［自分の妻］がいるのか、と胸が高鳴り、門の前に立って咳払いをしたところ、家の中でもすぐにその音を聞きつけて、「誰ですか」と問う（声がする）。

例題

1　4行目「駒」とは何のことか、漢字一字で答えなさい。（　　）

2　7行目「立ち惑ふ」とあるがそれはなぜか。その理由として最も適切なものを次から一つ選び、記号で答えなさい。

ア　田畑が荒れていて自分の家がある村には見えなかったから。
イ　昔あった友の家がどこにも見当たらなかったから。
ウ　この家で妻が自分を快く迎えてくれるのか不安だったから。
エ　どれが自分の家だかわからなくなっていたから。（　　）

3　9行目「我が軒の標」とは具体的に何を指しているか、本文中より八字で探し、その最初の三字を書き抜きなさい。（　　）

4　12行目「こと人や住む」の「こと」を漢字に直した時、最もふさわしいものを次から一つ選び、記号で答えなさい。

ア　事　イ　琴　ウ　異　エ　殊　（　　）

（東海大学菅生）

『新花摘』

晋我の勘違い

出題校

専修大学松戸高校

又、※晋我《しんが》（※介我門人《かいがのもんじん》）といへる翁《おきな》有りけり。一夜※風篁《ふうくわう》がもとにやどりて、※書院にいねたり。長月《ながつき》十八日の夜なりけり。月きよく露ひややかにて、※前栽《せんざい》の千《ち》ぐさにむしのすだくなど、※ことにやるかたなくて、雨戸はうちひらきつ、※さうじのみ引きたてふしたり。※四更《しかう》ばかりに、※はしなくまくらもたげて見やりたるに、月朗明《ろうめい》にして宛《あたか》も白昼のごとくなるに、あまたの狐《きつね》、ふさふさとしたる尾をふりたてて、広縁《ひろえん》のうへにならびゐたり。其影《そのかげ》ありありとさうじにうつりて、おそろしなんどいふばかりなし。晋我も今はえぞたゆべき。※くりやのかたへ、ただはしりにはしりいでつ、あるじのふしたる居間ならんとおぼしき妻戸《つまど》をうちたたきて、「※くはくはおき出で給へ」と声のかぎり※とよみければ、しもべ等《ら》めさまして、「※すは、賊《ぞく》のいりたるは」と、ののしりさわぐ。そのものおとに晋我もこころさだまり、まなこうちひらき見れば、※厠《かはや》の戸をうちたたきて、「あるじとくおきて※たすけたばせ」と、とよみゐたるにてぞありけり。「我ながらいとあさましかりけり」と、のちものがたりしけり。

〈注〉

※晋我……早見晋我。江戸時代の俳人で、介我の門人。
※介我……佐保介我。江戸時代の俳人。
※風篁がもとにやどりて……風篁のところに泊まって。
※書院にいねたり……座敷で寝ていた。
※前栽の千ぐさ……植込みの草々。
※ことにやるかたなくて……感に堪えないので。　※さうじ……障子。
※四更ばかりに……午前二時ごろに。
※はしなくまくらもたげて……ふと枕から頭をもたげて。
※くりや……台所。　※くはくは……さあさあ。
※とよみければ……怒鳴ったので。
※すは、賊のいりたるは……それっ、賊が入ってきたぞ。
※厠……便所。　※たすけたばせ……助けてください。

作品について

『新花摘』は一七七七（安永六）年に成立し、一七九七（寛政九）年に刊行された与謝蕪村の作品。尊敬する俳人、榎本其角の俳文集『花摘』から、『新花摘』と冠した。この中で蕪村は亡き母への思いや、若き日に過ごした土地の思い出を記している。また、本文のように狐や、動物に関する奇談が含まれているのも特徴である。

◉口語訳

　また、晋我（介我の門人）という翁がいた。ある夜、風篁の所に泊まって、座敷で寝ていた。九月十八日の夜であった。月は清らかに照り、露もひややかで、庭の植え込みの草々には、虫が鳴いている（様子）など、感に堪えないので、雨戸は開いたままにして、障子だけを閉めて寝ていた。夜更けの午前二時ごろになって、ふと枕から頭を持ち上げて向こうを見やると、月が朗々と明るく照って、まるで真昼のような（明るさの）中に、何匹もの狐がふさふさとした尻尾をふりたてて、広縁の上に並んでいた。その影がはっきりと障子に映って、そのおそろしさといったら、言いようがない。晋我も今はどうして我慢していることができるだろうか。（できるはずもない。）台所の方にひたすら走りに走り出て、主人の寝ている居間であろうと思われる妻戸を激しくたたいて「さあさあ起きてください」と声の限りに怒鳴ったので、召使いたちも目を覚まして、「それっ、賊が入ってきたぞ」と、大声で騒ぎたてた。その物音に晋我もやっと心が落ち着いて、よく目を見開いてみると、便所の戸を叩きながら「ご主人、早く起きて助けてください」と怒鳴っていたのであった。「我ながらとてもあきれかえることであった。」と、後になって話してくれたことであった。

例題

1　上段2行〜3行目「長月十八日の夜なりけり」とあるが、本文中の描写の中で、この季節の特徴を表していないものを一つ選び、記号で答えなさい。

ア　3行目「月きよく露ひややかにて」

イ　3行〜4行目「前栽の千ぐさにむしのすだくなど」

ウ　6行〜7行目「月朗明にして宛も白昼のごとくなるに」

エ　8行〜9行目「其影ありありとさうじにうつりて」

（　　）

2　上段10行目「晋我も今はえぞたゆべき」の現代語訳として最適なものを一つ選び、記号で答えなさい。

ア　晋我はもう蝦夷に行ってしまうしかないのだろうか。

イ　晋我も今はどうして我慢していることができるだろうか。

ウ　晋我もこれ以上一人でいることはできないのではないか。

エ　晋我も今にも命が絶えてしまうのではないだろうか。

（　　）

（専修大学松戸）

近世 19

随筆

『花月草紙』

高貴な人の旅

あるやんごとなき人、旅の道は早くいねて、※つかれをだにやすめなば、※下がしもまでもうきことはあらじ。さらば早くやどりを立ち出でて、早くやどりに着くにしかず。これぞ下をめぐむの道なれば、喜びぬべしと言ひける。まづその君、早くやどりに着きて、かうしおろし、ともし出《い》だして昼の半《なか》ばごろよりいぬれど、下の者は、わが心のままならず、人のぬるころならではいねがたし。殊《こと》に昼のうちはさわがしく、道行く人も絶えぬを、世の人に背きて、「夜なりけり」とも言ひがたく、いねんとするころ、その君ははや起き出でて、夜半《よは》に※ともそろへてたつめり。下をあはれむ心はあれど、上の心もて※下をみるより、かくはたがふなり。めぐむ心ありて、下の事しらねば、かくぞ有りける。

〈注〉
※つかれをだにやすめなば……もし疲れだけでも休めたならば。
※下がしもまでも……下の下という最も身分の低い人までも。
※ともそろへてたつめり……お供をそろえて発つようだ。
※下をみるより……下の者のことを考えているから。

出題校

狭山ヶ丘高校

例題

1　4行目「喜びぬべし」とあるが、それはなぜか。その理由として最も適当なものを次から選び、記号で答えなさい。

ア　早く宿を出発して早く次の宿につけば、従者たちも安心して旅を続けることができ、その結果不満をおさえることができると考えたから。

イ　早く旅を出発して早く次の宿につけば、それだけ短い時間で旅を終えることができ、経済的だと考えたから。

ウ　早く宿を出発して早く次の宿につくことで、旅の疲れをいやすことができ、従者へのいたわりになると考えたから。

エ　早く宿を出発しても、予定した通りの順序で旅をしなければならないので、病気にならないよう注意をしたから。

オ　早く宿を出発しても、旅の疲れをいやすことができ、童子に従者たちが親孝行できると考えたから。　（　　）

2　a　6行～7行目「心のままならず」、b　7行目「人のぬるころ」と働きの上で最も近いものを、次からそれぞれ

◉口語訳

ある高貴な人は、旅の道中では、早く寝て、もし疲れだけでも休めたならば、下の下という最も身分の低い人までも、つらいことはあるまい。そうであるならば、早く宿を出発して、早く宿に着くのがよい。これこそが下の者への思いやりなのだから、きっと喜ぶだろう、と言った。まずその人は、早く宿に着いて、格子を下ろし、灯火をともして、昼の半ばぐらい（の時間）から寝たけれど、下の者たちは、自分の思うようにはいかず、人が寝るような時間ではないので寝られない。特に昼のうちは騒がしく、通りを行き交う人も絶えないので、世の中の（普通の）人に逆らって、「夜である」とも言えず、ちょうど（落ち着いて）寝ようとするころに、その方［高貴な方］はもう起きだして、夜中にお供をそろえて発つようだ。下の者を思いやる気持ちはあるのだが、上の者の感覚で下の者のことを考えているから、このような相違が生まれるのである。思いやりの心があっても、下の者のことを知らなければ、このようなことになってしまうのだ。

一つずつ選び、記号で答えなさい。

a「心のままならず」

ア　欠点はなきにしもあらずだ。
イ　堀辰雄の小説『風立ちぬ』を読む。
ウ　あの家は資産家ではない。
エ　彼は正義感がない。
オ　それはできない相談だ。

（　　　）

b「人のぬるころ」

ア　埼玉の高等学校に進学する。
イ　夕日の沈む海を見た。
ウ　味付けは薄いのが好みだ。
エ　あの車は私のです。
オ　雪の中の結晶。

（　　　）

3　11行〜12行目「かくはたがふなり。」とあるが、それはなぜか。その理由として最も適当なものを次から選び、記号で答えなさい。

ア　世の中の人の意見を聞かないから。
イ　思いやりの心が上の者にはあるから。
ウ　高貴な身分の立場が理解されないから。
エ　従者たちの実際の様子が分からないから。
オ　いつまでも夜遅くまで起きているから。

（　　　）

（狭山ヶ丘）

近世 20

随筆

『花月草紙』

他力本願な虫

鷹《たか》の羽にすむ虫ありけり。空高く飛びかけるときは、はるかに人の住家なども見くだしつ。「げに、我は事たれる身かな。つばさも動かさで、千里の遠きに行きかよひ、※雲《くも》居《ゐ》のよそまでもあがるめり。ことにさまざまの鳥は、みなおそれて、にげはしる。げにも我に勝つものは、おほかたあらじ」などおもひつつ、かの鷹の毛のうちに居つつ、しきりに※肉《しし》むらをさし、血をすひてゐしが、そのやからいとおほくなりもてゆきしにや、つゐに、その鷹もたをれにけり。

それより、みづからも出でて飛びかけらむとおもへども、飛びえず、走らむとおもへども、すみやかならず。血もつき、肉むらも枯れぬれば、今は命をつなぐやうもなし。からうじて、まづその毛のうちをくぐり出ではひゆけば、雀の子のゐたりけり。我を怖れなむと見れば、雀の子は知らぬさまなり。いかにして見つけざるやとかたはらへ這《は》ひよれば、うれしげに見て、くちばしをさしいだして、ついばまんとす。例なきことなれば、おそろしくて、逃げ隠れぬと、かの友どちに語りにけり。

〈注〉
※雲居……遠く離れた雲のかなた。
※肉むら……肉のかたまり。

出題校

関西学院高等部
錦城高校
埼玉栄高校
東邦高校

例題

1　上段2行～3行目「事たれる身かな」の意味としてふさわしいものを次から一つ選び、記号で答えなさい。

ア　自由に飛ぶことのできる身分。
イ　食物にめぐまれた身分。
ウ　自分に勝てるものはいないという身分。
エ　仲間から信頼されている身分。
オ　他者を見下すことのできる身分。

（埼玉栄）（　　）

2　上段8行～9行目「その鷹もたをれにけり。」とあるが、なぜ鷹は倒れたのか、その理由にあたる部分を本文中から抜き出し、初めと終わりの三字を示しなさい。

初め（　　　）～終わり（　　　）

（関西学院）

3　上段15行目「いかにして見つけざるや」には虫のどのような心情が表れているか、次からふさわしいものを選び、

◉口語訳

鷹の羽の中に住んでいる虫がいた。（鷹が）空高く飛びまわる時は、はるかに人の家々なども見下ろしていた。（虫は）「本当に、私は不自由のない身だなぁ。羽も動かさずに千里の距離を行き来し、遠く離れた空のかなたまで高く飛ぶことができる。その上、様々なほかの鳥たちは、みな（自分を）恐れて逃げて行ってしまう。ほんとうに、私に勝つ者は全くいないだろう」などと思って、その鷹の毛の中に居ながら、しきりにその肉を刺して、血を吸っていたのだが、同じような虫がとても多くなってしまったのだろうか、ついにその鷹も力尽きて倒れてしまった。

それから、（虫も）自分から（毛の外へ）出て、飛び立とうと思ったが、飛ぶ事が出来ない、走ろうと思ったが、速く走れない。（鷹の）血も尽きて、肉もひからびてしまったので、今は命をつなぐ術もない。かろうじて、まずその（鷹の）毛の中をくぐり出て、（外に）這っていくと、雀の子がいた。私を恐れるはずだと思って見ていると、雀の子は（虫の姿に）気付かない様子である。どうして（雀の子は私を）見つけないのか、と（思い）そばに寄って行くと、（雀の子は）うれしそうに見て、くちばしを突き出して（虫を）ついばもうとする。（虫にとっては）今までなかったことなので、恐ろしくなって逃げ隠れた、と、例の友達に語ったということだ。

記号で答えなさい。

ア　雀を見つけた喜び。
イ　雀に対する恐怖。
ウ　自分の力に対する自信。
エ　誰にも注目されない悲しみ。
オ　雀を捕まえたいという焦り。　（　　）（錦城）

4　本文のエピソードと近い意味のことわざを次から一つ選び、記号で答えなさい。

ア　能ある鷹は爪を隠す
イ　虎穴に入らずんば虎児を得ず
ウ　百聞は一見にしかず
エ　虎の威を借る狐　（　　）（東邦）

近世 21

俳文

『おらが春』

露の世

出題校

城西大学付属川越高校

楽しみ極《きはま》りて愁《うれ》ひ起るは、うき世のならひなれど、いまだたのしびも半ばならざる※千代《ちよ》の小松の、二葉《ふたば》ばかりの笑ひ盛りなる緑子《みどりご》を、寝耳に水のおし来るごとき、あらあらしき※疱《いも》の神に見込まれつつ、今※水膿《すいのう》のさなかなれば、やをら咲ける初花の泥雨にしをれたるに等しく、側《そば》に見る目さへくるしげにぞありける。是《これ》も二、三日経たれば、※疱はかせぐちにて、雪解《ゆきげ》の峡土《かひつち》のほろほろ落つるやうに、瘡蓋《かさぶた》といふもの取るれば、祝ひはやして、※さん俵法師《だらほふし》といふを作りて、※笹湯《ささゆ》浴《あ》びせる真似かたして、神は送り出したれど、益々《ますます》よわりて、きのふよりけふは頼みすくなく、終《つひ》に六月廿一日の蕣《あさがほ》の花と共に、此世《このよ》をしぼみぬ。母は死貌《しにがほ》にすがりて、よよよよと泣くもむべなるかな。この期《ご》に及んでは、行く水のふたたび帰らず、散る花の梢《こずゑ》にもどらぬくいごとなどと、あきらめ貌《がほ》しても、思ひ切りがたきは恩愛のきづな也けり。

露の世は露の世ながらさりながら　一茶

去《さる》四月十六日、※みちのくにまからんと、善光寺《ぜんくわうじ》迄《まで》歩みけるを、※さはる事ありて止みぬるも、※かかる不幸あらんとて、道祖神《だうそじん》のとどめ給ふならん。

〈注〉

※千代の小松の、二葉ばかりの笑ひ盛りなる緑子……千代の小松の二葉ともいえる笑いざかりの幼児。

※疱の神……疱瘡の神。

※水膿……うみによる水ぶくれ。

※疱はかせぐちにて、雪解の峡土のほろほろ落つるやうに……疱瘡が乾いて雪解けの山の斜面の土がぽろぽろと落ちるように。

※さん俵法師……米をつめる俵の両端のふたとして、また、俵の形を整えるために使う、わらで丸く編んだ直径三〇センチほどの物。呪術的な用途が多く、疱瘡送りにも使われた。

※笹湯……小児の疱瘡が治ったときに浴びせる湯。

※みちのくにまからん……奥州に出かけよう。

※さはる事……障害となる事、さしさわり。

※かかる不幸あらん……このような不幸があるだろう。

◉口語訳

楽しみが極まって悲しみが起こるというのは、この世の常とはいえ、まだ人生の楽しみの半分も味わっていない、千年も生きるだろう小松の（芽を出したばかりの）二葉ともいえる笑いざかりの幼子が、まったく思いもかけず突然に、荒々しい疱瘡の神に取り憑かれて、今は水膿がとてもひどいので、ようやく咲いた初花が、泥雨にたたかれてしぼんでしまったのと同じで、そばで見ていてさえ苦しげであった。これも二、三日たつと、疱瘡が乾いて、雪解けの山の斜面の土がぼろぼろと落ちるように、かさぶたが取れたので、お祝いをして、さん俵法師というものを作って、それに笹湯を浴びせる真似をして（疱瘡の）神を送り出したが、（子供は）ますます弱って、昨日より今日は（生きる）頼みも少なくなり、とうとう六月二十一日の朝、朝顔の花（がしぼんでいくの）と共に、亡くなってしまった。母親が（我が子の）死顔にすがってよよと泣くのも、当然のことである。この期に及んでは、行く水がもとには戻らない（ように）、散った花が再びもとの梢に戻らないように、悔い言（を言ってもしかたがない）などと、あきらめ顔をしてみても、思いを断ち切ることが難しいのが恩愛の絆というものである。

露の世は露の世ながらさりながら（この世は露のようにはかないものだとわかってはいるが、やはりあきらめきれないことだ）

去る四月十六日のこと、奥州に旅立とうと善光寺まで歩いたが、さしつかえが出来てやめたのも、このような不幸があるだろうということで、道祖神が（私を）引き止めなさったのであろう。

作品について

小林一茶は現実から離れ、趣味化したそれまでの俳壇を批判し、蕉風以前の俳諧の原点に戻り、現実を厳しく見つめた俳句を目指した。『おらが春』は一八一九（文政二）年の元旦から歳末までの一年間の随想や見聞を書き連ねた句文集。一茶が五十七才の時の作品である。

例題

1　上段8行目「祝ひはやして」とあるが、その理由として最も適当なものを次から一つ選び、記号で答えなさい。

ア　娘が三日持ちこたえたから。
イ　疱瘡の神を送り出す儀式のため。
ウ　娘の来世の幸福を祈るため。
エ　病気が良くなったように見えたから。
オ　悲しい気持ちを紛らわすため。

（城西大学付属川越・一部改）　（　　）

この章で登場した重要語句

紫色……最重要語句　★……連語

音	語句	品詞と意味	所収問題
あ	あいなし	〈形容詞〉面白くない、理屈に合わない、訳もなく、など。	❿
	あきる（呆る）	〈動詞〉びっくりして、どうしていいかわからなくなる。	⓰
	あさまし	〈形容詞〉驚きあきれる。見苦しい。興ざめだ。	❸⓬⓲
	あし	〈形容詞〉悪い、不愉快だ、卑しい、など。 （主に絶対的な悪さを表す）	⓰
	あはれ	〈感動詞〉感動したときに発する言葉。「ああ」「さあ」など。	⓬
	あはれなり	〈形容動詞〉しみじみとした風情がある。趣がある。	❺❻
	あやし	〈形容詞〉卑しい。身分が低い。見苦しい。心配だ。不思議に思う。	❶❷
	あやしむ	〈動詞〉不思議に思う。いぶかしく思う。	⓰
	ありく	〈動詞〉歩く。歩き回る。～して歩く。	❼⓰
い	いかで	〈副詞〉【疑問】どういうわけで～か。どうやって～か。 【反語】どうして～か。 【願望】どうにかして。ぜひとも。	❹❺❿
	いかに	〈副詞〉どうしたことだ。どういうことだ。	❸
	いかなり	〈形容動詞〉どのような。どうした。	❾
	いづく	〈代名詞〉どこ、どちら、など場所を表す。	❽
	いと	〈副詞〉非常に。たいそう。とても。	❶❸❺❻ ❽
	いみじ	〈形容詞〉非常に、たいそう、とても、甚だしい、など。	❷❹❺❼ ❽
	★いかでか	【疑問】どういうわけで～なのか。 【反語】どうして～か。	❺
	★いかにして	どのようにして。なんとかして。	⓴
う	うし	〈形容詞〉思うままにならず苦しい。つらい。せつない。	⓳
	★うたてあり	不快だ。嫌だ。	⓰
え	え	〈副詞〉「え＋打ち消しの語」で不可能を表す。～できない。	❼
お	おどろく	〈動詞〉はっと気づく。目が覚める。	❽
	おはします	〈動詞〉「おはす」より程度の高い尊敬語。	❷❸
	おほす（仰す）	〈動詞〉おっしゃる。命じる。お命じになる。	❷❸⓬
	おぼゆ	〈動詞〉思われる。感じられる。思い出される。	❹❺❾
	おもしろし	〈形容詞〉趣がある。（景色が）すばらしい。興味深い。	⓮⓰
か	かかる	〈連体詞〉このような。こんな。	⓬⓰
	かへすがへす	〈副詞〉繰り返し繰り返し。何度も。本当に。	❺
き	聞こゆ	〈動詞〉聞こえる。噂される。世に知られる。	❸
	興ず	〈動詞〉面白がる。楽しむ。	❶
	★興あり	興趣がある。おもしろい。	❿
く			
け	気色（けしき）	〈名詞〉ありさま、態度、顔つき、機嫌、様子、など。	⓮
	げに	〈副詞〉そのとおり。本当に。確かに。なるほど。	⓱⓴
こ	こころにくし	〈形容詞〉奥ゆかしい。いいなと思う。いぶかしい。	❶

音	語句	品詞と意味	所収問題
こ	こころばせ	〈名詞〉気だて。心遣い。「こころばへ」。	❾
さ	さへ	〈副助詞〉○○ばかりではなく～まで。そのうえ～までも。	❸
	さらに	〈副詞〉「さらに＋打ち消しの語」で 決して～ない、全く～ない、という意味。	❶
し			
す			
せ	★せむかたなし	どうしようもない。しかたない。	❽
そ			
た	だに	〈副助詞〉～さえ。せめて～だけでも。	❷❺⓳
ち			
つ	つやつや	〈副詞〉「つやつや＋打ち消しの語」で、 少しも～ない、全く～ない、という意味。	❿
	つゆ	〈副詞〉「つゆ＋打ち消しの語」で、 少しも～ない、全く～ない、という意味。	❺
	つれづれなり	〈形容動詞〉退屈なこと、所在ないこと、物事が手につかない様子。	❺
て			
と	とく	〈副詞〉早く。急いで。さっそく。すでに。とっくに。	⓲
	とくとく	〈副詞〉はやくはやく。さっそく。	⓬
な	な	〈副詞〉「な＋そ」で禁止を表す。～するな。	❷
に			
ぬ			
ね	念ず	〈動詞〉我慢する。堪え忍ぶ。	❸
の	のたまふ	〈動詞〉おっしゃる。	❶❽
	ののしる	〈動詞〉大声で騒ぎ立てる。	❸⓲
は	ばや	〈終助詞〉「～ばや」で希望、願望を表す。 ～であってほしい、～したい、という意味。	⓬⓰
	はるかなり	〈形容動詞〉（距離・年月などが）遠く離れていること。	❺❼
ひ	日ごろ	〈名詞〉何日か、数日来、近頃、普段、など。	❼
	ひさし（久し）	〈形容詞〉長い時間が経った状態。久しぶりだ。しばらくだ。	❸
ふ	文	〈名詞〉手紙、文書、書物、本、漢詩、学問、など。	❺
へ			
ほ	ほど	〈名詞〉時間、ころあい、身分、大きさ、具合、限り、 ～のあたり、など。	❸❺⓬
	★本意なし	不本意だ、残念だ。	❹
ま	まかる	〈動詞〉行く。通る。（ほかに「行く」「退出する」の謙譲語）	❻㉑
	まほし	〈助動詞〉願望を表す。～したい。～であってほしい。	❺
み			
む	むべ（うべ）	〈副詞〉当然のことである。まさにその通り。なるほど。	㉑
め	めづ	〈動詞〉愛する。かわいがる。慕う。心ひかれる。賞賛する。	❶
	めづらし	〈形容詞〉すばらしい。かわいらしい。珍しい。	❺
	めでたし	〈形容詞〉立派だ。すぐれている。すばらしい。美しく愛らしい。	❼
も	もがな	〈終助詞〉願望を表す。～であったらなあ。～があればなあ。	❿
	ものがたりす(物語す)	〈動詞〉おしゃべりをする。雑談をする。	⓲

音	語句	品詞と意味	所収問題
や	やすし	〈形容詞〉容易だ。たやすい。無造作だ。	❼
	やむごとなし	〈形容詞〉限りない。並々ではない。格別だ。	❽
	★やむごとなき人	身分の高い人。高貴な人。	⓳
ゆ	ゆかし	〈形容詞〉見たい、聞きたい、知りたい、など、心がひかれる様子。	❼
よ	よろづ	〈名詞〉すべて、さまざま、いろいろ、など。	❶⓮
	由（よし）	〈名詞〉原因、理由、方法、手段、道理、など。	❼
	よし（良し）	〈形容詞〉よい、素晴らしい、心地よい、立派だ、など。 （主に絶対的な良さを表す）	❹❻
	よも	〈副詞〉決して。絶対に。まさか。 （後ろに打ち消しの助動詞「じ」を伴うことが多い）	❺
	よもすがら	〈副詞〉一晩中。	❽
	★よしなし	理由がない。手段・方法がない。とりとめがない。つまらない。	❾
ら			
り			
る			
れ			
ろ			
わ	わろし	〈形容詞〉良くない。不快だ。悪い。（主に相対的な悪さを表す）	❶❻
を	をかし	〈形容詞〉風流だ。心ひかれる。趣深い。面白い。興味深い。	❶⓮
	をこ	〈名詞〉ばかげていること。愚かな様子。	❻

第四章

知識編

山里は
冬ぞさびしさ
まさりける
人目も草も
かれぬと思へば

（古今集　巻第六　冬歌　三一五　源宗于）

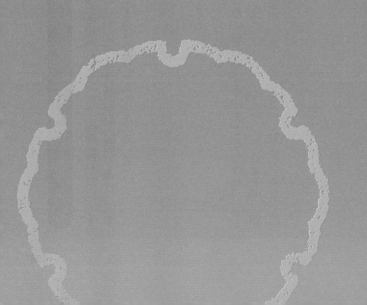

先取り古典文法

呼応の副詞（陳述の副詞）を押さえよう

⇩呼応の副詞（陳述の副詞）とは、下に〈打消〉〈禁止〉〈推量〉など、特定の意味の語をともなった形で文章中に機能するもの。

	副詞	例文	基本の訳しかた
打消	つゆ	**つゆ**も歎かざりけり。（打消の語）（➡P26） →まったく悲しまなかった。	まったく〜ない 決して〜ない 少しも〜ない
打消	さらに	**さらに**益なし。（打消の語）（➡P18） →まったく役に立たない。	まったく〜ない 決して〜ない 少しも〜ない
打消	よも	**よも**遠くは行かじ。（打消の語）（➡P28） →まさか遠くへは行くまい。	まさか〜ない
禁止	な	**な**射そ、**な**射そ。（➡P112） →射るな、射るな。	〜するな
不可能	え	**え**答えずなり侍りつ。（打消の語）（➡P46） →答えることができなかった。	〜できない

副助詞―だに・すら・さへ

⇩高校入試で出題される文法事項のひとつに、副助詞「だに・すら・さへ」の用法がある。「だに」は古語独自の語であり、「すら」「さへ」は現代語と若干意味が異なるので注意したい。

●「だに」

意味
①類推……「〜さえ、〜さえも」
②最小限度……「せめて〜だけでも」

例 さる気色ありつるかと**だに**思わぬこそ、あさましけれ。（➡P82・83）

→そのような振る舞いがあったことさえ思いださないのは、驚きあきれることだ。

●「すら」

意味
類推……「〜さえ、〜さえも」

例 聖など**すら**前の世のこと、夢に見るは、いと難かなるを。（更級日記）

→（徳の高い）聖などでさえ、自分の前世のことを夢に見るのはとても難しいというのに。

●「さへ」

意味
添加……「（その上）〜までも」

例 このふねを**さへ**とりにおこせたり。（➡P68）

→（家の中の物ばかりでなく）この桶までも取りによこしたのだ。

古文の程度表現と訳

⇩古文では曖昧な評価を意味する言葉や、多義的な言葉が多い頻出の語句を整理し、正確な訳出を心がけよう。

●「いみじ」

⇩程度のはなはだしい様子を表す語。プラス・マイナス両方の意味で用いられる。文脈に即して考えることが重要である。

用例

○家いみじう貧しくて
→家がとても貧しくて
……単純に、後に続く言葉の程度を高める働き。

○『いみじく申したり』
→『よくぞ申したものだ』
……言葉自体に良い評価の意味が付加された働き。

○万にいみじき薬とて
→何にでもよく効く薬だといって
……修飾している語（「薬」）の性質を含めた働き。

○いみじき事のみおはすれば
→素晴らしいことばかりがありますので
……「いみじ」が単独で、評価を表す言葉になる働き。

●「よし」から「あし」まで

⇩評価や印象を述べる時に用いられる言葉である。やはり訳出は文脈に即して考えることが求められる。ここでは、それぞれの語の概念を示しておきたい。

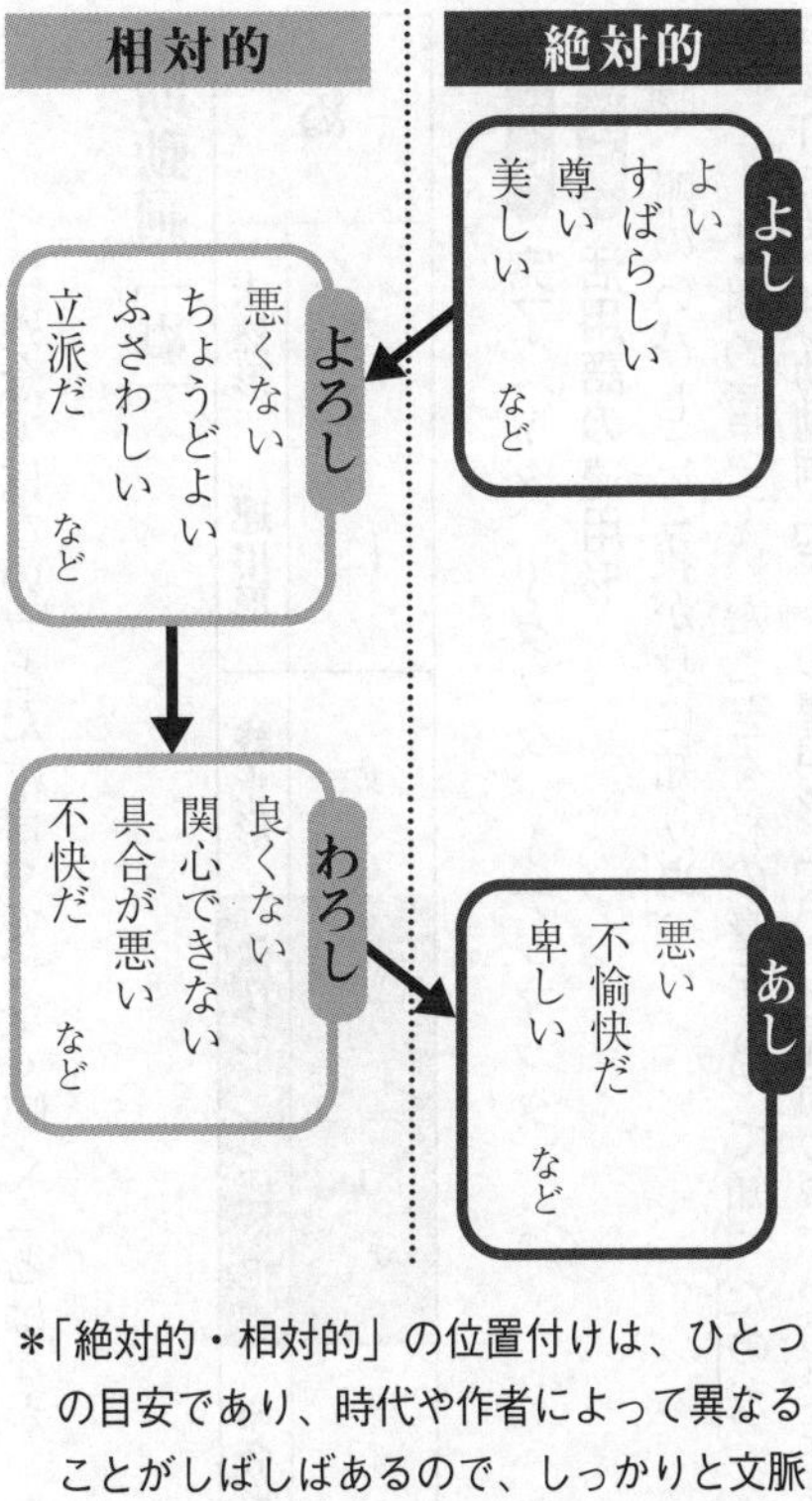

＊「絶対的・相対的」の位置付けは、ひとつの目安であり、時代や作者によって異なることがしばしばあるので、しっかりと文脈をとらえたうえでの解釈が必要である。

例

○のどかに物語して帰りぬる。いと**よし**（➡P42）
→のんびりとおしゃべりなどをして帰ってしまうのは、非常によろこばしい。

○もしこと**よろしき**国たまはりなば、寺作らん（➡P16）
→もし悪しからず思う国に着任させてくださるのでしたら、寺を作りましょう。

○いとはしげに言はんも**わろし**（➡P42）
→嫌そうに言うのも良くない。

○**悪**《あ》**しく**、**よく**舞ふもあり（➡P22）
→下手（に舞う者）もいれば、上手に舞う者もいた。

読みのポイントとなる助動詞

⇩助動詞に関する本格的な学習は高校範囲になるが、本文の読解や、また設問においても決して無視できるものではない。ここでは、助動詞のなかでも頻出のものを取り上げ、文法知識の先取りを目指したい。

●助動詞「けり」

	未然形	連用形	終止形	連体形	已然形	命令形
けり	けら	○	けり	ける	けれ	○

意味 過去（～タ）、詠嘆（～ダナア）

接続 活用語の連用形

★和歌中の「けり」は詠嘆の意味で使われることがあるので注意！

例 ○少納言公経といふ手書きありけり。

→少納言公経という、書に優れた者がいた。……過去

○はだかなる我が身にかかる白雪は　うちふるえども消えせざりけり

→裸同然の私の体にかかる白雪は、降り積もるばかりで、私がどんなに振り払っても［寒さに震えても］、消えることがないのだなあ……詠嘆

●助動詞「き」

	未然形	連用形	終止形	連体形	已然形	命令形
き	せ	○	き	し	しか	○

意味 過去（～タ）

接続 活用語の連用形

例 諸人に語りて、興じき。

→周りの人々に語って、楽しんだ。

●助動詞「ず」

	未然形	連用形	終止形	連体形	已然形	命令形
ず	ず ざら	ず ざり	ず	ぬ ざれ	ね ざれ	ざれ

意味 打ち消し（～デハナイ、～ナイ）

接続 活用語の未然形

例 「悔いず（終止形）」とばかりいひて、つゆもなげかざり（連用形）けり。

→「残念ではない」とだけ言って、全く嘆くことはなかった。

●助動詞「ぬ」

	未然形	連用形	終止形	連体形	已然形	命令形
ぬ	な	に	ぬ	ぬる	ぬれ	ね

意味 完了（～タ、～タノダ、～テシマッタ）

接続 活用語の連用形

例 鮒のいひしこと我が身に知りぬ。

→鮒の言っていたことを私の身をもって知ったのだ。

★打ち消しの助動詞「ず」の連用形「ぬ」と混同しやすいので注意！

◉応用《接続で識別しよう》

●「知らぬ（未然形＋ぬ）」→「知らない」……打ち消し

●「知りぬ（連用形＋ぬ）」→「知った」……完了

●助動詞「じ」

	未然形	連用形	終止形	連体形	已然形	命令形
じ	○	○	じ	じ	じ	○

意味 打ち消し推量（～デハナイダロウ）、打ち消し意志（～シマイ）

接続 活用語の未然形

例
○きむじも今はここに見えじかし。
→おまえも二度とここに来ることはないのだろうね。……打ち消し推量
○人をわずらはさじのために、空車を五両立て置かれたりけるなり。
→人に迷惑をかけまいと、空の車を五両立てておいたのであった。……打ち消し意志

●助動詞「まじ」

	未然形	連用形	終止形	連体形	已然形	命令形
まじ	まじから	まじく まじかり	まじ	まじき まじかる	まじけれ	○

意味 打ち消し推量・打ち消し意志・禁止（～ナラナイ）

接続 活用語の終止形（あり・おり・はべり・いまそかり　の連体形）

例 ただなる所には目にもとまる**まじき**（連体形）に
→普段では、目にも留めないであろうに。……打ち消し推量

●助動詞「まし」

	未然形	連用形	終止形	連体形	已然形	命令形
まし	ませ ましか	○	まし	まし	ましか	○

意味 反実仮想（もし～だったら……ナノニ）……現実には起こっていないことを想像したり、願望をもって思うことを表す。

接続 活用語の未然形

例 鏡に色・かたちあらましかば、うつらざらまし。
→もし鏡に色や形があれば、映らないだろうに。

◉「反実仮想」の基本パターン
● ～ましかば……まし
● ～ませば……まし
● ～ば……まし

●助動詞「まほし」

	未然形	連用形	終止形	連体形	已然形	命令形
まほし	まほしから	まほしく まほしかり	まほし	まほしき まほしかる	まほしけれ	○

意味 希望・願望（～タイ・～デアッテホシイ）

接続 動詞型活用語の未然形

例 妻子も今一たび見**まほしく**（連用形）思ふべし。
→妻子にもう一度会いたいと思うだろう。

おさえておきたい！　敬語の基本語彙

●謙譲語……目上の者に対して、自分の行動を伝える時の言葉

謙譲語	例文	現代語訳
きこゆ（聞こゆ） **きこえさす** **まうす（申す）**	母君の侘び**申**したりければ（⬇P76） →母君が侘びて申し上げたので	申し上げる
うけたまはる（承る）	仰せ言も**うけたまはら**め（⬇P114） →ご命令をお聞き出来るのだろう	お聞きする
さぶらふ（候ふ） **はべり（侍り）**	などてか、**さぶらは**ざらむ（⬇P68） →どうしてお仕えしないことがありましょうか	お側にいる お仕えする
たまはる	もしことよろしき国**たまはり**なば（⬇P16） →もし豊かな国をいただけるなら	いただく
たてまつる（奉る）	たしかに**奉ら**む（⬇P28） →たしかにさしあげよう	さしあげる
まゐる（参る）	広沢の僧正の御房に**参り**て（⬇P78） →広沢の僧正の御房に参上して	参上する さしあげる

謙譲語	例文	現代語訳
まかる	伏し拝み**まかり**出でにけり（⬇P120） →伏し拝み、退出していった	退出する
〜たてまつる（奉る） **〜まうす（申す）** **〜まゐらす（参らす）** **〜きこゆ（聞こゆ）**	久しく君に仕へ**奉り**て（⬇P85） →長く院のもとにお仕えいたして もてはやし**聞こえさせ**たまひつる（⬇P112） →取り持ち申し上げなさった	〜申し上げる 〜いたす

●尊敬語……自分より目上の者の行動を、述べ伝える時の言葉

尊敬語	例文	現代語訳
おはす **おはします**	今五日ありて**おはせ**よ（⬇P18） →もう五日たってからおいでください いづくに**おはします**にか（⬇P124） →どこにいらっしゃるのですか	いらっしゃる おいでになる
おほす **のたまふ** **のたまはす**	ありのままに奏せよ」と**仰せ**られければ（⬇P84） →ありのままに申し上げよ」とおっしゃったので	おっしゃる

尊敬語	例文	現代語訳
おほす **のたまふ** **のたまはす**	観音に思ひまがひて**のたまひ**けるなり（⬇P30） →観音に思い違っておっしゃったのだ	おっしゃる
おぼす **おぼしめす**	とどめ給ひかしと**おぼしけれ**ども（⬇P132） →お引き止めなさってほしいとお思いになったが 仏、あはれと**おぼしめし**たりけるなめり（⬇P120） →仏も慈悲を与えようとお思いになったのだろう	お思いになる
きこす（聞こす）	君、**聞こしめし**て（⬇P84） →君はお聞きになって	お聞きになる
たてまつる（奉る） **まゐる（参る）**	これを落して侍るなり、**奉れ**（⬇P28） →これを落として行きました、お召し下さい 打撒を、取らせ給ひ御**参り**候ふ（⬇P132） →打撒をお取りになり、お召し上がりになります	召し上がる お召しになる お乗りになる

尊敬語	例文	現代語訳
〜たまふ（給ふ） **〜おはす** **〜おはします**	御名を隠させ**給ひ**て（⬇P76） →お名前をお隠しになって 姫君の臥して**おはし**けるに（⬇P132） →姫君がお休みになっていると	お〜になる 〜なさる

●丁寧語……聞き手に対する敬意を広く表す言葉

丁寧語	例文	現代語訳
さぶらふ（候ふ） **はべり（侍り）**	文こそ**はべれ**な（⬇P118） →手紙でございましょう	あります おります ございます
〜さぶらふ（候ふ） **〜はべり（侍り）**	この翁はかくは申し**候へ**ども（⬇P22） →この翁はこのように申しておりますが 供養せむと思ひ**侍る**（⬇P30） →供養をしようと思っております	〜ます 〜おります 〜ございます

和歌の技法と枕詞

枕詞	用例	かかる言葉
あかねさす	**あかねさす**紫野行き標野行き 野守は見ずや君が袖振る	紫・君・日・昼
あしひきの	**あしひきの**山川の瀬の鳴るなへに 弓月が嶽に雲立ちわたる	山・峰 山の名前
あづさゆみ	**あづさゆみ**引けど引かねどむかしより 心は君によりにしものを	引く・張る 末・音
あらたまの	**あらたまの**年の三年を待ちわびて ただ今宵こそ新枕すれ	年・月・春・日
あをによし	**あをによし**奈良の都の八重桜 けふ九重ににほいぬるかな	奈良
からころも	**から衣**きつつ慣れにしつましあれば はるばるきぬる旅をしぞ思ふ	着る・袖・紐 裾・裁つ
くさまくら	家にあれば笥に盛る飯を**くさまくら** 旅にしあれば椎の葉に盛る	旅・仮・露
しろたへの	春過ぎて夏来にけらし**しろたへの** 衣ほすてふ天の香具山	衣・袖・袂・雪
たらちねの	**たらちねの**親のまもりと相添ふる 心ばかりは関なとどめそ	母・親
ちはやぶる	**ちはやぶる**神代も聞かず竜田川 からくれなゐに水くくるとは	神・宇治（氏）
ぬばたまの	**ぬば玉の**夜の更けゆけば久木生ふる 清き河原に千鳥しば鳴く	夜・黒・闇 髪・月
ひさかたの	わたの原こぎ出でてみれば**ひさかたの** 雲居にまがふ沖つ白波	光・雲・天 日・光・月・空

●**掛詞**……音の同じ語を用いて、一つの言葉に複数の意味を持たせるもの。

●「**あき**」→「**秋**」と「**飽き**」

例　わが袖にまだき時雨の降りぬるは君が心に**秋**や来ぬらむ

●「**あやめ**」→「**あやめ（花）**」と「**文目**（＝物事の筋道）」

例　ほととぎす鳴くや五月のあやめ草　**あやめ**も知らぬ恋もするかな

●「**かる**」→「**枯る**」と「**離る**」

例　山里は冬ぞ寂しさまさりける人目も草も**かれ**ぬと思へば

●「**おと**」→「**音**」と「**訪**」

例　わが待たぬ年は来ぬれど冬草の**かれ**にし人は**音**づれもせず

＊「かれ」とのダブル掛詞の和歌。

●「**ながめ**」→「**眺め**」と「**長雨**」

例　つれづれの**ながめ**に増さる涙川　袖のみ濡れてあふようもなし

●「**ふみ**」→「**文**」と「**踏み**」

例　大江山いくのの道の遠ければまだ**ふみ**もせず天の橋立

●「**ふる**」→「**降る**」、「**経る**」、「**振る**」など

例　花の色は移りにけりないたづらに　我が身世に**ふる**ながめせしまに

※「経る」と「降る」

●**縁語**……連想される関連の深い言葉同士を用いたもの。

例　**難波江**の**蘆**の**かりね**《(刈り根)(仮寝)》の**ひとよ**《(一節)(一夜)》ゆゑ**みをつくし**《(澪標)(身を尽くし)》てや恋ひ**わたる**べき

……「**難波江**」「**蘆**」「**かりね**（刈り根）」「**ひとよ**（一節）」「**みをつくし**（澪標）」「**わたる**」が、海辺、水辺といったつながりを持つ縁語である。

暦と四季～四季と月の異名・二十四節気・主要季語一覧～

（次の表はすべて旧暦に基づいたものとする。）

月	異名	二十四節気		四季	主な季語
一月	睦月《むつき》	立春《りっしゅん》	雨水《うすい》	春	元旦・去年今年・初夢・早春・立春・行く春・梅・桜・よもぎ餅・大根の花・藤・桃の花・山吹・若菜・雑煮・七草・野焼き・ひな祭り・蛙・雀の子・蝶・燕・はまぐり・霞・雪解け・花冷え・花曇り・水ぬるむ・うぐいす
二月	如月《きさらぎ》	啓蟄《けいちつ》	春分《しゅんぶん》		
三月	弥生《やよい》	清明《せいめい》	穀雨《こくう》		
四月	卯月《うづき》	立夏《りっか》	小満《しょうまん》	夏	初夏・梅雨寒・立夏・麦の秋・土用・短夜・青葉・若葉・紫陽花・あやめ（草）・かきつばた・夏草・卯の花・筍（たけのこ）・夕顔・牡丹・百合・桐の花・五月晴れ・五月雨・虹・炎天・雷・夕立・夕焼け・雨蛙・鮎・初鰹・ほととぎす・金魚・蝉・ほたる・かたつむり・鯉のぼり・田植え・早乙女・端午・ちまき・昼寝・衣替え・団扇・ところてん
五月	皐月《さつき》	芒種《ぼうしゅ》	夏至《げし》		
六月	水無月《みなづき》	小暑《しょうしょ》	大暑《たいしょ》		
七月	文月《ふみづき》	立秋《りっしゅう》	処暑《しょしょ》	秋	立秋・残暑・夜長・秋深し・行く秋・朝顔・桔梗・へちま・稲・秋の七草・鶏頭・葛の花・菊・萩・女郎花（おみなえし）・もみじ・薄（すすき）・桐一葉（きりひとは）・秋風・秋高し・名月・月・野分・台風・十六夜・露・蜻蛉・きりぎりす・松虫・虫・馬肥ゆ（馬肥ゆる）・鹿・渡り鳥・鮭・こおろぎ・ひぐらし・月見・重陽・七夕・案山子・稲刈り
八月	葉月《はづき》	白露《はくろ》	秋分《しゅうぶん》		
九月	長月《ながつき》	寒露《かんろ》	霜降《そうこう》		
十月	神無月《かんなづき》 ＊出雲以外	立冬《りっとう》	小雪《しょうせつ》	冬	立冬・師走・小春・除夜・年の暮れ・寒の入り・行く年・木の葉・落ち葉・枯葉・枯れ草・冬木立・大根・白菜・葱・人参・山茶花・火事・焚き火・炬燵・雪見・冬ごもり・鴨・鱈・河豚（ふぐ）・枯野・雪・時雨・木枯らし・初氷（はつごおり）・霜柱・氷柱（つらら）・枯野
十一月	霜月《しもつき》	大雪《たいせつ》	冬至《とうじ》		
十二月	師走《しわす》	小寒《しょうかん》	大寒《だいかん》		

＊出雲国では、各国から神が集まる月なので「神有月」と称する。

文学史～年表と論点～

（年表中の紫字の年号は推定年号である。）

時代	年	作品
上代・奈良時代	七〇〇年	❖古事記【歴史書】（太安万侶　七一二） ❖日本書紀【歴史書】（舎人親王ら　七二〇）
	七五〇年	❖懐風藻《かいふうそう》【漢詩集】（淡海三船か　七五一） ❖万葉集【歌集】（大伴家持ら　七五九）
中古・平安時代	八〇〇年	❖日本霊異記《にほんりょういき》【説話】（景戒　八二二）
	八五〇年	❖竹取物語【物語】 ❖伊勢物語【歌物語】
	九〇〇年	❖古今和歌集【歌集】（紀貫之ら　九〇五） ❖土佐日記【日記】（紀貫之　九三五） ❖大和物語【歌物語】
	九五〇年	❖蜻蛉《かげろう》日記【日記】（藤原道綱母　九七四）

文学史の時代区分

歴史を学習するときは、西暦や和暦、時代名などを中心にして覚えることが多いが、日本古典文学史では次のような時代区分を設けて分類される。

●「上代《じょうだい》」……文学の発生～奈良時代
●「中古《ちゅうこ》」……平安時代
●「中世《ちゅうせい》」……鎌倉時代～室町時代
●「近世《きんせい》」……江戸時代

本書の一～三章の時代表記はこれにしたがった。

『古事記』と『日本書紀』

一般に『古事記』は「現存する最古の書物」、『日本書紀』は「現存する最古の歴史書」と位置付けられる。これらは神代から天皇の系譜を追って著されたものであるが、『古事記』は紀伝体、『日本書紀』は編年体で書かれている。また、どちらも天皇の命により作られたものであり。『古事記』は天武天皇、『日本書紀』は元正天皇の勅命による。『古事記』『日本書紀』に収められた詩歌・歌謡は「記紀歌謡《ききかよう》」と呼ばれ、和歌の原形とされている。また、年表中の『懐風藻』は「現存する最古の漢詩文集」である。

作り物語と歌物語

『竹取物語』は「現存する最古の物語」といわれ、伝奇的要素を持った〈作り物語〉である。これと同時期に作られ

中古	中世
平安時代	鎌倉時代
一〇〇〇年 一〇五〇年 一一〇〇年 一一五〇年	一二〇〇年
❖**枕草子**【随筆】（清少納言　一〇〇一） ❖**源氏物語**【物語】（紫式部　一〇〇八） ❖**和漢朗詠集《わかんろうえいしゅう》**【漢・和歌集】（藤原公任　一〇一三） ❖**栄華《えいが》物語**（正編）【歴史物語】（赤染衛門　一〇三〇ごろ） ❖**更級《さらしな》日記**【日記】（菅原孝標女　一〇六〇） ❖**大鏡《おおかがみ》**【歴史物語】（一〇九二） ❖**今昔物語集**【説話】（一一二〇） ❖**梁塵秘抄《りょうじんひしょう》**【歌謡】（後白河院　一一六九） ❖**千載《せんざい》和歌集**【歌集】（藤原俊成　一一八八） ❖**山家集《さんかしゅう》**【私家集】（西行　一一九〇）	❖**無名草子《むみょうぞうし》**【評論】（藤原俊成女） ❖**新古今和歌集**【歌集】（藤原定家ら　一二〇五） ❖**無名抄《むみょうしょう》**【評論】（鴨長明　一二一一） ❖**方丈記**【随筆】（鴨長明　一二一二） ❖**発心集**【説話】（鴨長明　一二一四）

たものが『伊勢物語』で、これは、各段の内容の中心に和歌が詠み込まれ、またその歌が物語世界をより豊かに描きだす〈歌物語〉である。この二作品を基礎として、その後〈作り物語〉と〈歌物語〉という二つのジャンルが展開していく。これらの要素を一つのものとして結実したものが後の『源氏物語』であるとされている。

紀貫之の活躍

勅撰八代集の最初の和歌集『古今和歌集』の撰者（＝歌を選び、編纂する人）の一人である紀貫之は、その冒頭に和歌評論「仮名序《かなじょ》」を収め、そのなかで六歌仙と称される当代の歌人を論じた。『古今和歌集』には、自らの歌も入集している。その後、貫之の和歌は八代集の二番目の『後撰和歌集』、三番目にあたる『拾遺和歌集』にも収められた。また、『古今和歌集』と同時期に『土佐日記』を記している。これは、女性仮託という形をとり、仮名文字を用いて記された。

藤原俊成一家の活躍

藤原俊成《ふじわらのとしなり》は、和歌における「幽玄《ゆうげん》」の確立者である。後白河院の命を受け、『千載和歌集』を編纂した。また、俊成の歌は『新古今和歌集』に多く収められている。その息子藤原定家《ふじわらのさだいえ》は「有心《うしん》」を理想とした和歌の世界観を確立した。定家は後鳥羽院の命を受け『新古今和歌集』の編纂に携わった。また、『小倉百人一首』は、藤原定家が彼の小倉山の山荘で選んだことに拠る。その他、『松浦宮物語』の作者とする説も有力である。『無名草子』の作者として知られる娘（実際は孫）の藤原俊成女《ふじわらのしゅんぜいのむすめ》は、本歌取りを得意とし、特に『源氏物語』や『狭衣《さごろも》物語』などの物語の心を取り込ん

中世		
時代	年	作品
鎌倉時代		❖平家物語（の原形）【軍記物語】（一二一八）
		❖宇治拾遺物語【説話】（一二一九）
		❖小倉百人一首【歌集】（藤原定家か　一二三五）
	一二五〇年	❖十訓抄《じっきんしょう》【説話】（六波羅次郎左衛門入道　一二五二）
		❖古今著聞集【説話】（橘成季　一二五四）
		❖十六夜日記《いざよいにっき》【日記】（阿仏尼　一二八〇）
		❖沙石集《しゃせきしゅう》【説話】（無住　一二八三）
	一三〇〇年	❖徒然草【随筆】（吉田兼好　一三三一）
	一三五〇年	❖太平記《たいへいき》【軍記物語】（一三七〇ころか）
室町時代	一四〇〇年	❖風姿花伝《ふうしかでん》【評論】（世阿弥　一四一八）
	室町末期～	❖御伽草子

だ歌を残し、このことは鴨長明の『無名抄』にも記されている。

仏教説話と世俗説話

説話には大きく分けて〈世俗説話〉と〈仏教説話〉とがある。〈世俗説話〉には、貴族や僧侶の生活の様子を、教訓的に、または滑稽に記したものが多い。〈仏教説話〉では、教訓的な霊験《れいげん》や、因果《いんが》、発心《ほっしん》に関するものが多い。また、動物を題材にして説いた話が多いことも仏教説話の特徴である。話の内容は多様であるが、どれも仏教の教えを伝えることが目的であることを前提なので、読解の際には注意したい。一般に『宇治拾遺物語』『十訓抄』などは〈世俗説話〉、『発心集』『沙石集』などは〈仏教説話〉とされている。

世阿弥について

能楽は、民衆芸能であった田楽《でんがく》と猿楽《さるがく》を祖として、日本に初めて誕生した総合的な舞台芸術である。世阿弥《ぜあみ》は、父の観阿弥《かんあみ》とともに、能楽を大成した人物である。当時の将軍足利義満《あしかがよしみつ》の庇護を受け、能役者としての活躍だけではなく、謡曲《ようきょく》（能楽の台本）の作者として、優れた作品を残した。また、演技論、演出論、芸術論などを網羅した能楽論も記しており、年表中の『風姿花伝』のほか、『花鏡《かきょう》』『申楽談儀《さるがくだんぎ》』などがある。室町時代の文化を代表する人物である。

連歌

和歌を母体として中世に流行・発達した詩形式。近世の俳諧連歌へと移行する。連歌は主に〈会席〉と呼ばれる七、

近世

江戸時代前期

一六〇〇年

❖**伊曾保物語**【仮名草子】（一六一四）

❖**醒睡笑《せいすいしょう》**【仮名草子】（安楽庵策伝　一六二三）

一六五〇年

❖**好色一代男**【浮世草子】（井原西鶴　一六八二）

❖**野ざらし紀行**【俳文】（松尾芭蕉　一六八五）

❖**日本永代蔵**【浮世草子】（井原西鶴　一六八八）

❖**世間胸算用**【浮世草子】（井原西鶴　一六九二）

❖**奥の細道**【紀行文】（松尾芭蕉　一六九四）

江戸時代

一七〇〇年

❖**曽根崎心中**【浄瑠璃】（近松門左衛門　一七〇三）

❖**笈《おい》の小文《こぶみ》**【俳文】（松尾芭蕉　一七〇九）

❖**国性爺合戦《こくせんやかっせん》**【浄瑠璃】（近松門左衛門　一七一五）

❖**折《おり》たく柴《しば》の記**【自叙伝】（新井白石　一七一六）

❖**仮名手本忠臣蔵**【浄瑠璃】（竹田出雲　一七四八）

一七五〇年

❖**雨月物語**【読本】（上田秋成　一七七六）

❖**玉勝間**【随筆】（本居宣長　一七九五）

❖**新花摘**【俳文】（与謝蕪村　一七九七）

❖**古事記伝**【評論】（本居宣長　一七九八）

一八〇〇年

❖**東海道中膝栗毛《とうかいどうちゅうひざくりげ》**【滑稽本】（十返舎一九　一八〇二）

❖**南総里見八犬伝**【読本】（滝沢馬琴　一八一四）

❖**花月草紙《かげつそうし》**【随筆】（松平定信　一八一八）

❖**おらが春**【句日記】（小林一茶　一八五二）

八人の共同制作の場で作られる。この〈会席〉は心を一つにする場でもあり、各々の腕を競い合う場でもあった。形式は百韻《ひゃくいん》（百首を連ねるもの）を基本として、五・七・五の発句《ほっく》に七・七の脇句《わきく》、さらに、五・七・五、また七・七、五・七・五、……と進み、一〇〇句めを結句《けっく》、もしくは挙《あげ》句《く》、という。

蕉門十哲

芭蕉の門人は多く存在したといわれる。その中でも、特に優れた門人を「蕉門十哲《しょうもんじってつ》」と言う。「十哲」の構成に関しては諸説あるが、最も有名なのは与謝蕪村が選んだ十人、榎本其角《えのもときかく》・服部嵐雪《はっとりらんせつ》・向井去来《むかいきょらい》・内藤丈草《ないとうじょうそう》・各務支考《かがみしこう》・森《もり》川許六《かわきょろく》・杉山杉風《すぎやまさんぷう》・越智越人《おちえつじん》・志太野坡《しだやば》・立花北枝《たちばなほくし》である。彼らは様々な場面を芭蕉と共にしているため、芭蕉の俳文の中に描かれていたり、また門人の句が載せられていることもしばしばある。

国学

江戸時代に興り、発達した構築的かつ論証的な学問。和歌の研究を原点として、古典のなかから日本古来の精神性や伝統を発掘、再評価していこうという試みであり、その思想流派のことである。代表的な研究者として日本語の音韻や仮名遣いについての研究で知られる契沖《けいちゅう》や、『万葉考』などを記した賀茂真淵《かものまぶち》、『源氏物語玉の小櫛』『古事記伝』を記した本居宣長などがいる。

三大和歌集とその性質

	万葉集	古今和歌集	新古今和歌集
成立	奈良時代末期	平安時代	鎌倉時代
巻数	全二〇巻	全二〇巻	全二〇巻
歌数	（約）四五〇〇首	（約）一一〇〇首	（約）二〇〇〇首
性質	勅撰ではない	勅撰和歌集（醍醐天皇の勅命） ＊勅撰八代集の一番目	勅撰和歌集（後鳥羽上皇の勅命） ＊勅撰八代集の八番目
編者	不詳（大伴家持か？）	紀友則・紀貫之・凡河内躬恒・壬生忠岑	源通具・藤原有家 藤原定家・藤原家高 藤原雅経・寂連
歌体	短歌（五七五七七） 長歌（五七五七～五七七） 旋頭歌（五七七五七七） 仏足石歌（五七五七七七）	短歌が大半を占める。 （長歌五首・旋頭歌四首）	短歌のみ
部立	相聞（恋愛・親愛の歌） 挽歌（死者を悼む歌） 雑歌（その他の歌）	春・夏・秋・冬・恋 （概略）	春・夏・秋・冬・恋 （概略）
歌風	おおらか・素朴・力強さ 「ますらをぶり」（賀茂真淵）	優美・繊細 「たをやめぶり」（賀茂真淵）	幽玄・有心 幻想的で閑寂な境地
技法	枕詞・序詞・対句	掛詞・縁語	本歌取り・体言止め
調子	五七調が中心 （二句切れ・四句切れが多い）	七五調が中心 （三句切れが多い）	七五調が中心 （初句切れ・三句切れが多い）
主要歌人と詠み人	額田王・柿本人麻呂 山部赤人・大伴旅人 山上憶良・大伴家持 「東歌」…東国地方の人の歌 「防人歌」…北九州の沿岸警備の人の歌	紀友則・凡河内躬恒 紀貫之・壬生忠岑 小野小町・僧正遍昭 在原業平・素性法師 伊勢	後鳥羽上皇・西行 慈円・式子内親王 藤原俊成・藤原定家 寂連・藤原俊成女

三大俳人とその比較

	松尾芭蕉（一六四四～一六九四）	与謝蕪村（一七一六～一七八三）	小林一茶（一七六三～一八二七）
時代	江戸時代前期 （元禄期）	江戸時代中期 （天明期）	江戸時代後期 （化政期）
作風	蕉風の精神を確立。 自然への没入。 「さび」「しをり」「軽み」	蕉風の復古を唱える。 絵画的、感覚的な描写。	方言、俗語の使用。 弱者への愛情、人間味あふれる作風。
作品集	●紀行文 『野ざらし紀行』 『笈の小文』『奥の細道』 ●芭蕉七部集 『冬の日』『春の日』 『曠野』『ひさご』 『猿蓑』『炭俵』『続猿蓑』	『新花摘』 『夜半楽』	『おらが春』 『父の終焉日記』 『七番日記』
代表的な句	五月雨を集めて早し最上川〈夏〉 閑かさや岩にしみ入る蝉の声〈夏〉 行く春や鳥啼き魚の目は涙〈春〉 蚤虱馬の尿する枕もと〈夏〉 旅に病んで夢は枯野をかけめぐる〈冬〉	菜の花や月は東に日は西に〈春〉 春の海終日のたりのたりかな〈春〉 牡丹散りて打ち重なりぬ二三片〈夏〉 斧入れて香におどろくや冬木立〈冬〉 白梅に明くる夜ばかりとなりにけり〈春〉	雀の子そこのけそこのけお馬が通る〈春〉 古郷やよるも障るも茨の花〈秋〉 痩蛙負けるな一茶是にあり〈春〉 やれ打つな蝿が手をすり足をする〈夏〉 雪とけて村いっぱいの子供かな〈春〉

＊俳句中の紫字はその句の季語を表します。

古典先取りキーワード一五〇選――知識問題・古典評論・融合問題に向けて！

数字を使った名称　一二三

【一の人】
摂政・関白

【三景】
松島（陸前《りくぜん》）・厳島《いつくしま》（安芸《あき》）・天橋立《あまのはしだて》（丹後《たんご》）

【三筆《さんぴつ》】
平安時代初期の三人の能書家。
嵯峨《さが》天皇・橘逸勢《たちばなのはやなり》・空海《くうかい》

【三蹟《さんせき》】
平安時代中期の三人の能書家。
小野東風《おののとうふう》・藤原佐理《ふじわらのすけまさ》・藤原行成《ふじわらのゆきなり》

【三大和歌集】
『万葉集』『古今和歌集』『新古今和歌集』

【三代集】
『古今和歌集』『後撰《ごせん》和歌集』『拾遺《しゅうい》和歌集』

【三大随筆】
『枕草子』『方丈記』『徒然草』

【三夕《さんせき》の歌】
秋の夕暮れの情景を詠んだ名歌のこと。『新古今和歌集』に収められた。
○寂しさはその色としもなかりけり
　真木《まき》立つ山の秋の夕暮《ゆふぐれ》　（寂連《じゃくれん》）
○心なき身にもあはれは知られけり
　鴫《しぎ》立つ沢の秋の夕暮　（西行）
○見渡せば花も紅葉《もみぢ》もなかりけり
　浦の苫屋《とまや》の秋の夕暮　（藤原定家）

【三大軍記物】
同時代の軍記物を称する。
『保元《ほうげん》物語』『平治《へいじ》物語』『平家物語』

【四神《ししん》】
天の四方の神。平安京は、この四神に合わせた地相で造営された。青龍《せいりゅう》（東）・白虎《びゃっこ》（西）・朱雀《すざく》（南）・玄武《げんぶ》（北）

【四鏡《しきょう》】
平安時代から鎌倉時代にかけて書かれた歴史物語。
『大鏡《おおかがみ》』『今鏡《いまかがみ》』『水鏡《みずかがみ》』『増鏡《ますかがみ》』

【五節句《ごせっく》】
人日《じんじつ》の節句（一月一日）・上巳《じょうし》の節句（三月三日、現在のひな祭り、桃の節句）・端午《たんご》の節句（五月五日）・七夕《たなばた》の節句（七月七日）・重陽《ちょうよう》の節句（九月九日、菊の節句ともいう）

【五街道《ごかいどう》】
東海道《とうかいどう》・中山道《なかせんどう》・日光街道《にっこうかいどう》・甲州街道《こうしゅうかいどう》・奥州街道《おうしゅうかいどう》

【五風土記《ごふどき》】
『出雲《いずも》風土記』『常陸《ひたち》風土記』『播磨《はりま》風土記』『豊後《ぶんご》風土記』『肥前《ひぜん》風土記』

【五穀《ごこく》】
米・麦・粟《あわ》・黍《ひえ》・豆

【六歌仙《ろっかせん》】
在原業平《ありわらのなりひら》・小野小町《おののこまち》・文屋康秀《ふんやのやすひで》・大伴黒主《おおとものくろぬし》・僧正遍昭《そうじょうへんじょう》・喜撰法師《きせんほうし》

【七草《ななくさ》】
《春》セリ（芹）・ナズナ（薺）・ゴギョウ（御形）・ハコベラ（繁縷）・ホトケノザ（仏の座）・スズナ（菘）・スズシロ（蘿蔔）
《秋》ハギ（萩）・オバナ（尾花）・クズ（葛）・ナデシコ（撫子）・オミナエシ（女郎花）・フジバカマ（藤袴）・アサガオ（朝顔）

【七福神《しちふくじん》】
大黒天《だいこくてん》・恵比寿《えびす》・毘沙門天《びしゃもんてん》・弁財天《べんざいてん》・福禄寿《ふくろくじゅ》・寿老人《じゅろうじん》・布袋《ほてい》

【八代集《はちだいしゅう》】
『古今和歌集』『後撰《ごせん》和歌集』『拾遺《しゅうい》和歌集』『後拾遺《ごしゅうい》和歌集』『金葉《きんよう》和歌集』『詞花《しか》和歌集』『千載《せんざい》和歌集』『新古今和歌集』

宮中

男性の官位・役職・呼称など

【**朝臣**《あそん》】
五位以上の男性貴族の姓と名の間につける尊称のこと。また、対等な官位の者同士が親しみを持って呼ぶ際にも使われた。

【**大臣**《おとど》】
「大臣」を中心とした、公卿に対する敬称のこと。

【**関白**《かんぱく》】
天皇を補佐する最高位の官職。摂政と並ぶ地位であった。

【**公卿**《くぎょう》】
高位の朝廷の役人の総称。

【**上達部**《かんだちめ》】
「公卿」の別名。

【**公達**《きんだち》（**君達**）】
親王や貴族の娘、息子のこと。

【**蔵人**《くろうど》】
官職のひとつ。天皇の日常生活に奉仕し、さまざまな事務などをおこなった。官位は高くないが、天皇の側近として重視された。

【**下衆**《げす》】
貴族に仕える召使い、使用人のこと。

【**検非違使**《けびいし》】
都の治安維持、秩序の維持にあたる役職のこと。後には各地方にも置かれるようになった。

【**国司**《こくし》】
中央から派遣された地方官のこと。土地の行政を行った。

【**親王**《しんのう》】
春宮以外の皇族男子のこと。主に、天皇の兄弟と皇子のことを指す。

【**受領**《ずりょう》】
任国に赴任し、その国の政務を執る最上位の国司のこと。「〇〇守《かみ》」と称された。平安時代の文学を担った女性たちの多くは、受領階級の出身の者であった。

【**摂政**《せっしょう》】
天皇が幼少、または女性の場合に代わって政治を執る役割。

【**殿上人**《てんじょうびと》】
四位・五位で、内裏《だいり》の清涼殿《せいりょうでん》に入ることが許された者。

【**春宮**《とうぐう》（**東宮**）】
皇太子のこと。本来は第一皇子が春宮となったが、後ろだてなどの影響により他の皇子が春宮となる例も少なくなかった。

女性の官位・役職・呼称など

【**北**《きた》**の方**《かた》】
寝殿造りの「北の対」に住んでいたことから由来して、貴人の夫人、特に正妻を示す。

【**更衣**《こうい》】
天皇の着物の着替えに仕える女官のこと。女御の下に位置する位である。

【**斎院**《さいいん》】
賀茂《かも》神社に仕える未婚の女性。天皇の即位の度に、天皇や皇族の娘の中から選ばれる。伊勢神宮は「斎宮《さいぐう》」。

【**中宮**《ちゅうぐう》】
時代により変遷するが、広くは皇后と同位の天皇の后（正妻に位置する）を指す。

【**尚侍**《ないしのかみ》】
天皇への取り次ぎ、宮中の礼式などをつかさどる「内侍の司」の長官。

【**典侍**《ないしのすけ》】
「内侍《ないし》の司《つかさ》」の次官。尚侍に次ぐ。

【**内親王**《ないしんのう》】
皇族女子のこと。主に天皇の兄弟と皇女を指す。

【女御《にょうご》】中宮と更衣の間に位置する女官。本来は低い地位であったが、次第に女御の中から皇后や中宮を選ぶようになった。

【女房《にょうぼう》】宮中や院の御所などの一室に住み、仕える女官のこと。様々な役割が与えられた。

【御息所《みやすんどころ》】皇太子妃、または親王妃のこと。

【乳母《めのと》】高貴な人の子供に、母親の代わりに乳を飲ませ、養育する係の女性。乳母自身の子供は「乳母子《めのとご》」と呼ばれ、将来臣下になることが多かった。

そのほかの名称

【内裏《だいり》】御所、宮中のことを指す。

【局《つぼね》】宮中や貴族の屋敷の中に設けられた部屋のこと。また、宮中で自分の部屋（＝局）を持つ女官のこと。

【宿直《とのゐ》】宮中や役所などに泊まり込んで夜間の警備をすること。また、貴人のそばに控えて、相手をすること。

【御随身《みずいじん》】平安時代、貴人が外出するときに、勅命を受け護衛として従った者。

宮中の遊び

【貝合《かいあわせ》】二組に分かれ、双方の出した貝の装飾の美しさや珍しさを競う遊び。のちに、三六〇個のハマグリの貝殻を両片に分け、片方の貝を並べ、対になる装飾の貝を多く見つけ出す遊び。

【管弦《かんげん》】音楽の総称。和琴《わごん》、箏《そう》、琵琶《びわ》、篳篥《ひちりき》、笛《ふえ》など、さまざまな楽器を用いて合奏すること。

【蹴鞠《けまり》】数人ずつ二組に分かれて、鹿革で作った鞠を足の甲で蹴って落とさないように受け渡す遊び。

【香合《こうあわせ》】香木、香油などを使い様々な香を調合し、その優劣を評したり、その香の名前を判定して競う遊び。

宗教

【阿闍梨《あじゃり》】弟子を教導する高僧のこと。

【方違《かたたがえ》】陰陽道《おんみょうどう》に基づき、自分の行きたい方角の相が悪いときに、前夜に他の所で一泊し、方角を変えてから、改めて出かけること。

【誦経《ずきょう》】声を出して経を読むこと。また、僧に経を読ませて祈らせること。

【僧正《そうじょう》】僧の官位の一つ。朝廷から任命される最高位のもの。

【僧都《そうず》】僧の官位の一つ。僧正に続く第二位のもの。

【物忌《ものいみ》】陰陽道に基づき、災いを避けるために、その周期が過ぎるまで家にこもって身を慎むこと。

住居

【閼伽棚《あかだな》】仏に供える水を置いた桶《おけ》や、花を置く棚のこと。

【懸樋《かけひ》】 地上に掛け渡して、水を通す木や竹の樋《とい》のこと。

【几帳《きちょう》】 室内の仕切りとして使われた道具。木の支柱に布を掛けたもの。特に高貴な女性が姿を隠すために用いられた。

【蔀《しとみ》】 日差しや雨風をよけるために、片側に板を張った格子戸《こうしど》。

【透垣《すいがい》】 竹などの細い素材と素材の間を空けて、向こうがうっすらと見えるように作られた垣根。

【簀子《すのこ》】 同じ大きさの板や竹を並べた縁側のこと。

【前栽《せんざい》】 庭の植えこみや、植えこみのある庭自体を指す。

【籬《まがき》】 柴や竹などでざっくりと編んで作った垣根のこと。

【御簾《みす》】 「簾（すだれ）」の尊敬語。部屋と廊下の境や、場所を隔てるために用いられた。

【遣水《やりみず》】 庭に細い水路を引いて、小川のように流すこと。

【渡殿《わたどの》】 主な建物と建物をつなぐ渡り廊下のこと。屋根に被われていた。

調度

【大殿油《おおとなぶら》】 宮中および、貴族など高貴な人の家で明かりとして用いる灯火。

【牛車《ぎっしゃ》】 牛に引かせる貴族の車。装飾や種類によって乗っている人を特定することができた。

【脇息《きょうそく》】 そばに置いて、ひじを置いて体を寄りかからせる道具。

【輿《こし》】 組み合わせた担ぎ棒の上に屋形《やかた》を組んで、人力で運ぶ乗り物。主に、天皇や皇后のみが乗ることができた。

【炭櫃《すびつ》】 いろり、炉、火鉢のこと。

【衾《ふすま》】 布などで作られた寝具。掛布団のこと。

【破籠《わりご》】 ヒノキの白木《しらき》で作った、中に仕切りがある蓋のついた折り箱のこと。中に食べ物を入れる。

衣装

【袿《うちぎ》】 貴族の女性の平常服。または、男性が直衣や狩衣の下に着る衣服のこと。

【烏帽子《えぼし》】 元服した男子のかぶりもの。人前に烏帽子をかぶらずに姿を見せることははなはだしく非常識なこととみなされた。

【襲《かさね》】 衣の表地と裏地の配色。または、衣を重ねて着る時の上下の配色のこと。季節との調和が重んじられた。

【狩衣《かりぎぬ》】 男性の衣服のひとつ。貴族の常用服。のちに、武家の礼服となる。

【指貫《さしぬき》】 裾《すそ》のまわりに紐を付けて、くるぶしの上でくくる袴。冠、直衣、または狩衣と共に着用した。

【直衣《のうし》】 天皇や貴人が着る平服の上着のこと。烏帽子または冠を付け、指貫の袴と併せて着る。

【直垂《ひたたれ》】
もとは庶民の平服。鎌倉時代以降武士の礼服として用いられた。

助数詞

重　反　枚

【衣】——重（かさね）
【歌合《うたあわせ》】—番（ばん）
【織物】—反（たん）
【蚊帳《かや》】—張（はり）・条（じょう）・垂（たれ）
【簾《すだれ》】—張（はり）・連（れん）
【提灯《ちょうちん》】—張（はり）
【櫛《くし》】—枚（まい）
【硯《すずり》】——面（めん）
【薬】——匙（さじ）・服（ふく）
【琴《こと》】——張（はり）・面（めん）
【三味線】—挺（ちょう）・棹（さお）
【鼓《つづみ》】——丁（ちょう）・張（はり）
【太鼓】——張（はり）・柄（へい）・掛（かけ）
【琵琶《びわ》】——面（めん）
【笛】——本（ほん）・管（かん）
【舞】——手（て）・指（さし）
【謡曲《ようきょく》】—番（ばん）
【能】——番（ばん）
【刀】——腰（こし）・口（く）・振（ふり）・柄（つか）
【弓】——張（はり）
【矢】——筋（すじ）・把（わ）・条（じょう）

主要政治人物

【稗田阿礼《ひえだのあれ》】
天武天皇の時代の語り部。天武天皇の命を受け、それまでの天皇の系譜や神話を改めて誦習し、元明天皇の命により、太安万侶《おおのやすまろ》がその内容を『古事記』として記録した。

【舎人《とねり》親王】
天武天皇の第三皇子。『日本書紀』を総裁となって編纂し、七二〇年に完成させた。

【醍醐《だいご》天皇】
第六〇代天皇。『古今和歌集』編纂の勅命を下した人物。

【一条《いちじょう》天皇】
第六六代天皇。后に定子、彰子などを迎え、その後宮には多くの才能ある女房たちが仕え、女流文学の拠点となった。

【彰子《しょうし》】
藤原道長の娘。一条天皇の中宮となった。女房に紫式部がいた。

【定子《ていし》】
藤原道隆《みちたか》の娘。一条天皇の皇后となった。女房に清少納言がいた。

【後白河《ごしらかわ》上皇】
第七七代天皇。歌謡に関心が高く、今様《いまよう》を集成した『梁塵秘抄《りょうじんひしょう》』を編纂した。また、勅撰和歌集である『千載和歌集』編纂の院宣（上皇からの命令）を下した。

【後鳥羽《ごとば》上皇】
第八二代天皇。『新古今和歌集』編纂の院宣を下した人物。譲位《じょうい》の後、承久《じょうきゅう》の乱に敗れ、隠岐に流された。歌人としても優れ、『新古今和歌集』には三十三首が収められている。

【足利義満《あしかがよしみつ》】
足利幕府将軍。金閣寺の建立に代表される北山文化を築いた。一三七五年、観阿弥《かんあみ》が催した猿楽能《さるがくのう》をきっかけに、観阿弥・世阿弥《ぜあみ》親子を庇護し、後に世阿弥が大成する能楽の発展に大きく関わった。

地名

【山】
比叡山延暦寺《ひえいざんえんりゃくじ》のこと。七八八年、最澄《さいちょう》が平安京の鬼門鎮護のために建てた天台宗の総本山。比叡山にある寺全てを総称して延暦寺と呼ぶ。

【寺】
三井寺《みいでら》のこと。正しくは園城寺《おんじょうじ》。天台寺門宗の総本山。天智天皇、弘文天皇、天武天皇の勅願により、大伴与多王が六八六年に建立した。

【石清水八幡《いわしみずはちまん》】
八五九年に大分の宇佐八幡《うさはちまん》で修行をしていた僧が御神託を受けたことが起源とされている。後に、神威により平将門の乱や藤原純友の乱が平定されたことから、国家安泰や都の守護神として朝廷から厚く崇敬されるようになった。

【石山寺《いしやまでら》】
滋賀県大津市にある真言宗の寺。『枕草子』『蜻蛉《かげろう》日記』など多くの文学作品に登場することで知られている。また、紫式部が『源氏物語』着想をしたのも石山寺であると言われている。

【清水寺《きよみずでら》】
京都市東山にある、北法相宗の寺。七八〇年に延鎮が始めたと言われている。

【仁和寺《にんなじ》】
京都市左京区にある真言宗の寺。八八八年に宇多天皇が建立し、退位後に「御室《おむろ》」を営んだことから、皇子や皇族が入る格式の高い寺となった。「御室」とはそもそも禅室を指すが、後に仁和寺の別称ともなった。また、吉田兼好が仁和寺の近くに住んだことから、『徒然草』ではしばしば仁和寺の話題が登場する。

【長谷寺《はせでら》】
奈良県桜井市にある真言宗の寺。「初瀬《はつせ》」「泊瀬《はつせ》」とも称される。観音信仰にあつく、平安時代以降、現世利益のある寺として広く信仰された。

隠国《こもりく》の泊瀬の山は色づきぬ
時雨の雨は降りにけらしも
（坂上郎女《さかのうえのいらつめ》・万葉集）

【逢坂《おうさか》の関】
逢坂山にあった関所。三関の一つである。東海道・東山道の京都への入り口にあたる場所。七九五年に廃止された。「逢ふ」という言葉に掛けられて多く詠まれた。

夜をこめて鳥の空音ははかるとも
よに逢坂の関はゆるさじ
（清少納言・後拾遺集）

【白河《しらかわ》の関】
奥州古三関のひとつ。五世紀ごろ蝦夷の南下を防ぐために築かれた砦であった。辺境を思わせる歌枕として多く詠まれた。

都をば霞とともにたちしかど
秋風ぞ吹く白河の関
（能因法師・後拾遺集）

【竜田川《たつたがわ》】
奈良県を流れる川。古くから紅葉の名所として和歌に詠まれてきた。

ちはやぶる神代も聞かず竜田川
からくれなゐに水くくるとは
（在原業平・古今集）

【水無瀬《みなせ》（川）】
大阪府三島郡を流れる川。川南の水無瀬の里に惟喬《これたか》親王が別荘を造り、その後、後鳥羽上皇が水無瀬殿を造営した。銘水地、景勝地として歌に詠まれた。

見渡せば山もとかすむ水無瀬川
夕べは秋となに思ひけむ
（後鳥羽院・新古今集）

【鳥辺野《とりべの》】
京都の東山の山中にある火葬場のある地名。周辺には墓地も多い。

【化野《あだしの》】
風葬の地。約一一〇〇年前に弘法大師が野ざらしとなっていた遺骸を埋葬し、寺を建立した。その後、法然上人の念仏道場となり、浄土宗の寺となった。

事項・用語

【韻文《いんぶん》】一定の韻律や、定型を持った短い文章のこと。短歌、俳句、歌謡などはこれに属する。

【散文《さんぶん》】韻律や、定型にとらわれない普通の文章のこと。随筆、物語、日記、評論などはこれに属する。

【言霊《ことだま》】言葉の持つ神秘的・呪術的な力のこと。特に上代以前に於いては、言葉で表現したものを現実のものに変える力を持つと考えられた。

【勅撰《ちょくせん》和歌集】天皇・上皇の命令（勅命）によって編纂された和歌集のこと。平安時代の『古今和歌集』から、室町時代の『新続古今集《しんしょくこきんしゅう》』まで二十一代の公的な和歌集である。

【私家集《しかしゅう》】個人によって作られた歌集のこと。代表的なものに、西行の『山家集《さんかしゅう》』や、源実朝の『金槐《きんかい》和歌集』がある。

【詞書《ことばがき》】和歌の題や、歌を詠んだ理由や背景などを説明するために、和歌に記された語句や文章のこと。

【幽玄《ゆうげん》】和歌、連歌、能楽用語。優雅な余情美や象徴美の極致を表す。また、そこに超俗的な自然美や孤独の寂寥感《せきりょうかん》が微細な気分として表れることもある。中世の芸術世界を包括する美の概念である。

【有心《うしん》】歌論用語。あらゆる対象に対して深い理解を持った歌のこと。また、感情や情趣の深さを示した。

【無心《むしん》】歌論用語。深い思慮のない詠みぶりのこと。心浅くつたない歌を評するときに用いられた。

【無常観】仏教思想の一つ。万物は流転し、命は輪廻転生し続けるため、同じであることがないという思想。

【隠者《いんじゃ》】俗世との交わりを絶って、奥山などの庵に隠れ住む知識人のこと。隠者であった西行や鴨長明、吉田兼好らの作品を「隠者文学」を称する。

【浄土思想】阿弥陀仏《あみだぶつ》を念じることによって、来世には極楽浄土に往生できるという思想のこと。平安時代中期より広く信仰された。

【往生】極楽浄土に生まれ変わること。

【今様《いまよう》】中世に発達した歌謡の一種。今様とは、「当世風」という意味。主に七五調四句からなる。「いろはうた」もこの形式。後白河上皇によって編まれた『梁塵《りょうじん》秘《ひ》抄《しょう》』は、今様の集成である。

【勧善懲悪《かんぜんちょうあく》】善行を勧め、悪行を懲らしめる、という思想。近世文学の主題のひとつとなった。

【季題《きだい》】その句の季節を表すために、連歌や俳句に詠み込まれた自然の風物や年中行事などの言葉。季語とも称される。

【狂歌《きょうか》】滑稽さと機知に満ちた和歌のこと。三十一文字の中に、反伝統的な平俗な内容を詠み込んだ。江戸時代、特に天明期に広く親しまれた。

【川柳《せんりゅう》】俳句と同じ形式をとるが、季語、切れ字を必要とせずに、人情や世相などを機知的に詠んだもの。軽妙な風刺と笑いが特徴である。柄井川柳《からいせんりゅう》が『誹風柳多留《はいふうやなぎだる》』を刊行し、町人を中心に流行した。

【俳諧《はいかい》】

発句、連句、雑俳、俳文、俳論、俳画など俳諧文学全般を示した名称。俳諧は「座《ざ》」という共同体の中で個々の創作活動が行われ、職業として俳諧に携わる「俳諧師」なども活躍した。


【わび】

茶道や俳諧において、簡素でわびしく枯淡な生活態度や心境を意味する語。また、そこに深い情趣を見いだす感興のこと。


【さび】

一首全体の中に認められる、寂寥感や閑寂な気分や色調のことを示す。余情美の一要素であり、俳諧、茶道でも重んじられる観念である。また、松尾芭蕉は「さび」を自らの俳論の基本理念のひとつとして位置づけた。


【浄瑠璃《じょうるり》】

室町時代に発生した浄瑠璃節と、琉球から移入した三味線の伴奏と、人形劇が融合し、江戸時代初期に人形浄瑠璃が成立した。その後、近松門左衛門《ちかまつもんざえもん》の登場などにより、人形、舞台装置、脚本共に充実し、大衆から広く支持されるに至った。


【歌舞伎《かぶき》】

慶長の初めのころ、京都で出雲《いずも》の阿国《おくに》が、「かぶき踊り」を始めたのが最初とされている。女歌舞伎、若衆歌舞伎と変遷し、最終的に、歌と踊りを組み合わせた、成人男性による野郎《やろう》歌舞伎として発展した。

解答・解説

第一章 ― よくでる古文20

【例題解答】

P16―❷『発心集―沙門公経―』

解答

① 〈初め〉来ん世に　〈終わり〉修理せん

P20―❹『宇治拾遺物語―高忠の侍歌詠む事―』

解答

① (例) 守は、雪を風情のある物だと感じ、侍は雪はつらいものだと感じている。

② ウ

P26―❻『十訓抄―塞翁が馬―』

解答

① イ　② イ

P28―❼『十訓抄―安養の尼上―』

解答

① 1 イ　2 ウ　3 ウ　4 イ

② ウ

P30―❽『十訓抄―楊梅大納言の言失―』

解答

① 時雨 ・ 観音

P34―❿『沙石集―蚪と猿の生き肝―』

解答

① (例) 生き肝を取ろうと猿をだまして海の中に連れてきたが、逆にだまされて逃げられたから。

P36―⓫『徒然草―第五十六段―』

解答

① エ

② (例) 自分を引き合いに出して人を批評すること。

P38―⓬『徒然草―第六十八段―』

解答

① 〈最初〉日ごろここ　〈最後〉かなる人ぞ

② エ

P40―⓭『徒然草―第八十九段―』

解答

① ひとり歩か

P42 ⓮『徒然草―第百七十段―』

解答

① エ　② 同じ心にむ

P44 ⓯『徒然草―第二三一段―』

解答

① エ

P46 ⓰『徒然草―第二四三段―』

解答

① エ　② 四

P48 ⓱『御伽草子―孟宗竹―』

解答

① これ、ひと　② ア

P52 ⓳『伊曾保物語―京と田舎の鼠のこと―』

解答

① ウ

② 〈いやしき者〉田舎の鼠　〈上つ方〉都の鼠（京の鼠）

P54 ⓴『奥の細道―那須の黒羽―』

解答

① エ　② 人里　③ イ

P62―❶『日本霊異記』

解答

問一 イ き ロ ぬ 問二 殺すこと
問三 ① 其の人 ② 馬 ③ 石別
問四 A 兎 B 馬 問五 殺生 問六 カ 問七 ウ
問八 イ 問九 a 馬 b 石別 問十 慈悲

〈解説〉

問一 イは「男がいた」、ロは「やぶれてしまった」という意味。過去の助動詞「き」と完了の助動詞「ぬ」が考えられるが、どちらも連用形接続の助動詞なので、文法上では判断しがたい。そこで、【B】の文章の構成に着目し、「苽販ぐ人ありき」「石別と曰ひき」のように、人物について述べた部分は「き」、「あまたたびと為りぬ」「煮られぬ」など因果に関して述べた部分は「ぬ」、となっていることから判断する。

問二・問五 動物を苦しめ、殺したことで、同じような報いを受ける話である。「殺すこと」を仏教では「殺生」という。

問三 ① 兎の皮を剥いだことへの報いである。兎の皮を剥いだのは「其の人」。 ② 「重き荷を負ひて」苦しんでいるのは「馬」である。 ③ 「馬」を苦しめた報いとして「石別」は煮えた釜で目を失ったのである。

問四 「畜生」とは鳥獣のこと。

問六 ア「有為転変《ういてんぺん》」は物事が移り変わること。 イ「会者定離《えしゃじょうり》」は、出会ったものはいつか必ず別れる運命にあること。 ウ「不惜身命《ふしゃくしんみょう》」は、仏のためには体も命も捧げて惜しまないこと。 エ「輪廻転生《りんねてんしょう》」は、生あるものが、六道の中で生死をくり返すこと。 オ「盛者必衰《じょうしゃひっすい》」は、勢いの盛んなものも必ず衰えるということ。

問七 「終《つひ》に＋打ち消しの語」で、結局、最後まで〜ない、いまだに〜ない、という意味。ほかに、まだ一度も〜ない、という意味がある。

問八 「甚だし」は、物事の程度が普通以上であること、度が過ぎている様子のこと。ここでは、とても「近い」、つまり、すぐに、の意。

問九 苦しみの涙を流したのは「馬」。その報いを受けたのは「石別」である。

問十 両方の文章の最後に共通して「慈悲无くはあらざれ。」「慈悲无くはあるべからず。」と「慈悲」が強調されていることに着目する。

〈口語訳〉

【A】 大和国に、ひとりの男がいた。どこの村の出身か、どのような名前かは定かではない。（この男は）生まれながらにして、優しさや慈《いつく》しみの心を持たず、生きているものを殺すことを楽しみとしていた。其の男が、（ある日）兎を捕まえて、その皮を剥ぎ、野に放した。そうしてからそう時を置かずして、醜いできものが全身いっぱいにひろがり、いたるところの皮膚がくずれてしまった。とうとう、（その病は）治ることなく、（男は）わめき叫びながら死んだ。

ああ、悪行に対しての現世での報いは、すぐにやってくるものなのだ。我が身のことを考えて（報いを受けないためにも）他人に対しても思いやるべきである。慈悲の心はなくてはならない。

【B】 昔、河内国に瓜を売る人がいた。名前は石別といった。馬の力よりもずっと重い荷物を背負わせた。馬が（あまりの重さで）歩けないときは、鞭を打って、ひどくこき使った。（馬は）重い荷物を背負って疲れ果て、二つの目からは涙が流れた。（石別は）瓜を売り終わると、すぐに馬を殺してしまった。このようにして（馬を）殺すことが何度も度重なった。

後に、石別は（どういうわけか）偶然、熱湯の煮えたぎっている釜に近づいて、二つの目を煮られてしまったという。悪行に対する現世での報いというのは、ほんとうにすぐにやってくるものなのだ。（何かをすれば何かが返ってくる）その因果というものを信じなければならない。（馬は）動物に見えるといっても、（この輪廻の中では）かつての「前世の」父や母なのだ。人間が背負っている六道の世界と四生の生の受けかた、そのつながりの中にこそ自分はいるのである。だから、（現世では）慈悲の心を欠いてはならないのだ。

P64―❷『古今和歌集』

解答

問一　和歌

問二（例）和歌は天地が開き始まったときからできたものであるということ。

問三　ける　問四　エ　問五　ウ

問六　⑥　イ　⑦　オ　問七　エ

問八　（1）エ　（2）ウ

〈解説〉

問一「仮名序」とは仮名で書かれた序文のこと。「和歌集」の序文として、和歌に関することが述べられた文章であることから考える。

問二　指示語「そう」に着目し、直前の一文を現代語に訳す。「いで来にけり」は、「に」の完了の意味を反映させ、「出現したのだった」「出て来たのだ」などとするとよい。

問三「須佐之男命よりぞ」「かくてぞ」「歌の父母のやうにてぞ」という係助詞に着目する。空欄の直前の言葉が全て連用形なので、過去の助動詞「けり」が入るが、係り結びに従い、連体形「ける」とする。

問四　P162参照。

問五　直後に「三十字余り一文字」とあることから、和歌の定型（文字数）に関しての説明であることがわかる。和歌は、五・七・五・七・七の三十一文字から成る。

問六　⑥　動詞「あはれむ」と同意。⑦　動詞「かなしむ」と同意。

問七　アは「世に伝はることは、……須佐之男命よりぞ起こり（ける）。」という部分に一致する。イは「かくてぞ、……さまざまになりに（ける）。」という部分に一致する。ウは「この二歌は……手習ふ人の初めにもしける。」という部分に一致する。エは「神代には、……ことの心分きがたかりけらし。」という部分に一致しない。「心分く」は、理解する意。分別をわきまえる、という意味ではないので注意する。オは「高き山も、……この歌も、かくのごとくなるべし。」という部分に一致する。

問八　P164参照。

〈口語訳〉

和歌は、天地が開け始まったときから世に出現したのである。そうは言っても、世間で広く知られていることには、高天原においては、下照姫の歌に始まり、この大地においては須佐之男命からおこったものである。神の世においては、和歌の文字の数も定まっておらず、（歌いぶりも）飾り気がなくありのままをいうものだったので、（歌の）意味が（判然とせず）わかりにくかっただろう。人の世となってから、須佐之男命が初めて三十一文字の歌を詠んだ。

このようなことから、花を賞美し、鳥の姿にあこがれ、霞をしみじみと趣深く思い、露（のはかなさ）をいとおしく思う心、（それを表す）言葉は多くなり、さまざまな（感情を詠み込んだ）歌になったのである。遠い所でも、出発する足元［第一歩］から始まって、長い年月にわたるように、（また、）高い山も、そのふもとの塵や泥土が積み重なり、天の雲がたなびく高さにまでなるように、（さまざまな過程を経て）和歌も、今のように（盛んに）なったのであろう。難波津の歌は、帝の御治世の始まり（を祝ったもの）である。（また）安積山の歌は、采女の戯れの心から詠んだもので、この二つの歌は、和歌の父母のような（よく知られた）ものであり、手習いをする人が最初に習った歌でもあるということだ。

P66—❸『土佐日記』

解答

問一　海の中よりぞ出で来る　問二　奈良時代　問三　ける
問四　身分　問五　a　漢字　b　月の光　問六　ア
問七　和歌の意味［和歌の内容　など］
問八　かの国人、聞き知るまじく　問九　イ　問十　ウ
問十一　1　紀貫之　2　古今和歌集

〈解説〉

問一　「このような様子」という意味。この情景を受けて阿倍仲麻呂の「青海原……」という海の情景を詠んだ歌を引用していることに着目する。

問二　阿倍仲麻呂は七一六年に唐に渡った遣唐使である。七五三年に帰国の途中遭難して唐に戻り、帰国の願いかなわず唐で没した。

問三　直前に係助詞「ぞ」があることから、係り結びであることがわかる。過去の助動詞「けり」の活用は〈けら／○／けり／ける／けれ／○〉なので、連体形「ける」が入る。

問四　直後に「人」とあることに着目する。また、「上」「下」単独でも身分を表す場合があることを押さえたい。

問五　a『土佐日記』冒頭の一部に、「女もしてみむとてすなり。」とあり、女性として仮名文字で日記を記しているように、女文字とは仮名、男文字とは漢字であった。また、これを唐の人々に見せて理解を求めていることからも、漢字であることがわかる。

b「影」には、ものの形・姿、光、光がさえぎられてできる暗い部分、などの意味がある。ここでは「月の光」。

問六　直前の「かの国人」とは唐の人々のこと。言葉や文化の違いを前提にして、この歌の意味は理解できないだろうと「思ほえた」のであるから、主語はこの歌を詠んだ仲麻呂である。

問七　「言の心」すなわちことばの心であるから、ここで詠んだ「歌の心」である。したがってここでは歌の意味を表す。

問八　一度詠みあげた和歌を、中国の人には「聞き知るまじく」思いながら、わかりやすくするために漢字に直して説明したところ、「思ひの外になむ賞で」たのであるから、ここでは、中国の人には日本の歌の意味は理解できないであろう、という思いを指していることがわかる。

問九　仲麻呂はわざわざ自分の作った和歌を漢字に直して、唐の人々にその意味を伝えたのであるから、「言」が適切。「言葉」が違う、という意味。「語」は、「こと」とは読まないのであてはまらない。

問十　異国で、かつて自分が平城京から見た月を思い出している様子が読み取れる歌である。

問十一　紀貫之は『古今和歌集』の撰者として編纂に携わっただけでなく、自らの歌も一〇二首収められており、三十六歌仙の一人でもある。

〈口語訳〉

二十日、昨日のように天気が悪いので、舟を出さない。人々はみな、嘆き悲しんでいる。たいそうつらく待ち遠しいので、ただもう過ぎ去った日数を、今日で何日、二十日、三十日、と（指折り）数えていると、その指も痛くなってしまいそうである。本当につらく心細い。夜も眠れない。（そうこうしていると）二十日の月が出てきた。山の稜線もないので、（月が）海の中から出てくるのだ。このような月を見たからであろうか（思い出した話がある）、昔、阿倍仲麻呂という人が中国に渡って帰って来るときに、舟に乗る場所で、向こうの国の人々が送別の宴会を開き、別れを惜しんで、かの国の漢詩などを作ったりなどしたそうだ。（あまりにも別れが惜しくて）これで満足ということはな

かったのだろう、二十日の夜の月が出るまで、（宴は）続いたのだそうだ。その時の月は、海から出たのであった。これを見て仲麻呂どのは、「我が国では、このような歌を神々の時代から神もお詠みになり、今ではあらゆる身分の人が、このように別れを惜しむ時も、喜びの時も、悲しみの時にも（歌を）詠むのです」と言って、詠んだ歌、

　青々とした大海原を見渡すと、ちょうど今、月が昇ってきたところだ。この月は（かつて自分が奈良の都で見た）春日の三笠山から出てきた月と同じ月なのだなあ

と詠んだのであった。向こうの国の人は、（この歌を）聞いてそれと知ることは「意味を理解することは」できないであろうと思われたが、歌の意味を漢字で書き出して、通訳してくれる人に話して聞かせたところ、意味を分かってくれたのであろうか、たいそう意外なことに感動したということである。中国と日本とは、言葉が異なるものだけれども、月の光は同じであろうから、人の心も同じなのであろうか。さて、今、その話を思い出して、ある人が詠んだ歌は、

　都では山の端に見た月だけれど、（ここでは）波間から出て、波間に入っていくのだなあ

（というものであった。）

P68—❹『大和物語』

解答

問一　a ア　b イ　c エ　問二　心憂し　問三　ウ
問四　2 エ　3 ア
問五　1 ふね　2 憂き・浮き（順不同）
問六　イ

〈解説〉

問一　a「いぬ（往ぬ・去ぬ）」は、「行ってしまう、去る」という意味。家を出て行ったのは「男」である。　b 直後の和歌を詠んだのは「女」である。　c 和歌にある通りの内容を「男」に伝えたのは「童」である。

問二　自分から離れて、家の中のものをすべて運び出して新しい女性のもとに行ってしまおうとする男の振る舞いに対して、女はつらい気持ちをこらえてただ見守っていた、という意味の「心憂しと……見けり。」の一文が該当する。「まかせて（まかす）」は、そのものするまま、思うままにさせる、という意味。

問三　古語での「ばかり」は、程度を表す「〜ほど」「〜ぐらい」という意味と、限定を表す「〜だけ」という意味がある。本文中では「ちりほどの（小さな）ものも」と、おおよその大きさ（程度）を示しているので、これと同じウを選ぶ。アは強調の働き。イは「〜だけ」という限定の意味。エは「〜ために」という口語の用法。オは「〜してまもない」という口語の用法。

問四　2「きむじ」は目下のものに対する呼称。「お前」「そなた」のような意味。　3「おはせず」とは「いらっしゃらない（いない）」という意味。もとの家から去って、いなくなろうとしてるのは「男」である。

問五　1・2 すべて舟に関する縁語である。「うき」のように一つの語に技巧が重複して、縁語としても掛詞としても用いられていることはしばしばあるので気を付けたい。本文7行目に「このふねをさへ……」とある。「舟」ではなく、馬の飼葉桶のことを「ふね」といっているので注意する。「憂《う》き世」とある場合、「浮き」との掛詞になっている例は多いので、覚えておく。「憂し」は、つらい、という意味。

問六　「あからめ（あから目）」は、ちょっと目をそらすこと、よそ見をすること、他の異性に気を取られること、という意味。

〈口語訳〉

下野の国に、男と女が長い間一緒に住んでいた。数年間住んでいたところ、男は別の女を作り、心がすっかり変わってしまい、この家に

あったいろいろな物を、今の新しい妻のもとへあらいざらいすっかり運んでいく。（女は）つらいと思いながらも、やはり男のするままにまかせて見ていた。（男は）塵ほどのものも残さず、全部持って行ってしまった。ただ残っていたものは馬の飼葉《かいば》桶だけであった。ところが、この男は、従者（の内の一人）でまかぢという童を使っていたが、その童をこの飼葉桶まで取りによこしたのだ。この童に女が「おまえももうこれからは、ここには来ないのでしょう」と言うと、「どうして参らないことがありましょうか。主人がいらっしゃらなくても参ります」などと言って立っていた。女は「主人に便りをお伝えしたら、申してくれますか。（主人は）手紙は決してご覧にならないでしょう。ただ、口でお伝えしてください」と言うと、（童は）「きちんとしっかり申し上げるつもりです」というと、（女は）このように言った。

「『馬の飼葉桶も行ってしまいました。まかぢももう見ることはできないでしょう。今日からつらいこの世の中をどのようにして生きていけばよいというのでしょう』

と申しなさい」と言ったので、（童が）男に伝えたところ、荷物をすっかり持って出て行ってしまった男が、そっくりそのまま運び返して、元の通りに（この家に戻り）、浮気をするようなこともなく、この女と連れ添ったという。

P70—❺『伊勢物語』

解答
問一　1ア　2ウ　3ア　4イ
問二　aエ　bイ　cオ　問三　エ　問四　ウ
問五　オ　問六　オ　問七　エ

〈解説〉
問一　1　前に「若き男あり」とあるので、主語は「男」。「男」が「けしうはあらぬ女」に恋をしたのである。　2　直前に「女もいやしければ」とあるので、主語は「女」。身分の低い女には抵抗する力がなかった、とする文脈である。　3　直前に「よみて」とあり、その前には「男、泣く泣くよめる」とあるので、主語は「いでて……」と詠んだ「男」。　4　前に「親あわてにけり」とあるので、うろたえて願を立てたのは「親」。女が連れ去られてしまったことを悲しんだ男が本当に気を失ってしまったので、男の「親」は、男の回復を祈って願を立てたのである。

問二　a　「さかしら」には、利口ぶる、おせっかい、などの意味がある。男の親が、自分の子が女への思いを強くすることを危ぶんで、女と引き離そうとしたことを指す。　b　「いやし」には、身分や地位が低いという意味のほか、下品であるという意味もあるので、文脈に沿って判断する。　c　「なほ」には、なんといってもやはり、という意味がある。直後の「思ひてこそいひしか」を修飾し、なんといってもやはり、（子のためを）思って言ったことなので、という意味になる。

問三　直前に「思ひもぞつくて」と理由が示されている。「思ひ」とは、男の女への恋心を指し、「つく」には、対象のそばに付いて離れない、という意味があり、ここでは、男が女への執着を強くすることを指すと考えられるので、「執着しては困ると思った」とするエが適切。

問四　直後に「とどむるいきほひなし」とあることから、「まだ心いきほひなかりければ」は「まだ自分の意志を通す威勢もなかったので」とするウが適切。

問五　文末が「〜ける」と連体形になっているので、係り結びの法則により、係助詞の「なむ」が入る。係助詞「ぞ」「なむ」「や」「か」は、文末は連体形になり、係助詞「こそ」は文末は已然形になる。

問六　アの「自分の思いをいつわって男に近づいた」、イの「呪う歌を詠んだ」、ウの「男の願いを叶えるために祈った親」、エの「死んでしまった」は、本文の内容と合致しない。オは「にはかに、親、この女を追ひうつ」、男、血の涙を流せども、とどむるよしなし」「いでていなば……とよみて絶え入りにけり」とあることと合致する。

問七 『伊勢物語』は、平安時代前期に成立した歌物語。平安時代の歌人在原業平を思わせる男を中心とした歌物語集で、主人公の一代記の形をとっている。『平家物語』は鎌倉時代に成立した軍記物語。『玉勝間』は江戸時代に成立した本居宣長の随筆。『栄花物語』は平安時代に成立した歴史物語。『大和物語』は平安時代に成立した歌物語。『方丈記』は鎌倉時代に成立した鴨長明による随筆。

〈口語訳〉

昔、若い男が、（容姿が）悪くはない女を愛しいと思った。（しかしこの男には）おせっかいなことをする親がいて、（我が子が女に）執着しては困ると思って、この女をよそへ追い出そうとする。そうは言うものの、まだ追い出してはいない。（男はまだ）親に養ってもらっている身分だから、まだ自分の意志を通す威勢もなかったので、女を引き止める気力がない。女も身分が低いので、抵抗する力がない。そのような間に、（女への）思いはますます激しくなる。突然、親はこの女を追い出した。男は、血の涙を流して悲しんだが、引き止めるすべがない。（従者が女を）連れて家を出た。男は泣きに泣きながら詠んだ。

女が自ら出て行ったのであれば、こんなに別れ難く思わないだろう。（無理に連れ去られたのだから）今日は、今までよりもいっそう悲しいことだなあ。

と詠んで、気を失ってしまった。親はうろたえてしまった。なんといってもやはり（子のためを）思って言ったことなので、まさか、これほどでもあるまい、と思ったところ、本当に気を失ってしまったので、うろたえて願を立てた。今日の夕暮れ時に気を失って、翌日の午後八時頃になって、ようやく息を吹き返した。昔の若者は、そのような一途な恋をしたものだ。今の老人めいた者に、どうして（このような恋が）できようか（いやできない）。

P72―❻『更級日記』

解答

問一 i オ ii エ iii イ 問二 エ
問三 わづらふ 問四 オ
問五 （例）猫の姿になって現れたということ。
問六 おのれ～きこと 問七 イ

〈解説〉

問一 i 直前に「夜ふくるまで物語をよみて」とあり、ここで物語を読んでいるのは、語り手である「作者」。ii 直前に「いみじう人なれつつ、かたはらに」とあるので、主語は、姉妹の傍らに寄り添う「猫」。iii 会話文の直前に「わづらふ姉おどろきて」とあるので、主語は「姉なる人」。「わづらふ姉おどろきて」と「うちおどろきたれば」が呼応していることにも着目する。

問二 「尋ねる人」とは、探している人、という意味。この猫を探している人がいるに違いないから隠して飼おうという文脈である。直前に「いみじう人なれつつ」とあるので、エが適切。人に馴れているのは人に飼われていたからに違いない、と思ったのである。

問三 「姉のなやむことあるに」と同様のことは、後に「わづらふ姉」と言い換えているので「わづらふ」が適切。「なやむ」「わづらふ」にはともに、病気をする、という意味がある。

問四 「なほ」は、やはり、「さる」は、そのような、という意味。「こそ」は強調を意味するので、やはりそうなのだろう、という意味になる。騒がしく鳴く猫を見て思っていることなので、「やはり何かわけがあって鳴くのだろう」とするオが適切。

問五 「かくなりたる」は、このようになった、という意味。話者は夢に出て来た「猫」なので、「このように」は、猫の姿になったことを指す。

問六 話者は「猫」なので、「この猫かたはらに来て」の直後から会話

文が始まり、終わりは、引用の助詞を含む「といひて」の直前まで
になるので、「おのれ～きこと」が会話文に該当する。

問七 「侍従大納言」については、「おのれは侍従大納言の御むすめの、かくなりたり……」とあるだけなので、「猫が好きで」とあるアは合致しない。イは、「来つらむ方も見えぬに……いみじうをかしげなる猫あり」とあることと合致する。ウは、「姉なる人、『あなかま……いとをかしげなる猫なり。飼はむ』とあることと合致しない。猫を飼おうと言ったのは「妹」ではなく「姉」である。エは、「猫に飽きた姉妹」という部分が合致しない。猫を北面に置いた理由は「姉のなやむことあるに、ものさわがしくて」とある。オは、「突然、姉妹の前で」という部分が合致しない。猫が語る様子は、本文に、「姉なる人」の言葉として「『夢にこの猫のかたはらに来て、おのれは……といひて……』」とある。

〈口語訳〉

(毎年)桜の咲き散るごとに、乳母が亡くなった季節だなあと、そればかりが思い出されて心が痛むのだが、そうした折、同じころにお亡くなりになった侍従の大納言藤原行成の娘君の御筆跡を取り出して眺めながら、わけもなくもの悲しくなっていると、五月ごろのことだったが、夜の更けるまで物語を読んで起きていると、どこからやってきたのかわからないが、猫がたいそうのどやかに鳴いているので、はっとして見ると、なんとも可愛らしい猫がいる。どなたの元から迷ってきた猫だろうと見ていると、姉が「しっ、静かに。人に聞かせてはなりません。たいそう可愛い猫だこと。私たちで飼いましょう」と言うので、(飼ってみると、)非常に人馴れていて、(私の)そばにやってきて寄り添って寝るのだった。探している飼い主がありやしないかと、この猫を隠して飼っていると、この猫は使用人のところなどには全然寄りつかず、じっと私たちのそばにばかりいて、(食べ物も)汚らしいものには顔をそむけて食べない。(私たち)姉妹の間にさっとまとわりついているので、(私たちも)それをおもしろがり、可愛がっていたが、(そのうちに)姉が病気になり、家の中がなんとなく騒がしく、この猫を北側の部屋にばかり置いて呼んでやらないでいると、うるさく鳴きさわぐけれども、やはり何かわけがあって鳴くのだろうと思っていると、病気の姉が、目を覚まして、「どこですか、猫は。こちらへ連れていらっしゃい」と言うので、「どうして」と聞くと、「(今)夢にあの猫が現れて、『私は侍従の大納言の御娘君で、仮にこういう姿になっているのです。こうなるはずの前世からの因縁が少々あって、こちらの中の君が私のことをしきりに、いとおしんで思い出してくださるので、ほんのしばらくと思ってここにいるのですが、このごろ、下衆の間にいて、本当に寂しくて』と言って、ひどく泣く様子が、(いかにも)身分が高く美しい人のように見えて、はっと目を覚ましたところ、この猫の声だったのが、ひどく胸を打たれたのです」とお話しになるのを聞き、(私は)たいへんしみじみとした気持ちになった。

P74―❼『正徹物語』

解答

問一 イ　問二 エ　問三 ア　問四 ウ

問五 ウ

〈解説〉

問一 「あはれ」は、しみじみとした風情、「かたき」は「難き」と書く。「あはれ知る友」は、しみじみとした風情を解する友、という意味になるので、「難き世」は、あはれ知る(友を得ることが)難しい世、とするのが適切。

問二 「上句(すぐれた句)」であるとする理由は、後に「ひとり雨聞く秋の夜半かなともあらば果つべきを秋の夜すがらと言ひ捨て、果てざるところが肝要なり。……心を残して夜すがらとは言へるなり。されば、ひとり雨聞く秋の夜すがらは上句にてあるなり」と説明されているので、「言い切らないことで情緒が生まれる」とするエが適切。

問三　直前に「五更すでに尽きて朝に門を開いてみれば、雨にはあらず。落葉深く砌に散りしきたり」とあることから、朝になってはじめて、雨ではなく落葉であったと気づいたことを「おもしろけれ」としているとわかるので、「落葉の音だと気づかされる」とするアが適切。

問四　①の「友を探して出かけていなかったら」、④の「作品の出来は大して変わらない」は、本文の内容と合致しない。②は、本文に「あはれ知る友あらば、誘われていづちにも行きて語り明かさば、かく雨は聞くべからず」とあることと合致する。③は、本文最後に「されば歌もただ文字一つにてあらぬものに聞こゆるなり」とあることと合致する。

問五　『正徹物語』は、室町時代に成立した歌論書。『好色一代男』は江戸時代に成立した井原西鶴による浮世草子。『今昔物語集』は平安時代末期に成立した説話。『風姿花伝』は室町時代に成立した世阿弥による能楽書。『新古今和歌集』は鎌倉時代に成立した勅撰和歌集。

〈口語訳〉

あはれ知る友こそかたき世なりけりひとり雨聞く秋のよすがら

（風流を解する友となかなか巡り合えない世の中であることよ、秋の世に一人で一晩中雨の音を聞く）為秀

この歌を聞いて、了俊は為秀の弟子になられたという。「ひとり聞く秋の夜すがら」はすぐれた句である。秋の夜に一人で雨の音を聞いて、風流を解する友を得るのは難しい世であることよ、と思ったのである。風流を解する友がいれば、誘われればどこへでも行って語り明かしたならば、このように雨（の音）を聞きはしないだろう。行こうともしないところが特に（感慨深いと）思われるのである。「ひとり雨聞く秋の夜半かな」とあったなら（意味が途中で）切れてしまうところを、「秋の夜すがら」と途中で終えて、言いきらないところが大事なのである。一人で雨（の音）を聞く秋の夜に、一晩中思っている、という心を残して、「夜すがら」と言ったのだ。したがって、「ひとり聞く雨の夜すがら」はすぐれた句であるのだ。

杜甫の詩に「聞雨寒更尽、開門落葉深」という詩があるが、私が仏道の上で親しくしている老僧がいるのだが、この詩に送り仮名を付け直した。昔から「雨と聞く」と送り仮名が付いていたのを、この送り仮名は良くないと言って、「雨を聞きて」と、ただ一文字を初めて直したのである。一字の違いで（はあるが）天と地ほどの違いである。「雨と」と読んだならば、最初から落葉と知っていたことになり、その意味が限られて味わいがない。「雨を」と読んだならば、夜はただ本当に雨だと思って聞いていたのだが、夜更けも過ぎ、朝になって門を開けてみると、雨ではなく、落ち葉が砌に深く散り敷かれていたのである。この時にはじめて（雨ではなく落ち葉の降る音だったと）気づくことが風流なのである。だから歌も文字一つ（の違い）だけで別のものに聞こえるのである。

P76―❽『徒然草』

解答

問一　ア　問二　ア　問三　ア　問四　エ　問五　エ
問六　ウ　問七　ア　問八　イ

〈解説〉

問一　『徒然草』は、鎌倉時代に成立した兼好法師による随筆で、冒頭部分は「徒然なるままに、日ぐらし、硯に向かひて、心にうつりゆくよしなし事を、そこはかとなく書きつくれば……」。イは『平家物語』、ウは『竹取物語』、エは『枕草子』の冒頭部分。

問二　「かくいふ」は、このように言う、という意味で、直前の「うちうちよく習ひ得てさし出でたらんこそ、いと心にくからめ」という内容を指すのでアが適切。

問三　「堅固」は、まるで、いっこうに、という意味。「かたほ」は、不完全、未熟、という意味なので、「まったく未熟なときから」とするアが適切。

問四　「未熟なうちから上手な人の中に交じって」という内容にあては

まるものとしては、「自分よりもレベルの高い……サッカークラブで練習をする」とあるA、「全国大会常連校のクラブと、合同練習」とあるDがあてはまる。Bの「教えを受ける」は、「上手の中に交りて」にはあてはまらない。Cは、十分に実力のある状態なので、「未熟」にはあてはまらない。

問五　この後、「終に上手の位にいたり、徳たけ、人に許されて、双なき名を得る事なり」と続いているので、これらの内容と合致するエが適切。

問六　「堪能」には、学問や技芸がすぐれていること、という意味がある。「嗜む」には、好んで精を出して励む、という意味があるので、「堪能の嗜まざる」は、才能があって稽古に励まない人を指す。この例にあてはまるものとしては「才能を信じて、練習をなおざりにする」とあるウが適切。

問七　「不堪」には、芸が下手なこと、という意味がある。「聞こえ」は評判、「無下」はまったくひどい、「瑕疵」は欠点・きず、という意味なので、「ヘタクソだという評判もあり、あまりにひどい欠点もあった」とするアが適切。

問八　「放埒」は、勝手気ままなこと、ふしだらな行いをすること、という意味で、「せざれば(しなければ)」と打ち消しているので、「気ままにふるまわなければ」とするイが適切。

〈口語訳〉

一芸を身につけようとする人は、「まだよくできないような間は、うかつに人に知られないようにしよう。内々でよく習得してから(人前で)披露したら、それはまことに奥ゆかしいことだろう」といつも言うようだが、このように言う人は、一芸も習得することはできない。まだいっこうに未熟なうちから、すぐれた人の中にまじって、けなされ笑われても恥ずかしがることなく、平気で押し通して稽古に励む人は、たとえ生まれつき、その素質がなくても、その道にとどまらず、いい加減にしないで、年月を過ごして行くと、器用な人で稽古に励まない人よりは、最後には名人と言われる位に達し、徳もつき、世間の人に認められて、比類のない名声を得るのである。

天下の名人と言われる人でも、はじめはヘタクソだという評判もあり、あまりにひどい欠点もあったのである。しかし、その人が、その道の規則を正しく守り、これを大切にして、気ままにふるまわなければ、一世の大家となり、万人の師となることは、どの道においても(同じことで)変わるはずはないのである。

P78—❾『発心集』

解答

問一　ア　問二　エ　問三　ア　問四　イ　問五　エ
問六　ア　問七　エ　問八　イ

〈解説〉

問一　a　直前に「教懐聖人といふ人ありけり」とあるので、高野山に住むようになった「教懐聖人」が主語。b　前に「阿闍梨陽範といふ人」とあるので、主語は「阿闍梨陽範」。c　直前に「弟子帰りて、驚き怪しみて」とあるので、主語は「弟子」。

問二　「殊に」は、普通とは違って、とりわけ、その上、という意味。

問三　直前に「一心に信仰しける時、この水瓶を思ひ出だして、あだに並べたりつる物を、人や取らむと不審にて、心一向にもあらざりければ、由なく覚えて」と理由が示されている。大事にしている水瓶を誰かに取られたらどうしよう、と気になって心が乱れてしまうのは、信仰には不都合だと考えて水瓶を割って捨てたのである。

問四　「又無き」は、二つとない、並ぶものがない、という意味。教懐上人が執着している水瓶の素晴らしさの表現である。

問五　——線④の「折る」は、終止形は「折る」で、四段活用動詞の連体形。アの「あら」は未然形。イの「植ゑ」は連用形。ウの「こよ」は命令形。エの「ける」は連体形。

問六　「執をとどめること」とは、執着し続けること、という意味。直前に示されているのは、教懐聖人は水瓶、阿闍梨陽範は紅梅の木に執着するあまり、心配が高じてしまった、という話なので、「自分の心が何かにとらわれてしまうことを恐れた」とするアが適切。
問七　「え〜ぬ」の形で、「〜することができない」という意味になるので、「思いを捨てることが出来ない」とするエが適切。
問八　『発心集』は鎌倉時代に成立した仏教説話集で、作者は鴨長明。「紫式部」は『源氏物語』、「兼好法師」は『徒然草』、「紀貫之は『土佐日記』の作者。

〈口語訳〉

小田原という寺に教懐聖人という人がいた。後に高野山に住むことになった人だが、新しい水瓶の、姿かたちも申し分のないものを手に入れて、とりわけその水瓶に執着して心を奪われていたのだが、その水瓶を縁側に置いたまま奥の院へと入った。そこで、経を唱えて一心に信仰していたが、この水瓶のことを思い出し、「何の気なしに並べておいたあれを、誰かが盗むかもしれない」と気になって、気持ちが（信仰に）集中することができなかったので、不都合に思えて、帰るがいなや軒下の敷石の上にその水瓶を置いて、打ち砕いて捨てた。

また、横川の阿闍梨で陽範という人は、立派な紅梅を植えて、この上なく素晴らしい物として、花の見ごろにはひたすら（花見を）楽しんでいたのだが、いつのまにか誰かが折ることを特に惜しみ、悩みさいなまれていたが、どう思ったのだろうか、弟子たちが外出していて誰もいない時に、何もわからない幼い小法師が一人でいたのを見つけて呼び出し、「手斧はあるか？　持ってきなさい」と言って、この梅の木を地面の生え際から切り、その上に砂をかけて跡形もなくしてしまった。弟子が帰ってきて、驚いて不思議に思って、理由を聞いたところ、ただ「仕方がなかったので（他に手段がなかったので）」とのみ答えた。

これらはすべて、執着し続けることを恐れてのことだ。教懐も陽範も、ともに往生を遂げた人物であるはずだ。本当に仮の家（であるこの世）にこもって（執着心を持って）、長い闇夜の中を迷うことを、誰がおろかだと思わないことがあるだろうか（誰もがおろかだと思うだろう）。しかし、何度も生まれ変わる永遠の世に、煩悩の召し使いとなってしまうのが（人の）習性である。その悲しさを知っていながら、誰もが、（その思いを）捨てることが出来ないのであろう。

P80—⑩『御伽草子』

解答
問一　ウ　問二　イ　問三　ウ　問四　ア　問五　エ

〈解説〉

問一　直後に「放しける」とあることから、「恩を忘れるんじゃないぞ」とあるウが適切。「思ひ知れ」は、覚えておいておくれ、という意味。釣り上げた亀を放したことを、この恩を覚えていておくれ（恩を忘れるな）と言っているのである。
問二　本文最後の方に「姫君」の言葉として、「『みづからは、昨日、ゑしまが磯にて釣られまゐらせし亀にて候ふが、あまりに御身の情嬉しくて……』」とあるのでイが適切。アは「都に向かう途中」、ウは「海の底」、エは「嵐の吹く間際」が適切でない。
問三　直前に係助詞「こそ」があるので、係り結びの法則により、文末は已然形の「不思議なれ」が入る。
問四　「数ならぬ身」は、取るに足らない身、という意味。「あはれ」は、感動詞の、ああ、「申さん」は、〜して差し上げましょう、という意味なのでアが適切。
問五　アは、「浦島も、こは不思議やとは思へども」とあることと合致しない。イは、本文に「海の上に御殿の入り口があった」という部分が合致しない。本文には「こがねの浜へ落ち着き、……と、内に呼び入れて」とある。ウは、本文に、「姫君」の言葉として「『みづからは、昨日、ゑしまが磯にて釣られまゐらせし亀にて候ふが……』」とあることと合致しない。エは、本文最後に「そのまま夫婦の語らひをなし契りける。かりそめとは思へども、はや三年にこそなりにける」とあることと合致する。

〈口語訳〉

昔、丹後の国に、浦島太郎といって、明けても暮れても魚をとって暮らしている男がいた。ある時、えしまが磯というところで、大きな亀を釣り上げたが、「亀は万年の齢を生きるもの（だから助けることにしよう）（この恩を）覚えていておくれ」と言って、海に放した。

そして、そのまま帰り、翌日、釣りをしようと思って、沖の方へ出ると、小船が一艘見える。なんとまあ、あやしいことよ。近づいて見てみようと思って、近づいて行って、「どのような方でいらっしゃいますか、このように広々とした海の上に、一人でいらっしゃるのは、不思議なことです」と申した。その時、浦島は、不思議に思って、申し出たのだが、その時、姫君がおっしゃるには、「私は都の者でございますが、ある船に都合よく乗っていましたが、急に大風が吹いたので、船の者たちが大騒ぎして、女一人なら乗せられるだろうと申し、供船を下ろして、自分を乗せて流してくれたのですが、どこかのえしまが磯という所に行くのだろうと思っていたところ、あなたにお会いして嬉しく思っておりますので、ああどうか、お送りしてくださいよ」と哀願した。その時、姫君は本当に、しいておっしゃったので、浦島も、これは不思議なことよとは思ったが、「それならば、送ってさしあげましょう」と言って、同じ船に乗り、どこかを目指して出航したが、船が速く進むのは不思議なことであった。

そうして、この女は、海の上に降りたかと思うと、こがねの浜に落ち着き、「こちらへお入りください」と、御殿の内へ呼び入れて申すには、「私は、昨日、えしまが磯で釣られました亀でございますが、あまりにあなたの情が嬉しくて、その恩を返したいと思い、こうして参ったのでございます。取るに足らない身ではございますが、ああ、夫婦になって差し上げましょう」と話すので、浦島は、不思議なことだとは思いながらも、そのまま夫婦の誓いをして結婚した。一時的なものだと思っていたが、早や三年が経った。

P82―⑪『十訓抄』

解答

問一　エ　問二　2 エ　3 オ　5 ウ　問三　ア
問四（例）娘が亡くなったこと。　問五　イ　問六　エ

〈解説〉

問一　西行法師は平安時代末期に活躍した歌人なので、その後の、鎌倉時代初期に成立したエを選ぶ。ア『万葉集』は奈良時代の歌集。イ『古今和歌集』は平安時代の歌集。ウ『枕草子』は平安時代の随筆。オ『徒然草』は鎌倉時代の随筆。

問二　2 形容詞「かなし（愛し）」は、いとしい、かわいい、という意味。3 動詞「ののしる」は、大声で騒ぎ立てる、という意味。動詞「暮らす」は、ここでは補助動詞の用法で、一日中そのことを続ける、という意味を持つ。5 形容詞「ありがたし」は、めったにない、という意味。転じて、貴い、優れている、という意味。

問三　a 病気にかかっていたのは西行の娘。b 娘の訃報を西行に伝えたのは郎等男。c・d 西行は西住の目を見て、娘の死を伝えた、という文脈である。「〜て」で接続しているので主語は変化しない。

問四　「すでに」という言葉に着目する。「すでに」娘は亡くなってしまったということ。西行が「心ならず」も北面の武士たちの遊びに参加していた、という表現から、娘の容態を常に心配していたことを読み取る。

問五　「いかでか〜」が反語の意であることを押さえる。「どうして〜だろうか（いや〜ではない）」という意味になる。

問六　非常に嘆き悲しんだ女が、二、三日すると何事もなかったかのようにケロッとしている様子を描いている。

〈口語訳〉

西行法師がまだ在俗であった時、とてもかわいがっていた娘で、三つ四つぐらいであった子供が、重い病気にかかり、もう命はいかばかりかになったころ、鳥羽院の北面の武士たちが弓を射て楽しんでいたところに（西行も）誘われて、（娘のことを心配しながら）心ならずも大騒ぎして過ごしていると、（西行の家の）従者が走ってきて、耳に何かをささやいたところ、（娘が危篤であったということを）知らない人は、何も気に留めなかった。西住法師もまだ在俗で、源兵衛尉と名乗って（その場に）いたところ、（西行は西住の）目を見つめて「すでに、もう（私の娘は亡くなってしまった）」と告げて、他の人には知らせず、何事もないようなふりをして、まったく顔色ひとつ変えずにいたということは、立派な心持ちである、と西住法師が後に語った。

このようなことは、それぞれ事情は変わるけれども、すべて、何かに堪え忍ぶというようなことである。心を落ち着かせることができない人は、何事につけても大げさで感心できないものだ。身分が低い下女などが大声で泣いているような声、その様子は、隣近所も聞き苦しく、その悲しみにどうして耐えられようか、と（思うくらいに）聞こえてくるが、（そんな状況はせいぜい）一日か二日ほどに過ぎない。（数日経った）後には、そんなことがあったのかとさえ思えない様子に豹変してしまうのは、ただただ驚きあきれることだ。

P84―⑫『十訓抄』

解答

問一　イ　問二　ア　問三　ウ　問四　エ　問五　ア
問六　Ⅰ　ウ　Ⅱ　（例）誰かが罰せられること　問七　イ

〈解説〉

問一　九重の塔の金物が偽物か否かを確かめてくるよう、仏師なにがしに命じたのは白河院である。

問二　「まこと」は真実、「そらごと」は虚言、嘘という意味。世間に広まった「九重の塔の……牛の皮にて作れり」という噂についての真偽である。

問三　「色を失ふ」とは、心配や恐怖などで顔色が青ざめること。直後で「身のあればこそ」と言っていることから、仏師なにがしは、命の危険を感じたということが読み取れる。また、九重の塔が非常に高い塔であることからもウが適切である。

問四　「お仕え申し上げることができるのだ」という、謙譲の意味なので、ラ行四段活用動詞「奉る」が適切。直前に係助詞「こそ」があるので、已然形「奉れ」とする。

問五　84ページ本文2～3行目に「修理したる人、定綱朝臣、ことにあふべき由、聞えたり。」とある。この部分を受けて「ことなる沙汰なく」と述べられていることを押さえる。

問六　「をこのもの」となったのは仏師なにがしである。直前に「人の罪蒙るべきことの、罪を知りて」とある。噂が真実であっても嘘であっても、自分の証言によって、誰かが処罰されてしまうことを避けようとしたのである。「をこ」は、ばかげている、愚かである、という意味。

問七　「時人、いみじきをこのためしにいひけるを、……ほめられける。」という部分に着目する。仏師なにがしの様子を聞いた人々は愚か者だと非難したが、その真意を顕隆卿だけが見抜いていたのである。よって「真理を見抜く時人」とあるイが合わない。「仏師なにがし」が愚か者のふりをしていたことを「時人」は見抜けなかった、ということを理解する。

〈口語訳〉

白河院の御治世の時、九重の塔の金属の部分を牛の皮で作ったという話が世の中に広まって、修理した人である定綱朝臣が処罰されるらしいということが噂された。（白河院は）仏師のなにがしという者を呼んで、

「（噂が）本当か嘘かを確かめて、ありのままのことを申せよ」とおっしゃったので、（仏師は）了承して、（九重の塔に）登ったところ、半分ほど行ったところで下りてきて、涙を流し、顔色も青ざめて、「この体［命］があってこそ、帝にもお仕え申し上げることができるのです。（このような高い所では、怖さのあまり）気力も失せ、物の真偽など見分けられるような状態ではございません」と、言い切ることもできず震えていた。白河院は（その言葉を）お聞きになり、お笑いになって、（定綱朝臣には）特別の処罰もなく、この一件は収まったのである。

あの韋仲将が、凌雲台に上った時の気持ちも、このようなものだったのだろうか。

（さて、そのころ）人々は、（仏師なにがしのことを）どうしようもない愚か者だと噂していたのだが、藤原顕隆卿はそれを聞いて、「こいつは間違いなく神仏のご加護のある者である。誰かが罰を受けるだろうと、処罰の件を知って、自分から（わざと）愚か者のふりをしたのである。並々ではない気の回しかたである」とお褒めになったということだ。

本当に（その言葉の示すまま）この者［仏師なにがし］は、長く院のもとに仕えてつつがなかったということである。

P86—⑬『古今著聞集』

解答

問一 ①（例）腹くじり［例の相撲取りのこと］
⑨（例）相撲をやめろという命令

問二 a 伊通卿
b （例）学問などをせず、相撲ばかりしているから。

問三 相撲を取ること。

問四 ④ ウ ⑥ エ 問五 腹くじり

問六 （例）腹くじりが負け、中納言に相撲をやめさせられなくなったから。

問七 （例）負けたら殺されてしまうか

〈解説〉

問一 ① 本文では「相撲」が、「相撲」それ自体と、「相撲取り」の意味で用いられていることを押さえる。ここでは直後に「めしよせて」とあることから、後者の意味。⑨「沙汰」は、処置、さばき、命令、評判、などの意味。「常に勘発し給ひけれども」とあるように、大臣は中納言の相撲好きをやめさせようとしていたのである。

問二 形容詞「にくし」は、気に入らない、いやだ、という意味。中納言が相撲ばかりやっていて「学問なんどをばせられざりける」ことを、苦々しく思っているのは、父の大臣である。

問三 本文最後に「その後、中納言の相撲制止の沙汰なかりけり」とある。中納言は腹くじりとの勝負に勝って「相撲制止の沙汰」を逃れたのだから、父の大臣は、中納言に相撲をとることを何とかやめさせようとしていたことがわかる。

問四 副詞「やがて」には、そのまま、ただちに、すぐに、いうまでもなく、まもなく、などの意味がある。

問五 腹くじりは、自分の技を逆手にとられて中納言に敗北する。

問六 「『この中納言が……なくなさんずるぞ』と仰含られにけり。」とあるように、腹くじりと中納言との対戦は、すべて大臣の思惑であったことをおさえる。腹くじりと対戦させて中納言に相撲をやめさせようとしたものの、腹くじりがあっけなく負けてしまったので、中納言に相撲をやめさせることができなくなってしまったという内容をとらえる。思惑が外れ、大臣は興醒めしたのである。

問七 「『しからずば、なくなさんずるぞ。』」とあるように、腹くじりは大臣から、中納言に負けた場合は命を奪う、と言われていたのである。相撲に負けた腹くじりは、殺される前に逃げ出したということである

〈口語訳〉

中納言伊実卿は、相撲や競馬などを好んで、学問などはなさらなかったことを、（伊実卿の）父親である大臣の伊通公は、日頃から責め立て

なさったけれども、いっこうに行動が改まらなかった。その時、相撲取りのなにがしとかいう名人がいた。敵の腹に頭をつけて、必ずえぐるようにしてころがしたので、このことから、腹くじりと呼ばれていた。その（腹くじりという）相撲取りを、ひそかに呼び寄せて、「（私は）この中納言が相撲を好むことが気に入らないので、（中納言を）えぐり転がしてほしい。そうしたらほうびをやろう。（しかし）勝負に勝たなかったら、お前の命はもらうぞ」と言い含めなさった。すぐに中納言に「お前が相撲を好むので、この腹くじりと（相撲を）組んで勝負を決めろ。勝ったならば、私は（今後、相撲を）やめさせようとすることはしない。（しかし）負けようものならば、当分このこと［相撲］はやめるのだ」とおっしゃったので、中納言は恐れをなして、慎んで承っていらっしゃった。しばらくして、腹くじりが呼び出されて、すぐに対戦することになったところ、中納言は腹くじりのなすがままに身をまかされたので、（腹くじりは）得意げにえぐりはじめた。その後、中納言は腹くじりのまわしを取って、前に強くお引きになったので、（腹くじりは）頸がおれてしまうのではないかと思って、そのままうつぶせに倒れてしまった。大臣はがっかりしてしまった。負けた腹くじりは跡をくらまして逃げてしまった。その後（大臣から）中納言への相撲をやめるようにという命令はなくなったということだ。

P88—⑭『古今著聞集』

解答

問一　a　ウ　b　イ　c　ア　d　ア　e　イ
問二　年　問三　（例）雪で真っ白になった状態。
問四　（例）卑怯にも、後ろ姿を見せたものよ。
問五　A　エ　B　イ　問六　イ　問七　エ

〈解説〉

問一　a「かさぬ」の活用は〈ね／ね／ぬ／ぬる／ぬれ／ねよ〉となる。読点に接続していること、また「かさね（て）」と置き換えることができるので連用形のウを選ぶ。　b「くむ」の活用は〈ま／み／む／む／め／め〉となる。接続助詞「て」に接続しているので連用形のイを選ぶ。　c「たふ」の活用は〈へ／へ／ふ／ふる／ふれ／へよ〉となる。打ち消しの助動詞「ず」に接続しているので未然形のアを選ぶ。　d「おつ」の活用は〈ち／ち／つ／つる／つれ／ちよ〉となる。過去の助動詞「けり」の連体形「ける」に接続しているので連用形のアを選ぶ。　e　文脈から、義家が、逃げる貞任に呼びかけている場面なので命令形のイを選ぶ。

問二　「春秋」とは、年月、歳月のこと。「星霜」も同意。

問三　「白妙」は、白い色、白い物をたとえた言葉。この前に「雪はだれに降りて」とあることから考える。

問四　形容詞「きたなし」は、汚い、下品だ、などの意味のほかに、恥を知らない、卑劣だ、という意味がある。「～をば」は連語で、「を」が受ける言葉を強調する。「～ものかな」は、強い感動や詠嘆を表す。

問五　前後の描写を細かく読み取る。「……物いはん」と呼び止めたのは義家であり、その声に足を止めた貞任に対して義家が連歌を挑みかけたのである。見事な上の句を付けた貞任に義家は情けをかけようと思い「矢をさしはづして」貞任を逃がしたのである。

問六　長い年月に疲弊し、まさに、陥落しようとしている衣川の館の様子を詠んだものであることを押さえる。アは「ほころび」「みだれ」が掛詞ではないので不適切。ウは「優雅な着物」「やすらぎの時間」といった表現が本文の内容と一致しない。エは「人間が戦うことのむなしさ」という内容が本文の内容と一致しない。オは「都のイメージ」「戦争と平和」といった表現が本文の内容と一致しない。

問七　「衣川においたて攻めふせて」とあるように、貞任を追いつめ討とうとした場面であることを押さえる。「はげたる」の「はげ」の終止形は「はぐ」。弓に矢をつがえるという意味である。

〈口語訳〉

伊予の守、源頼義朝臣が、阿部貞任・宗任兄弟を攻める間に、奥州で十二年の歳月を送った。鎮守府を出発して、秋田城に移った時のこと、雪がまだらにはらはら降って、兵士たちの鎧が真っ白になってしまった。衣川の館は、岸が高く、（周りを）川が流れていたので、（館を攻める兵士たちは）楯を頭上に戴いて兜に重ね、筏を組んで攻め戦ったので、貞任らはこらえきれずに、とうとう城の後ろの方から逃れ落ちていったのを、（頼義の）長男の八幡太郎義家が、衣川に追い立て、攻めふせて、「卑怯にも、（敵である私に）後ろ姿を見せたものよ。少しの間、引き返してこい。話をしたい」とおっしゃったところ、貞任が振り返ったので、（義家は）

衣川の館は、衣の縦糸がほころびるようにほろびてしまった

と（連歌の下の句を）言った。貞任は馬の手綱をゆるめて、口輪を休め、しころを後ろにむけて、

何年も経ち、糸が乱れた苦しさのために

と（上の句を）付けたのであった。その時、義家は、つがえた矢を外して帰ったのだった。これほどの（過酷な）戦いのなかで、（連歌で一戦を交えるとは）優雅なことだ。

P90—⑮『沙石集』

解答

問一 エ　問二 ウ　問三 イ

問四 Ⅰ エ　Ⅱ ウ　Ⅲ エ　問五 ア　問六 ウ

〈解説〉

問一 ③「ながら」には全部、という意味があるので、「六つすべて拾い……」とするエが適切。国司が判決として、銀貨六つはすべて拾い主の夫婦のものとすると言い渡した場面である。

問二 直前に「思ひ返して、煩ひを出ださんが為に」と理由が示されている。拾い主に謝礼として銀貨三つを渡すことが惜しくなり、面倒な話を持ちだした、とする文脈なので、「銀貨を渡すのがいざとなったらためらわれて……」とするウが適切。

問三 直前に示されているのは、「七つこそ有りしに、六つあるこそ不思議なれ。一つは隠されたるにや」と言う持ち主と、「さる事なし。本より六つこそ有りしか」と言う拾った男の言い合いである。この内容を受けて「是」としているので、どちらが正しくて、どちらが嘘を言っているのか、という意味を指す「正邪」が適切。

問四 Ⅰ 直後に「不実の者なり」とある。国司が「不実の者」と見抜いているのは、銀貨を落とした「持ち主」なので、「主」が入る。

Ⅱ 直前に「『……この男は正直の者』と見ながら、不審なりければ」とあり、直後には「召して（呼び出して）」とあることから、銀貨を拾った男の言い分を確かめるために呼び出した人物が入るとわかるので、「妻」が適切。Ⅲ 前に「共に正直の者と見えたり」とあり、直前の「夫婦」に対して、もう一方の当事者が入るとわかるので、「主」が適切。

問五 「いみじき」は、直後に「普く讃めののしりける」とあることから、素晴らしい、という意味だとわかる。本文に描かれているのは、「共に正直の者」としながら、銀貨を落とした持ち主がうそをついていること、拾った男とその妻が正直者であることを見抜いた国司が、正直者の夫婦に銀貨をすべて授け、うそをついた持ち主には何も渡さなかった、という話である。この国司の裁定を「いみじき成敗」と表現しているので、「素晴らしい判決」とするアが適切。

問六 「正直の頭に神宿る」は、神様は正直者を見守っていて下さり、必ずその加護があるというたとえ。本文に描かれているのは、国司の判決により、正直者の夫婦が銀貨六つを得て、うそをついた持ち主の男の手には何も渡らなかった、という話である。

〈口語訳〉

近年、帰朝した僧の話で、ある人が語ったことには、中国に貧しい夫

婦がいた。餅を売って生計を立てていた。夫が道のほとりで餅を売っていたが、（ある）人が袋を落としたのを見たところ、銀貨が六つ入っていた。（夫は）家に持って帰った。

妻は、心が素直で欲がない者で「私たちは商いをして過ごせば不足はありません。（しかし、このお金の）持ち主はどんなにか嘆いて探していることでしょう。気の毒なことです。持ち主を探してお返しなさい」と言ったので、（夫は）「本当に。（その通りだ）」と言って、広く探したところ、持ち主だという者が現れて、あまりに嬉しくて、（夫婦に）「三つ差し上げよう」と言って、もう少しで分けようとしたときに、思い直して、めんどうなことを持ち出そうとして、「（銀貨が）七つあったはずなのに、六つあるのは不思議なことだ。一つは隠しなさったのか」と言う。（夫は）「そんなことはない。はじめから六つあったのだ」と言い争ううちに、最後には国司の長官のもとで判定させることにした。

国司の長官は、見抜く力にすぐれていて、「この持ち主はうそつきの者だ、（一方の）この男は正直者だ」と見定めながら、やはり疑わしいので、その妻を呼び出して別の所で、事の子細を尋ねたところ、夫の言い分と一つも違わなかった。（国司の長官は）「この妻はたいへんな正直者だ」と見定めて、この持ち主がうそつきであったことが確かになったので、国司の長官が判決として言い渡したのは「このことは、確かな証拠がないので判定が難しい。ただし、両方とも正直な者にみえる。夫妻の言葉に違いはなく、持ち主の言葉も正直に聞こえるので、七つあるはずの銀貨を探して手に入れなさい。これは六つなので、別の人のものだろう」と言って、六つすべてを夫婦に授けた。

宋国の人は、すばらしい裁定だと、広く評判になった。心がまっすぐであれば、ひとりでに天が与える宝を得ることができる。心が曲がっていれば、目に見えぬ神仏のとがめによって宝を失う。この道理は少しも違わないだろう。それにしても、（この夫婦は）心が清らかで素直な者である。

P92—⑯『伊曾保物語』

解答

問一　（例）盗人の意図に気付き、逆にだまして井戸に入らせ、着物を奪い逃げ去ろうというねらい。

問二　（例）童の衣装だけでなく、黄金の釣瓶も手に入れたいという気持ち。

問三　（例）盗人をうまくだませたと思ったから。

問四　（例）黄金の釣瓶が見当たらない。

〈解説〉

問一　前の部分で「盗人の悪念を悟りて」とあることから、まず、盗人から逃れるための方策であることが読み取れる。そして「いと悲しき気色をあらはして泣く泣くゐたり」とすることで、盗人に自分の話を信じさせ、「黄金の釣瓶」に盗人の欲を向かせることができたので、童は、盗人が井戸の中に入った隙に、盗人の着物もろとも逃げたのである。

問二　前半に「あな、嬉し。……はぎ取らばや」とあるように、盗人は童を身ぐるみはごうとしていたが、黄金の釣瓶の話を聞いて、さらに欲が出たのである。「面には……あらはして、」という様子は、童に同情しているように装ったものであることをとらえる。親切に童を助けるふりをして、着物も釣瓶も両方手に入れてしまおうと思ったのである。

問三　黄金の釣瓶を落としたという話は、童が思いついた嘘である。盗人が「『いとやすきことかな。……嘆くべからず』」と言ったことで、童は自分の話を盗人がすっかり信じたことを確信したのである。

問四　直前に「盗人や久しく釣瓶を尋ねけれども」とあることから、「これ」とは釣瓶であるとわかる。「あはず」は、めぐりあえない、という意味。ここでは、見当たらない、見つからない、などとする。

〈口語訳〉ある井戸のそばに、子供が一人いたが、あちこちと眺めていた間に、盗人が一人走ってきて、この子供を見て心に思ったことは、「ああ、嬉しいことだ。この子供の衣装をはぎ取りたい」と思って、近づきましたときに、(子供は)盗人の悪巧みを悟って、たいそう悲しい様子をよそおって泣きに泣いていたところ、盗人はこれを見て、何が起こったのかも知らず、(子供の様子が)並大抵の悲しみようではなく、気の毒に思って、近寄って行って「どのような事を悲しんでいるのだ」と言うと、子供が答えて「何を隠すことがありましょうか(包み隠さず申し上げましょう)。心につらいことがあります。ちょうど今、黄金の釣瓶を持って水を汲もうとしていたところ、突然縄が切れて、井戸に落っこちてしまいました。何度も探し求めたが、どうしようもない。どうして(このことを)主人に申し上げることができましょう」と言ったので、盗人はこれを聞いて、顔では気の毒そうに悲しいそぶりを見せながら、(子供を)慰めて「とても簡単なことだ。私が井戸の底に入って(釣瓶を)引き上げるので、お前はそんなに嘆かなくてもよいぞ」と言った。子供はこれを聞いて喜んで、涙をぬぐいながら(盗人に)頼んだ。その時、盗人は着ている物を脱いで(その場に)置いて、井戸の中に下りて行って、あちらこちらを探している間に、子供は盗人の着物を取ってどこへともなく逃げてしまった。盗人はしばらくの間、釣瓶を探していたけれども、黄金の釣瓶は見当たらなかった。しばらくして上にあがったら、置いてあった着物も子供も消えて見えなくなっていました。その時、(盗人が)自分自身に腹を立てて独り言を「人の物を盗もうとする者は、かえって(人から)盗まれてしまうものなのだ」と言って、赤裸のまま帰ったのだった。

P94—⑰『日本永代蔵』

解答
問一　七日
問二　1（例）教え導くこと　2（例）客に夜食を出さなかったこと
問三　②イ　③エ　問四　オ　問五　ア　問六　倹約
問七　イ　問八　ア・エ

〈解説〉
問一　直前に「正月」とあり、本文12行目に「今日の七草という謂れは」とあることから、一月七日だとわかる。正月七日の七草粥の話題が出ていることをとらえる。
問二　1　指し示す、教え導く、という意味。　2　藤市は、様々な質問に答えて、長者になるための秘訣を伝えているが、最後の部分で「もはや夜食の出づべき所なり。出さぬが長者になる心なり。」と、青年たちの期待も見抜いた上で、長者の心得を伝えたのである。この文章のオチでもある。
問三　②「近所の」の「の」は主格を表す。「近所（の人）が」という意味。③　客の気配がするまで灯火を細くしておくようにと娘に言ったのは藤市である。
問四　娘の行動に着目する。父親の言いつけ通り、灯火を客が来るまでは一筋で待ち、客の気配で灯火を明るくするようにして倹約に努めている。また、擂り鉢をする様子などからも、藤市の娘にふさわしく、長者の秘訣を理解していることが読み取れる。父親の意図を理解して、適切な行動をとっている様子がうかがえるので、オが適当。
問五　「必ず」と一般化されていることに着目する。客として招かれた人間にありがちな期待、ということをふまえてアを選ぶ。
問六　「増水」も「掛鯛」も「太箸」も藤市にとってはすべて倹約のためのものなのである。「始末」には、浪費しないこと、倹約すること、という意味がある。
問七　「太箸」でなければできない方法である。イ以外の方法は普通の箸でもできてしまう。
問八　P167参照。

〈口語訳〉

折から正月七日の夜、近所（の人々）が息子たちを藤市の所へ「長者になるための指導をお願いしたい」といってよこした。座敷に灯火を明るくともし、娘を付けおいて「露地の戸が鳴ったら知らせなさい」と言いつけると、この娘は殊勝にかしこまり、灯火を一本にして（待ち）、「もの申す」の声がすると、もとのように明るくして台所に入った。

三人の客が座に着いた時、台所の方では擂り鉢をする音が聞こえたので、客は喜び、この音から想像して「皮鯨の吸い物だろうか」と言う者がいれば、「いやいや、正月に初めて来たのだから雑煮だろう」と言う（者もいる）。また、一人はよく考えて「煮麺だ」と言い、（話はそれに）落ち着いた。（このようなときには誰でも）必ず言うことで、まことにおかしいことである。（やがて）藤市が出てきて、三人に世渡りのうえで大事なことを語って聞かせた。一人が「今日の七草といういわれは、どのようなことですか」と尋ねた。「あれは神代の倹約はじめで、雑炊（を食べろ）ということを教えてくださったのだ」。また一人は、「掛鯛を六月まで荒神の前に置いているのは」と尋ねた。（藤市は）「あれは朝夕に魚を食べずに、これを見て食った気になれということである」。また、太箸を使う由来を問うと、（藤市は）「あれは、汚れた時白く削って、一膳の箸で一年中もつように（するもので）、これも神代の二柱の神を表しているのだ。（みなさん）よくよく万事にお気を付けなさい。さて、宵から今までそれぞれお話しになったのだから、もう夜食を出すようなころあいである。（しかし）出さないのが長者になるための心がけである。さきほどの擂り鉢の音は、大福帳の表紙に引く糊をすらせていたのだよ」と言われた。

P96—⑱『奥の細道』

解答

問一 イ　問二 京都　問三 エ　問四 ア　問五 ウ
問六 ウ　問七 季語 卯の花　季節 夏

〈解説〉

問一 「定りぬ」は「ぬ」が完了の助動詞なので「定まった」という意味になる。冒頭の「心許なき日」から「心定りぬ」という心境の変化を追うと、イが適切である。

問二 本文は江戸時代の作品であるが、注にあるように、「いかで都へ」は平兼盛の歌からの引用である。したがって平安時代の都を指摘する。

問三 名詞「ことはり」は、道理、筋道、当然のこと、という意味。漢字表記は「理」である。

問四 形容動詞「あはれなり」は、しみじみとして趣深い、という意味。ウの意味で用いられることもあるが、ここでは、古歌になぞらえて白河の関の情景を描写していることから、アを選ぶ。

問五 卯の花と茨の花が白く咲き乱れる美しさを雪に例えて描写している。アも同様であるが、より視覚的な印象を述べたウが適切である。

問六 「とぞ」は、後の結びの語になる「ある」「言う」「聞く」などを省略した形。「〜となむ。」と同意。〜ということだ、という意味である。「筆にとどめる」とは、書き留める、書き残す、という意味。

問七 「卯の花」は、初夏に咲く白い花で、夏の季語である。

〈口語訳〉

なんとなく慌ただしく、心が落ち着かない（旅の）毎日を過ごしているうちに、白河の関までやって来て、（やっと）旅に徹する心に落ち着いた。（かつて平兼盛が）「なんとかして、都へ（この白河の関の感慨を伝えたい）」と、つてを求めたのも、当然のことである。（関の）中でも、この関は三関の一つであり、詩文を志す風雅な人々の関心が向けられている。（能因法師の詠んだ）「秋風」の響きや、（源頼政の詠んだ）「紅葉」を思い浮かべながら、（今は秋ではないので）青葉の梢をあおぎ見るのだが、やはりしみじみと趣深い。卯の花の白い中に、白い茨の花が咲き添って、雪景色の中を越えているような気持ちがする。昔、竹田大夫国行が、（この関を越える時）冠をかぶり直し、衣装を整えて通ったということが、清輔の書物にも書き留めてあるということだ。
（古人は冠を正し、装束を改めて、この関を越えたということであるが、自分には改めるべき衣装をもないので）卯の花を髪に挿して
関を越える晴れ着としよう

P98—⑲『常山紀談』

解答
問一 イ　問二 エ　問三 イ　問四 エ　問五 ウ
問六 ア　問七 ウ　問八 ア

〈解説〉

問一 古歌の意味を反映させる。山吹が「実」の一つさえつけないように、私は蓑《みの》の一つも持っていない、ということに、女の貧しさが詠み込まれている。

問二 直前に「花を求るに非ず」とあることから考える。持資は、蓑が借りられないばかりか、無言で花が差し出されたことの意味がわからなかったため、女に対して怒りをおぼえたのである。

問三 山吹の花は、どんなに華やかに咲いても実をつけないということと、女の家には蓑がないということを詠んでいるので、「実の」と「蓑」の掛詞である。

問四 P156参照。

問五 「それは……古歌のこころなるべし」という指摘を受けて、初めて山吹の花が差し出された意味を理解したのである。

問六 「志」は、心が向かう、意向、という意味。山吹の花の話のあとに述べられている内容からも、持資が和歌を学んだことが読み取れる。

問七 直前に示されている和歌の内容に着目する。千鳥の声が遠いか近いかで潮の満ち干がわかる、というのである。千鳥の声が遠くに聞こえる、ということは海岸線が遠くなったということ、つまり、潮が引いた状態であるということを持資は古歌から学び取っていたのである。

問八 潮の満ち引きを確かめに馬を走らせ、千鳥の声を聞いたのは持資である。

〈口語訳〉

太田左衛門大夫持資は上杉定正の重臣であった。（ある時）鷹狩りに出かけて雨に遭い、ある小屋に入って「蓑を借してほしい」と言ったところ、若い女が、何一つ物を言わないで、山吹の花を一枝折って差し出したので、「花を求めたのではない」と言って、怒って帰ったところ、このことを聞いた人が、「それは

七重八重に咲いているけれど、山吹が実の一つさえつけないように、
蓑一つさえ（差し上げられない）のは悲しいことです

という古歌の意味であろう」と言った。持資は（女の真意に）はっと気付いて、そのことがあってから歌の道に興味を持ったのだという。（また）定正が、上総の国の庁南というところに兵を出陣させた時に、山すその海辺を通るのに、「山の上から弩で石を放たれないだろうか、また、（渡るにしても）潮が満ちてきているかもしれない、予測するのが難しい」と言って危ぶんでいた。それは夜半のことであったが、持資は、「さあ私が見てきましょう」と言って、馬を走らせて、すぐに帰ってきて「潮は引いています」と言った。「どのようにしてそのこと「潮が引いたこと」がわかったのか」と尋ねたところ、

「遠くなったり近くなったりする鳴海の浜千鳥の鳴く声によって
潮の満ち引きがわかるものだ

と詠んだ歌があります。千鳥の声が遠く聞こえました」と答えた。また、いつのことであっただろうか、兵を引き上げる時に、これも夜のことであったが、利根川を渡ろうとすると、辺りは真っ暗でどこが浅瀬かもわからなかった。（すると）持資はまた、

「果てのない深い淵はどうして音をたてることがあろうか、浅い瀬にこそむやみに波がたつのだ

という歌がある。波音が荒い場所を渡れ」と言って、無事に渡ることができた。持資は後に道灌（水が注ぐ道）と名乗ったということである。

P100—⑳『紫文要領』

解答

問一　ウ　問二　a　エ　b　イ　c　ア　d　イ
問三　ア
問四　（例）どんなに勇敢な兵士でも、戦場で死ぬときには故郷の両親を恋しく思い、また、妻や子供にもう一度会いたいと願ったり、命が惜しいと思ったりするような、人間の持っている当たり前の感情。

〈解説〉

問一　後半に「唐《もろこし》の書は、……」とあることから、日本と中国の比較がなされていることが読み取れる。中国の書物に対して日本の歌や物語は、という文脈をとらえる。

問二　a　形容詞「くまなし」の連用形。曇りや影がない、万事に通じている、行き届かないところがない、という意味。

b　「しく」は追いつく、匹敵する、という意味。「しく（もの）はない」と補えることから、イが適切である。

c　形容詞「いみじ」の連用形＋助動詞「べし」。ここでの「べし」は〈推量〉の意味でとらえる。「いみじ」は良い意味でも悪い意味でも、はなはだしいことを表す程度表現である。ここでは、直前に示されている「いさぎよく」「勇者」といった内容からアを選ぶ。

d　「まほし」は、希望・願望を表す助動詞である。「見まほし」はここでは、見たい、会いたい、といった意味。

問三　前に日本の歌・物語について「人情のこまやかなるところを、くまなくくはしく書きあらはせる」と述べた上で、さらに「その中にも」と強調していることから、アが適切である。

問四　101ページ1～2行目に「まことの心のうちを、つくろはず有のままに書く時は、」とあることに着目する。これ以降に「つくろひ」のない「まことの心のうち」が描かれているので、「ふる里の父母も……命もすこしは惜しかるべし。」という部分をまとめるとよい。

〈口語訳〉

ここの［日本の］歌や物語は、人の本当の心の底を隠すことなく書き表して、もののあはれを（人々に）伝えるものである。人の感情の繊細なところを、余すところなく詳しく書き表せる事は、歌や物語に及ぶものはない。その中でもこの物語［源氏物語］は優れて繊細であって、鏡をかざして物の形を照らして見ているかのように、人の感情の詳しい部分を書き表している。そのため、（人物はみな）女の子のようにはかなく、未熟で、愚かであることが多い。とくに高貴な人は、もののあはれを知っているがために、いっそう感情が繊細で耐えきれないことが多いので、ますます心は弱く愚かに思われることが多いと知らなければならない。

中国の書物は、例えて言えば、化粧をほどこし髪形を整えて鏡に映したようなものであり、見た目は美しいが、それは仮のつくろいであって本当の美醜は現れにくい。また、武士が戦場でいさぎよく討ち死にしたことを書物に書く時に、その働きぶりや行動について書いたのでは、いかにも勇者であるように思われて、一見立派に見えるだろう。その時の本当の心の中をつくろわずにありのままに書いたならば、（きっと）ふる里の父母も恋しいに違いないし、妻子の顔をもう一度だけ見たいとも思うだろう。命も少しは惜しいと思うだろう。これはみな、人の感情の決して免れることのできない点なのだから、誰にでもその感情は起こるのだ。その感情のない者は、岩や木にも劣るのである。それ［その感情］をありのままに書き表すと、（人々は）女の子のように未熟で愚かな点が多いのだ。中国の書物は、その本当のありのままの感情を隠して、つくろい、たしなんだところをいうので、主君のため国のために命を捨てるようなことばかりが書かれているのである。

P102—㉑『玉勝間』

解答

問一　A　イ　B　エ
問二　①　ア　②　エ　③　ウ　④　エ
問三　人うとく静かならん所を、すみよくおぼえん
問四　C　キ　D　コ　E　ア　F　エ

〈解説〉

問一　A　解説文の冒頭「仏教の関係で……山居好みが盛んであった。」という部分に着目する。「山居」とは人里離れた山などに簡素な住居（庵《いおり》）を構え、隠者として生活すること。

B　本文2〜5行目「われは、いかなるにか、……おぼゆる。」という部分で、山居好みの風潮に対して、批判的な感想を述べていることから、「山居」とは反対の意味であるエが適切である。

問二　①「さるは」は、そうではあるが、という意味。「まれまれ」は、たまたま、ごくまれに、という意味。「ものして［ものす］」は、いろいろな動詞の代わりに用いられる。8行目に「常には住まほしくは、さらにおぼえずなん。」とあることから、筆者が批判している「山居」についてふれているアが適切である。

②「〜ぬべし」は、きっと〜にちがいない、〜だろう、という意味。

③「ありぬべくや」の「や」は疑問の意味である。

④「おの」は、自分自身、おのれ、という意味。「俗情」は、世俗的な心、という意味。「ならひ」は、慣れること、習慣、癖、などの意味。

問三　3行目「さらにさはおぼえず」、10行目「まことにさ思はん人」の示す「さ」と同じ内容であることをとらえる。一貫して、批判的に述べられている内容を指し示している。

問四　C　古文の冒頭「世々のもの知り人、また今の世に学問する人など」とある。

D　「山居」の流行の一因を「漢ぶりの人まね」と述べている。「漢」は「中国」のこと。

E・F　係助詞「こそ」の結びの言葉が省略されている。「余情」は、ここでは、言語表現のすきまからくみとれる感慨や言外の意味のこと。「これが本心ではないことは言うまでもない。」とあるように、結論部分に余情を持たせることで、言外の意味［これが本心ではないこと］を強調しているのである

〈口語訳〉

世間の知識人や、また学問をする人などはみな、住居は人里離れた静かな山林を、住みやすく好ましいものであるとばかり言うというのを（聞くと）、私はどういうわけか、全くそのようには思えない。ただ、人が多くにぎやかな所が好ましいのであって、そのように世間から離れた所などは、寂しくて、心も元気がなくなってしまうように思えるのだ。

そうは言っても、ごくまれに人里離れた所に行って、一晩泊まったりなどすると、普通と違った感じがして、風流にも感じられるだろうが、そのような所に、常に住みたいとは、全く思えないのである。

人の心は様々なのだから、人が少なくて閑かなところを住み良いと感じることもしかるべきことであって、本当にそのように思う人も、世の中には多いはずであるが、また一方では、あの作りごとの中国の（文学や思想の）真似をして、そのように言うことで、普通の世間の人の心と違うかのように（わざと）振る舞う連中も、その中にはいるのであろうか。このように疑ってしまうのも、私の世俗的な心から発する習慣なのであろう。

P104―㉒『花月草紙』

解答

問一　a　ア　b　イ　c　ア　問二　君はか ～ 給はん
問三　イ　問四　A　イ　B　ウ　問五　エ

〈解説〉

問一　a「しるし」は御利益や効き目、兆しなどの意味で用いられる。
b「いよいよ」は、ますます、いっそう、という意味。
c「せんかたなくて（せんかたなし）」は、どうしようもない、なすすべがない、という意味。

問二　会話部分の指摘は、引用を表す「と」に着目する。冒頭の「あるくすし」が言った言葉は、「君はかならず……かかり給はん」までとなる。

問三　直前に「いひあてしくすしにあはんも、おもてぶせなり」とある。「おもてぶせ」は「面伏せ」と書き、恥ずかしくて顔を上げられない、という意味。病気を予言された時に、「いかでさることあらん」と言ってしまった手前、本当に病気になったとは言いにくいのである。

問四　A　この前の「こん秋は、かならずこのやまひ出づべし。このくすり今よりのみ給へ」という言葉の内容を受けたものを選ぶ。このくすり今よりのみ給へ」という言葉の内容を受けたものを選ぶ。「やまひ出づべし。」に対して、「どうしてそんなことがあろうか。」と言っているのである。

B「しかば」は、「～（な）ので」と訳す。

問五　くすし（医者）の言うことを聞かなかった男は、実際に病気になって初めて、その助言が正しかったのだと実感し、くすしの言うことを聞いた男は、薬など飲まなくても自分は健康であったと考えてしまう。くすしの先見がつねに空回りしてしまうもどかしさが描かれている。

〈口語訳〉

ある医者が、（ある人に）「あなたはこの秋あたりに何かの病気にかかるでしょう」と言うのを、（ある人が）腹立たしく思って、「どうしてそんなことがあろうか」と秋まで言っていた。（しかし）とうとう病気にかかってしまったので、（病気のことを）言い当てた医者に会うのも、面目が立たないと思い、他の医者を呼ぶことにした。様々な薬を与えたが、薬の効果も見られない。最初のころは、腹をこわしたのであろうと、腹の調子を整える薬だったので、胸の辺りがますます苦しくなり、食物などに見向きもしないので、その医者も理解して、その薬はやめた。今度は汗を出して治そうとしたが、薬の効果はなく、（また）腹を下そうとすれば、腹だけが痛くなって、ますます苦しい。どうしようもなくなって、試しに調合してみた薬が、その病に合っていたのであろうか、飲み下すなり、胸のあたりが楽になり、結局そのまま治ってしまった。（ある人は、その治した医者のことを）命を助けてくれた人だと、家財をすっかり投げ出してもお礼をしたいと思ったということである。ところが、（またある医者は）「この秋は、必ずやこの病気にかかるでしょう、この薬を今から飲んでおきなさい」と言うと、ある一人の男は、「どうしてそんなことがあろうか。しかし、そのようにおっしゃるのであれば、飲んで差し上げましょう」と言って、他人事のように飲んでいたが、結局、その病気にはかからなかった。普段と変わったことがなかったので、「このように無事であるのだから、あの薬など飲まなくても健康であるのだ」と言ったとかいうことである。

第三章—注目の作品21

P110―❶『堤中納言物語』

解答

1 よろし　2 ウ　3 ア・オ

〈解説〉

1 P157参照。

2 アは「若き人々はおぢ惑ひければ」という部分と合致する。イは「男の童の、……興じたまふ。」という部分と合致する。ウは「眉さらに抜きたまはず……いと白らかに笑みつつ」という部分と異なる。「白らか」なのは、お歯黒をしていない姫君の歯である。エは「明け暮れは、……まぼりたまふ。」という部分と合致する。

3 アは「人はすべて、つくろふところあるはわろし」という発言内容と合致する。オは「本地たずねたるこそ、心ばへをかしけれ」という内容と合致する。

P112―❷『大鏡』

解答

1 エ　2 入道殿

〈解説〉

1 「な〜そ」で禁止を表す。ここでは、道長が見事に的を射当てて帥殿が負けてしまうことだけでなく、道長の予言が現実になることを恐れているのである。

2 二本目の弓を射る時は「入道殿」と書かれている。古文の中では一人の人物を呼称を変えて書かれることがしばしばあるので気をつけたい。

P114―❸『大鏡』

解答

1 オ　2 イ

〈解説〉

1 怖さの余り途中で帰って来てしまった中関白殿、粟田殿の様子を見て花山院は「御扇をたたきて笑わせたまふ」と描かれていることから、花山院は三人の怖がる姿を期待していたのだとわかる。

2 「奉る」は、差し上げる、という意味。直前に「削られたる物を取り具して」とあることから、主語は、「花山院（帝）」に「削られたる物」を差し出した道長である。また、それに対して「こは何ぞ」と尋ねたのは「花山院（帝）」である。

P116―❹『古本説話集』

解答

1 ウ　2 ウ

〈解説〉

1 「いかで〜ぞ」で、反語の意味を表す。「どうして濡れることがあろうか（濡れることはない）。」という意味になる。

2 直前の会話文の前に「大納言のたまふ」とあることから主語を読み取ることができる。

P118―❺『無名草子』

解答
1 ウ　2 言いたいこと　3 文　4 ア

〈解説〉
1 「色」は、色彩、美しさ、情趣、顔色、様子など様々な意味を持つ。ここでは「心の色」という形で用いられていること、また、直後に「言はまほしきことをもこまごまと書き尽くしたる」とあることから、ウが適切である。心の様子を手紙に書く、という内容である。
2 「まほし」は希望・願望を表す助動詞である。
3 直後に「つゆ変はることなきも、いとめでたきことなり。」とあることに着目する。これは「昔の人の文」について述べた前の段落の「年月の多く積もりたるも……返す返すめでたけれ。」という部分と同じ内容である。
4 「つゆ＋打ち消しの語」で、少しも～ない、全く～ない、という意味。

P120―❻『宇治拾遺物語』

解答
1 オ　2 清水に二千度参りたること

〈解説〉
1 双六の利益の受け渡しに関する部分であることに着目する。わざわざ清水寺に行き、師の僧を呼んで仏に伝えてもらったのである。
2 「目に見えぬもの」とは、「誠の心を致して請け取」った御利益のことである。直接的な言葉は用いられていないので、「清水に二千度参りたること」が適切である。

P122―❼『宇治拾遺物語』

解答
1 ゆかしく覚えければ　2 エ　3 僧　4 ア

〈解説〉
1 「已然形＋ば」は、～なので、～ので、という意味。僧が穴に入っていった理由を示している。
2 ここでの「ある」は存在を表す。「存在しない世界」、すなわち「別世界」のこと。
3 花を食べて「天の甘露もかくあらん」と感じたのは「僧」である。
4 直前の部分にあるように、僧が頭を出して、「『これ助けよ』と呼ばはりけれども」だれも僧の姿に気付くものがいなかったのである。このことに対して「不思議」だと述べられている。

P124―❽『住吉物語』

解答
1 思ひなげく　2 Ⅰ イ　Ⅱ エ
3 Ⅰ（最初）やんご（最後）と見て　Ⅱ ア

〈解説〉
1 直前の男君の「いかばかりか思ひなげくと知りたまへる』」という問いに対して、女君が「『かくまでとは思はざりしを。」と答えているので、男君の言葉の中にある「思ひなげく」が適切である。
2 Ⅰ 和歌中にある「住みよし」は、「住み良い」という意味と「住吉」という地名の二つの意味を表す掛詞である。また、「海のそことも知らず」の「そこ」も、「底」と「其処」の二つの意味が読み込まれている掛詞である。
Ⅱ 男君の「おはしましどころ、知らせさせたまへ」という言葉に対して詠まれた歌であるということ、また、強調を表す係助詞「こそ」が用いられていることから、四句目であることがわかる。

3　Ⅰ　冒頭の一文に「……夢に、」とある。ここから「……うちおどろきて（はっと目が覚めて）」までが男君の見た夢の内容である。

Ⅱ　「夢と知りせば」は、小野小町の「思ひつつぬればや人の見えつらむ夢と知りせばさめざらましを（『古今和歌集』）」からの引用である。「夢だとわかっていたら目覚めなかったのに」という意味。目覚めてしまったことによって再会の時間が終わってしまったことを残念に思っているのである。

P126—⑨『十訓抄』

解答

1　人も乗らぬ車　2　小松内府　3　エ

〈解説〉

1　「空車」は小松内府があらかじめ場所取りのために止めておいた車のこと。「みな、人の乗らぬ車なりけり。」と説明されている。

2　無用な争いを避けるために、空車を立てて場所取りをしたのは小松内府である。これは、『源氏物語』に描かれているような恨みの残ることを避けるための配慮ではないか、と推測しているのである。

3　前の段落に「人をわづらはさじのために」と、表現されている。

P128—⑩『徒然草』

解答

1　オ　2　イ

〈解説〉

1　「双の岡の便よき所に埋みおきて、……思ひよらぬさまにして」とあるように、紅葉の中から児の喜びそうな箱が出てくるように仕組んでいたのである。

2　3行目の「ねんごろ」とは、丁寧に、大切に、という意味。数年間、数年来、という意味の「年《とし》ごろ」とは別の言葉である。よって、アは一致しない。イは、「箱風情の物にしたため入れて、……思ひよらぬさまにして」という部分と一致する。ウは、「さそひ出して遊ばん」とたくらんだのは稚児ではなく法師たちである。エは、「いたうこそこうじにたれ」と言ったのは法師たちである。オは、「御所へ参りたる間に盗めるなりけり。」とあることと一致しない。法師たちが隠す様子を見ていた誰かが盗んでいってしまったのである。

P130—⑪『徒然草』

解答

1　ウ　2　エ

〈解説〉

1　本文中で「心」がいくつかの意味で用いられていることを押さえる。ここでは様々な雑念を排除し自分を律するもの、心の核となるものを表している。

2　最後の一文に「心に主あらましかば、……入り来たらざらまし。」とあるように、本文は、心の核、すなわち信念について述べられた文章であることをとらえる。また、「……ましかば～まし（もし……だったら、～だろう）」という反実仮想（P159参照）の意味も押さえたい。

P132 ⑫『御伽草子』

解答

1 姫君　2 イ　3 ウ

〈解説〉

1 直後に「いかにも失ふべしとて、一寸法師に仰せつけらるる。」とあることから、「かかる者」とは一寸法師に連れられて都を追放される姫君であることがわかる。

2 現代語の「あきれる」とは異なるので注意したい。「あきれ」は終止形「あきる［呆る］」で、（事の意外さに）ぼうっとして何をすべきかわからないでいる様子、びっくりして戸惑っている様子のこと。姫君は寝ている間に「はかりこと」をされてしまったのであるから、なぜ、自分は追放されなければならないのか、事情を把握していないのである。

3 「あさまし」は、驚きあきれる、見苦しい、情けない、などの意味。前の段落の「御心の中、推し量らひてこそ候へ。」という内容を受けて、姫君の心情を描いている。姫君は、事情がわからないまま、一寸法師と二人で都を出されてしまったことを嘆いているのである。

P134 ⑬『伊曾保物語』

解答

1 （例）死んだふりをすること。

2 （例）熊が空死した者の耳や口のあたりの匂いをかいでいる様子。

3 （例）親しくするな。

〈解説〉

1 直後の「死人には害をなさぬものなり。」という部分から導き出す。これ以上熊に攻撃されないように死んだふりをしたのである。

2 「ささやいた」というのは、木に登った者の思いこみである。実際には熊は空死した者の生死を確かめていたのである。

3 空死した者は、熊に殺されそうになっている自分を見捨てて逃げた友人のことを非難しているのである。

P136 ⑭『西鶴諸国ばなし』

解答

1 ウ

〈解説〉

1 最後の部分の「心得ぬ人」とは、ここでは風流を理解しない人のこと。客人は主人が早朝から茶会の準備をしていたにもかかわらず、「大かた時分こそあれ」とあるように、茶の湯の時間には決まりごとがあるのにそれをわきまえずに、時間をとうに過ぎた、昼前に堂々とやって来たのである。主人はこの振る舞いに対して腹立たしく思ったのである。

P138 ⑮『鹿の子餅』

解答
1 大身代　2 一つで　3 エ

〈解説〉

1 「分限」には、身の程、分際、金持ち、といった意味がある。「分限者」は、金持ちという意味。「それでもよいとて千両に買」とある直前の部分に「大身代の事なれば」と説明されている。「身代」は、財産という意味。「大身代」は、多大な財産を持っているという意味。

2 直前の部分で、蜜柑を売る条件として「一つで千両、一文ぶつかひても売らず。」と示されている。

3 この文章のオチである。中身が十袋ある千両の蜜柑ということは、一袋百両、三袋で三百両の価値がある、と手代は考えて持ち逃げしたのである。

P140 ⑯『折々草　春の部』

解答
1 イ　2 a エ　b ウ　3 ア　4 ウ

〈解説〉

1 直前に「よき日にはこもりをり、……ありきける。」とある。普通の人と正反対の行動を取ることを、友人たちは不思議に思ったのである。

2 a 雨の日に「花見て酒のみせばや」と、使者を出したのは「友どち」。それを聞いてやって来たのは「ある国の守に仕はれける武士」である。

b 友人たちは部屋に男と蝶を閉じこめ、しばらくしてから様子を見るために「さしかため」ていた戸を開けたのである。

3 あとで「さこそ癖は直りつらめ」と言っていることから、友人たちは男の癖を直そうと思っていたと判断できる。

4 「春」に「飛びありく」とあること、また、「蝶」は「てふ」と表記することなどから「蝶」を指していると判断する。

P142 ⑰『雨月物語』

解答
1 馬　2 エ　3 雷にく　4 ウ

〈解説〉

1 「駒」は「馬」を雅語的に表現した言葉である。

2 直前に「いづれか我が住みし家ぞ（どれが自分の住んでいた家なのだろう）」とあることから、エが適切である。

3 「我が軒の標」とは、自分の家の目印、という意味。直前の部分に「雷にくだかれし松の聳《そび》えて立てるが、雲間の星のひかりに見えたるを」とあるので、見えた物は「雷にくだかれし松」であることがわかる。これを見て「我が軒の標」だと思ったのである。

4 「こと人」は、直後の「その人」と対照的に用いられている。「その人」は、妻のことを示しているので、「こと人」は、それ以外の人、すなわち「異なる人」であるとわかる。

P144 ⑱『新花摘』

解答
1 エ　2 イ

〈解説〉

1 「長月」は九月であることを押さえる。（P163参照）アは、「月」、

2 「露」どちらも秋を表す言葉である。イは、「むし（のすだく）」が秋を表す言葉である。ウは、「月」の明るい様子が秋の夜長を表している。エは、（狐の）影が障子に映っている様子に関しての説明であり、特に秋の特徴を表しているとは言えない。「たゆ」は、ここでは「堪える（耐える）」という意味。

P146―⑲『花月草紙』

解答
1 ウ　2 a オ　b イ　3 エ

〈解説〉
1 「〜ぬべし」は、きっと〜だろう、〜にちがいない、という意味。直前に「これぞ下をめぐむの道なれば」とあることから、従者に対する思いやりを示していることがわかる。
2 a 打ち消しの助動詞を探す。アは文語的表現で形容詞「なし」の連用形。イは文語の完了の助動詞「ぬ」である。ウは補助（形式）形容詞。エは形容詞。オは打ち消しの助動詞「ない」の連体形。
b 「〜が」などと置き換えられる主語を表す格助詞を探す。アは連体修飾を表す。イは主語を表す。ウ・エは準体言を表す。オは連体修飾を表す。
3 後に「下の事しらねば、かくぞ有りける。」とあることから、エを選ぶ。下の者（従者）を思いやる気持ちはあっても、その実際の様子はわからないから、結果的には、従者たちに迷惑をかけてしまう、というのである。

P148―⑳『花月草紙』

解答
1 ア　2 （はじめ）かの鷹　〜　（終わり）しにや　3 ウ
4 エ

〈解説〉
1 「事たれる（ことたれる）」は、不自由のない、十分な、という意味。直後の「つばさも……あがるめり。」という状態を指している。
2 とうとう、最後に、という意味の「つゐに」に着目する。直前に「かの鷹の……ゆきしにや」とある。鷹が倒れてしまった原因は、鷹の血を吸う虫が増えたことであろうと書かれている。
3 直前の「我を怖れなむと見れば」という部分に着目する。虫は、今まで小さな鳥たちが逃げていたのは、自分を恐れていたからではなく、鷹を恐れていたからだということにまだ気がついていないのである。
4 「虎の威を借る狐」は、力のない者が、他人の権威をかさに着て威張ることのたとえ。ここでは、虫が鷹の羽にすみついて、鷹の威力を自分の力と思い違いしていたことと、同じ意味。

P150―㉑『おらが春』

解答
1 エ

〈解説〉
1 前の部分で「水膿のさなか」の様子を「見る目さへくるしげにぞありける。」と述べている。それから二、三日して娘の体の水膿はかさぶたに変わったのだから、一見回復したようにも見えたのである。このことから、エを選ぶ。

高校入試特訓シリーズ

古文完全攻略63選 改訂版

2023年8月17日　初版発行

発行者　　　　佐藤 孝彦

編　集　　　　櫻井 麻紀

表紙デザイン　株式会社スマートゲート

発行所　東京学参株式会社

〒153-0043　東京都目黒区東山2-6-4

[編集部] TEL 03-3794-3002　FAX 03-3794-3062

[営業部] TEL 03-3794-3154　FAX 03-3794-3164

〈URL〉 https://www.gakusan.co.jp

〈E-mail〉 hensyu@gakusan.co.jp

印刷所　株式会社シナノ

ISBN978-4-8141-2566-1